BIBLIOTHÈQUE DU THÉÂTRE FRANÇAIS
sous la direction de Charles Mazouer et Roxane Martin
112

Sieur de Rayssiguier

Théâtre complet

Tome II

Cet ouvrage a été publié dans le cadre de l'IdEX
Université de Strasbourg et avec le soutien de l'université de Strasbourg

Sieur de Rayssiguier

Théâtre complet

sous la direction de Sandrine Berrégard

Tome II

Édition critique par Céline Fournial, Marine Souchier
et Françoise Poulet

PARIS
CLASSIQUES GARNIER
2025

Céline Fournial est maîtresse de conférences à l'université Clermont Auvergne (CELIS). Spécialiste du théâtre français des XVIe et XVIIe siècles, elle s'intéresse notamment aux différentes pratiques d'imitation créatrice et a participé à plusieurs éditions critiques de textes dramatiques et théoriques du XVIIe siècle (*Les Idées du théâtre* [Genève, 2020], Hardy, Du Ryer, Campistron, Rayssiguier).

Marine Souchier est enseignante à l'université de Bordeaux. Ses recherches portent sur le statut de grand dramaturge et l'écriture de l'histoire littéraire au XVIIe siècle. Elle a écrit plusieurs articles consacrés à la vedettisation de Corneille, Racine et Molière et la minoration de leurs concurrents. Elle a édité une dizaine de paratextes théâtraux et participe à l'édition du théâtre de Hardy.

Françoise Poulet est maîtresse de conférences en langue et littérature françaises du XVIIe siècle à l'université Bordeaux Montaigne et membre Junior de l'IUF. Ses recherches portent sur la civilité à l'âge classique, et plus particulièrement sur le compliment. Sur cette question, elle a dirigé le n° 20 de la revue en ligne *Exercices de rhétorique* (2023).

ISBN 978-2-406-17881-1 (livre broché)
ISBN 978-2-406-17882-8 (livre relié)
ISSN 2109-7577

AVERTISSEMENT

Dans les notes qui accompagnent les textes, les manuels de grammaire et les principaux dictionnaires de langue figurent sous leurs seuls noms d'auteurs (Fournier, Furetière, Haase, Richelet, Spillebout, Vaugelas). Les références complètes en sont données dans la bibliographie.

LA CÉLIDÉE SOUS LE NOM DE CALIRIE
OU DE LA GÉNÉROSITÉ D'AMOUR

Texte établi, présenté et annoté par Françoise Poulet

INTRODUCTION

> Qu'est-ce que le moi ?
>
> Un homme qui se met à la fenêtre pour voir les passants, si je passe par là, puis-je dire qu'il s'est mis là pour me voir ? Non, car il ne pense pas à moi en particulier. Mais celui qui aime quelqu'un à cause de sa beauté, l'aime-t-il ? Non, car la petite vérole, qui tuera la beauté sans tuer la personne, fera qu'il ne l'aimera plus.
>
> Et si on m'aime pour mon jugement, pour ma mémoire, m'aime-t-on moi ? Non, car je puis perdre ces qualités sans me perdre moi. Où est donc ce moi, s'il n'est ni dans le corps, ni dans l'âme ? [...] Car aimerait-on la substance de l'âme d'une personne abstraitement, et quelques qualités qui y fussent ? Cela ne se peut et serait injuste. On n'aime donc jamais personne, mais seulement des qualités. [...][1]

Le geste sacrificiel de Calirie, qui se mutile le visage avec un diamant pour effacer sa beauté, soulève des questions similaires à celles que pose Pascal dans cette pensée. Il s'agit bien de dévoiler aux yeux de tous ce qu'Alidor et Oronte aiment chez elle, mais surtout de soumettre ses deux amants à l'épreuve d'une amitié honnête et parfaite. À l'encontre de Pascal, Rayssiguier marche sur les pas d'Honoré d'Urfé auquel il emprunte, outre le sujet de cette histoire, sa conception néo-platonicienne de l'amour, en faisant de l'âme le siège des qualités de l'être aimé. Si, comme l'amant guéri de son amour par la petite vérole, la mélancolie érotique d'Alidor ne résiste pas à la vue de la jeune fille défigurée, au contraire, Oronte aime en l'héroïne l'idée du Beau plutôt qu'une beauté singulière vouée à se faner. Aussi la blessure de Calirie abolit-elle pour lui l'obstacle corporel qui l'empêchait d'accéder directement à son âme. Car c'est bien l'âme de Calirie qu'Oronte aime inconditionnellement et c'est par l'épreuve que sa maîtresse s'inflige qu'il démontrera sa parfaite affection.

---

1 Blaise Pascal, *Pensées*, éd. Philippe Sellier, Paris, Classiques Garnier Poche, 2011, [Pensées mêlées 3, 567], p. 438.

La Célidée sous le nom de Calirie ou de la générosité d'amour, parue pour la première fois chez Toussaint Quinet en 1635, est la troisième adaptation de *L'Astrée* donnée par Rayssiguier, après la *Tragi-comédie pastorale. Où les Amours d'Astrée et de Céladon, sont mêlées à celles de Diane, de Silvandre et de Paris, avec les inconstances d'Hylas* (1630) et *Palinice, Circeine et Florice* (1634). Pour autant, notre pièce, qui sera réintitulée *Alidor et Oronte, tragi-comédie*, dans une nouvelle émission de 1636[2], ne conserve de la pastorale que son épure, à savoir ses intrigues romanesques, ses principaux *topoï* sentimentaux et le principe de la chaîne amoureuse qui relie les personnages. Délaissant cette fois-ci le récit premier de *L'Astrée*, Rayssiguier s'inspire d'histoires enchâssées qui présentent l'intérêt d'associer deux anecdotes connues depuis l'Antiquité : celle de la maladie d'amour dont est frappé l'amant mélancolique et celle de l'automutilation de la femme aimée sacrifiant sa beauté. En les rapprochant d'autres motifs romanesques topiques – les rivaux amis et l'exil de l'héroïne sous un travestissement masculin –, le poète propose dans cette pièce une méditation poétique sur la passion et sur les différents visages de l'amour et de l'amitié.

Contrairement à ce qu'affirment les frères Parfaict[3], *La Célidée* a bien été représentée à l'Hôtel de Bourgogne, ce dont témoigne la notice conservée dans *Le Mémoire de Mahelot*[4]. En plein apogée du genre de la tragi-comédie[5], Rayssiguier livre à nouveau une pièce irrégulière, mais qui n'a rien, toutefois, d'un manifeste en faveur d'un théâtre dépourvu de règles. Par sa péripétie médicale – celle de la mélancolie d'Alidor, qui entraîne l'intervention d'un personnage de médecin –, mais aussi par le soin qu'il apporte à la vraisemblance de l'intrigue, Rayssiguier, sans pour autant rallier le camp des Réguliers, fait part dans cette œuvre de ses préoccupations de poète dramatique moderne.

---

2 Comme l'indique Alain Riffaud, cette « nouvelle parution résulte [...] d'une simple modification partielle (nouvelle émission) » et non « d'une autre composition (nouvelle édition) » (*Répertoire du théâtre français imprimé entre 1630 et 1660*, Genève, Droz, « Travaux du Grand siècle », 2009, p. 20 ; voir aussi le tableau p. 78). Seuls la page de titre et le cahier liminaire ont été modifiés.

3 « [...] il n'est pas douteux que *Palinice*, & la *Célidée*, n'ont jamais été joués [*sic*] publiquement. Les Plans sont extrêmement compliqués, & l'Auteur ne les avoit pas composées pour les produire sur la Scene [...] » (Claude et François Parfaict, *Histoire du théâtre françois*, t. IV, Paris, P.-G. Le Mercier et Saillant, 1745, p. 474-475).

4 *Le Mémoire de Mahelot. Mémoire pour la décoration des pièces qui se représentent par les Comédiens du Roi*, éd. Pierre Pasquier, Paris, Champion, « Sources classiques », 2005, p. 325.

5 Hélène Baby situe l'âge d'or de la tragi-comédie pendant la décennie 1630-1640 (*La Tragi-comédie de Corneille à Quinault*, Paris, Klincksieck, 2001, p. 8).

DE LA PASTORALE À LA TRAGI-COMÉDIE

Si, en 1635, le premier titre de la pièce, *La Célidée sous le nom de Calirie ou de la générosité d'amour*, en mentionnant un personnage secondaire bien connu des lecteurs de *L'Astrée*[6], laissait attendre une pastorale dramatique, ce n'est plus le cas l'année suivante, lorsque le titre devient *Alidor et Oronte, tragi-comédie*. Cette réintitulation, accompagnée d'un classement générique, annonce de manière plus transparente au lecteur ce qu'il découvrira ici : une tragi-comédie qui, tout en puisant dans l'univers pastoral, s'éloigne de ce modèle générique pour n'en conserver que l'esprit.

LA DOUBLE MATIÈRE URFÉENNE

L'« Histoire de Celidée, Thamyre, et Calydon »

Avec *La Célidée*, Rayssiguier se tourne une nouvelle fois vers *L'Astrée*, « œuvre inadaptable » qui est pourtant le « roman le plus adapté au théâtre au XVIIe siècle[7] ». L'intrigue principale de la pièce puise fidèlement dans les livres I, II et XI de la deuxième partie de l'œuvre, publiée pour la première fois chez Toussaint du Bray en 1610[8]. Au livre I, alors que les personnages de l'histoire principale se trouvent au carrefour de Mercure, Léonide voit arriver du côté de Montverdun deux bergers importunant une bergère, qui ne cesse de les repousser malgré leurs marques de

6 En témoignent les gravures que l'épisode a suscitées lors des éditions et rééditions de *L'Astrée*, que l'on doit notamment au célèbre illustrateur Michel Lasne. Voir entre autres celle qui représente Thamire exposant à Léonide sa rivalité avec Calidon (*L'Astrée*, Paris, A. de Sommaville, 1633, IIe partie, livre I), reproduite en ligne, URL : https://utpictura18.univ-amu.fr/notice/6999-thamire-dit-a-leonide-differend-calydon-lastree-1633-ii-1-lasne.

7 Chrystelle Barbillon, « Des lecteurs particuliers : les dramaturges adaptateurs de *L'Astrée* », p. 311-322 dans *Lire* L'Astrée, dir. Delphine Denis, Paris, Presses de l'Université Paris Sorbonne, 2008, cité p. 311. Voir également, de la même autrice, *Mode narratif, mode dramatique : l'adaptation théâtrale de fiction narrative au* XVIIe *siècle en France*, thèse soutenue sous la direction de Georges Forestier, Université Paris IV Sorbonne, 2012.

8 L'édition de la deuxième partie de *L'Astrée* dirigée par Delphine Denis reproduit celle parue chez Toussaint du Bray en 1614 (Honoré d'Urfé, *L'Astrée. Deuxième partie*, Paris, Champion, « Champion classiques », 2016). L'« Histoire de Celidée, Thamyre et Calydon » occupe les p. 58-83 du livre I, 85-118 du livre II et 538-559 du livre XI.

soumission. Lycidas, qui connaît leur histoire, indique à la troupe qu'il s'agit de Célidée, Thamire et Calidon. On apprend alors, grâce au récit de Thamire, que Calidon et lui, tous deux issus du peuple des Boyens, sont unis par des liens de parenté et d'affection très forts. Après la mort de son oncle, Thamire a en effet élevé son cousin Calidon comme s'il s'agissait de son propre fils[9]. Parallèlement, malgré leur grande différence d'âge, Thamire s'est épris de Célidée, fille de sa voisine Cléomène, qui l'aime en retour depuis l'âge de onze ans. En père plus qu'en amant, il lui a appris à aimer de manière chaste et constante.

C'est alors que Calidon, ayant longuement séjourné dans sa patrie d'origine, s'en revient dans toute la splendeur de sa jeunesse et de sa beauté. Thamire en fait son héritier et lui défend d'aimer Célidée, mais, en moins d'un mois, le jeune homme s'éprend de la jeune fille et, n'osant l'avouer à quiconque, sombre dans la mélancolie. Thamire fait intervenir tous les médecins, prêtres et augures de la contrée, jusqu'à ce qu'un vieux mire de ses amis diagnostique le mal d'amour dont il souffre et conseille à Thamire de lui faire épouser Célidée. Celui-ci s'y résout non sans mal mais se heurte à la haine que la jeune fille voue naturellement à Calidon. Il emploie alors la ruse en arrangeant secrètement leur union auprès de Cléontine, tante de l'héroïne. Se sentant trahie, Célidée se déclare prête à mourir plutôt que d'épouser Calidon. Les visites de la jeune fille ayant tôt fait de guérir le mélancolique, Thamire pense pouvoir reconquérir celle qu'il aime sans mettre en péril la santé de Calidon ; mais elle refuse de lui pardonner. Ayant surpris l'entretien des amants, Calidon s'estime à son tour trahi par son père adoptif. C'est ainsi que, depuis trois lunes, Célidée fuit les assiduités des deux bergers. Le premier livre de la deuxième partie de *L'Astrée* s'achève en même temps que le récit de Thamire.

Le deuxième livre s'ouvre sur le jugement rendu par la nymphe Léonide, auquel Célidée n'accepte de se soumettre que parce qu'un songe l'a avertie de le faire. Après avoir écouté les harangues des trois amants et consulté les bergers qui l'entourent, Léonide décide que l'amour de Calidon cèdera à celui de Thamire, mais aussi « que l'amour de Celidée

9 Thamire précise tout d'abord que le père de Calidon était son oncle (*ibid.*, livre I, p. 63), mais le jeune berger est par la suite présenté comme son neveu (*ibid.*, livre XI, p. 538). Dans la pièce de Rayssiguier, Oronte est désigné comme l'oncle d'Alidor dans l'Argument et dans la liste des personnages, ce lien de parenté étant rappelé à plusieurs reprises dans la pièce (voir entre autres les vers 110, 139, 317, 373, 983, 1492…).

surmontera l'offence qu'elle a receu de Thamire, & que l'amour que Thamire luy portera à l'advenir surpassera en eschange celle que luy a porté Celidée jusques icy […][10] ». Calidon en ressent un grand déplaisir, mais il finit par se consoler en pensant aux obligations qu'il doit à son parent et à sa folie d'avoir voulu se faire aimer par force de Célidée.

Par la suite, il n'est plus question de ces trois personnages jusqu'au onzième livre de la deuxième partie de *L'Astrée*, lorsqu'on apprend que Phocion, oncle de l'héroïne éponyme, souhaite voir Astrée épouser Calidon, avec l'accord de Thamire, Céladon étant toujours déclaré mort. Lycidas raconte alors à Léonide que, dix ou douze nuits après le jugement qu'elle a rendu, tandis qu'on s'apprêtait à célébrer les noces de Thamire et Célidée, le vieux berger a entendu à son insu les tristes plaintes de Calidon et, pris de pitié, a demandé à Célidée de se montrer plus douce à son égard. Or, lors de leur nuit de noces, désespéré, Calidon s'évanouit et passe pour mort aux yeux des villageois qui le découvrent. À cette nouvelle, Thamire abandonne la couche de Célidée et s'évanouit à son tour. Ranimé par les baisers et les caresses de la bergère, il ne paraît plus sensible qu'au sort de Calidon. Bien que les noces de Thamire et Célidée aient été célébrées, les personnages se retrouvent de nouveau confrontés au même dilemme, lorsque la jeune fille annonce que le dieu Tharamis lui a secrètement soufflé le moyen de sortir de cette impasse. Elle demande quelques nuits de délai, pendant lesquelles Thamire et Calidon dorment l'un près de l'autre. S'emparant de la pointe de diamant que Cléontine, sa tante, porte en signe d'appartenance à Tautatès et dont les marques sont indélébiles, Célidée sacrifie courageusement sa beauté au repos de Thamire et Calidon. En apercevant le visage difforme de la jeune fille, Calidon détourne la vue, conformément aux prédictions du dieu Tautatès. Au contraire, l'amour de Thamire sort renforcé de cette épreuve, si bien que la jeune fille vit désormais tranquille et honorée, sa laideur lui apportant beaucoup plus de contentement que sa beauté[11].

10 H. d'Urfé, *L'Astrée. Deuxième partie*, éd. citée, livre II, p. 118.

11 Au livre VI de la troisième partie de *L'Astrée*, cette heureuse union nous est confirmée : « Quant à Thamire, il vit le plus heureux & contant du monde, & dict que les blesseures du visage de Celidée estant des tesmoignages de sa vertu, la luy rendent si belle & si aymable, qu'il ne sçait s'il doit desirer qu'elle fust autrement, & en ce contentement il est si satisfait qu'il ne la peut esloigner d'un pas : je suis bien marrie qu'elle ne soit icy pour avoir l'honneur, toute laide & deffigurée qu'elle est, de vous faire la reverence »

> Vous m'avez raconté, dit Leonide, la plus genereuse, & la plus loüable action que jamais fille ait faite, & suis bien aise que cette belle & vertueuse resolution soit partie d'une personne qui m'est proche, comme j'ai sceu que m'est Celidée, estant Niepce de Cleontine[12].

Comme le montre ce résumé, l'adaptation dramatique proposée par Rayssiguier suit de très près sa source, bien qu'elle supprime logiquement des personnages et des péripéties afin de transformer cette histoire enchâssée en intrigue théâtrale[13]. Le poète reprend les principaux épisodes de la matière astréenne – la mélancolie érotique de Calidon et l'automutilation de Célidée –, de même que la portée exemplaire de l'histoire, soulignée ici par Léonide. Dans la pièce, la dernière réplique de Larinthe, qui laisse entendre que « l'art[14] » saura guérir les blessures de Calirie, n'est pas davantage une invention de Rayssiguier afin de ménager un dénouement pleinement heureux. Au livre XI de la troisième partie, où l'on voit réapparaître Thamire et Célidée[15], le chevalier Damon se souvient d'avoir rencontré en Afrique un vieux mire qui parvint à guérir une grave blessure causée par un diamant grâce à un remède appelé l'« onguent armaire » ou « poudre de sympathie ». Ce mire pourrait guérir Célidée à distance, à condition qu'on lui apporte un bâton couvert du sang de sa blessure. Thamire propose d'entreprendre ce voyage mais, la jeune fille ne voulant être séparée de lui, Damon promet de faire venir le mire[16]. Si Honoré d'Urfé n'eut pas le temps d'écrire cet ultime épisode avant sa mort, on le trouve dans la cinquième et dernière partie de l'œuvre, achevée par Balthazar Baro[17].

Comme on le voit, l'histoire de Célidée occupe une place importante parmi les récits enchâssés de *L'Astrée* et se signale par la richesse de ses péripéties. Pourtant, Rayssiguier ne se contente pas de cette première

---

(H. d'Urfé, *L'Astrée. Troisième partie*, éd. dirigée par Delphine Denis, Paris, Champion, « Champion classiques », 2023, p. 410).

12 H. d'Urfé, *L'Astrée. Deuxième partie*, éd. citée, livre XI, p. 559.

13 Pour les modifications apportées à la source, voir *infra*, « Une matière "trop nue pour le théâtre" ? ».

14 « Et cependant que l'art remettra son visage » (acte V, sc. dernière, v. 1670).

15 Les personnages sont évoqués à plusieurs reprises dans la troisième partie de *L'Astrée* : par exemple au livre I (éd. citée, p. 93), au livre II (p. 123, 136), mais surtout aux livres V (p. 352 *sq.*), VI (p. 408 *sq.*) et XI (p. 723 *sq.*).

16 *Ibid.*, livre XI, p. 726-731. Sur l'onguent, voir la note 16, p. 727.

17 Balthazar Baro, *La Conclusion et dernière partie d'Astrée* [1628], Paris, Antoine de Sommaville, 1632, livre V, p. 384-391.

matière. Il lui ajoute une intrigue amoureuse secondaire dont la source est également empruntée à *L'Astrée* et qu'il relie à la première grâce au personnage d'Alidor, dont est amoureuse Cintille.

Une matière « trop nue pour le théâtre » ?

Dans son avis « Au lecteur[18] », Rayssiguier annonce en effet avoir mêlé à son intrigue principale « quelques autres amours dans l'histoire de Célidée, de Tamire, et de Célidon ». Sans citer ni le nom des personnages concernés, ni sa source, le poète désigne ici l'intrigue secondaire des amours de Cintille, Florintor et Mélissée. L'auteur n'aurait pourtant eu aucun mal à établir un lien entre les deux histoires, puisque cette intrigue secondaire puise elle aussi sa matière dans *L'Astrée*, plus précisément dans l'« Histoire de Lydias & de Mélandre », racontée par Amasis, la mère de Galathée, au livre XII de la première partie du roman[19].

Parmi les prisonniers capturés par Clidaman et Guyemant pendant la guerre menée par les Francs, se trouve Mélandre, « fille d'une des bonnes maisons de Bretagne[20] », qui leur narre ses infortunes. Elle s'est éprise de Lydias, jeune gentilhomme originaire de Neustrie ayant gagné Londres pour fuir la justice de son pays, qui le recherchait pour le meurtre d'Aronte, puissant ennemi tué en combat singulier. Or Lydias, après avoir feint d'aimer Mélandre en retour, n'a pas hésité à l'abandonner pour rejoindre sa patrie, alors en guerre contre Mérovée, roi des Francs. Mais, à son arrivée, le gouverneur de la Neustrie, Lypandas, l'a fait jeter en prison ; seul pouvait alors sauver Lydias un combat singulier entre Lypandas et un chevalier qui aurait accepté de se faire son champion. En l'apprenant, Mélandre décide de se travestir en homme pour rejoindre Calais et, après divers retardements, résolue à mourir, elle affronte elle-même Lypandas. Contre toute attente, aidée par l'Amour et la Fortune, elle triomphe du gouverneur, mais celui-ci trahit sa promesse en laissant Lydias en prison à condition que son champion, qui se fait appeler le « Chevalier Triste », prenne sa place. C'est ce que Mélandre s'apprêtait à faire lorsqu'elle a été capturée par Clidaman et Guyemant. Clidaman

18 Voir la notice consacrée à ce paratexte par Ch. Barbillon pour le site *IDT* : http://idt.huma-num.fr/notice.php?id=375, site consulté en février 2024.

19 H. d'Urfé, *L'Astrée. Première partie*, éd. dirigée par Delphine Denis, Paris, Champion, « Champion classiques », 2011, p. 655-675.

20 *Ibid.*, p. 658.

obtient sa libération de Mérovée, ce qui permet encore une fois à Mélandre de sauver son amant, à qui elle commande, toujours anonymement, d'aller combattre aux côtés de Clidaman, au service des Francs. Lydias est donc déclaré traître à sa patrie, tandis que son bannissement est renouvelé. Lorsque Clidaman lui révèle l'identité de Mélandre, Lydias conquiert Calais au service de Mérovée et fait prisonnier Lypandas, devenu amoureux de Mélandre après avoir découvert qu'il s'agissait d'une femme. Entretemps, comme on l'a déjà appris au livre XI de la première partie de *L'Astrée*[21], Ligdamon, qui a la malchance d'être le sosie de Lydias, a été emprisonné par les Neustréens à sa place. Alors qu'il va être mis à mort, Amérine, également convaincue qu'il s'agit de Lydias, qui avait tué Aronte pour elle, le sauve à condition qu'il accepte de l'épouser, mais, souhaitant rester fidèle à Sylvie, Ligdamon s'empoisonne, bientôt imité par la jeune fille[22]. Libérée, Mélandre, elle aussi abusée par la ressemblance entre Ligdamon et Lydias, se rend à Rouen où se trouve Ligdamon ; Lydias, sans craindre la justice, tente de l'y retrouver. Dans la continuation de Baro, tous les personnages – Ligdamon, Amérine, Mélandre et Lydias – se retrouvent dans le Forez, où sont enfin levées les confusions d'identité[23].

Rayssiguier invente habilement des liens entre cette histoire secondaire et celle de Célidée, qui constitue son fil principal. Son adaptation du roman urféen présente un double intérêt du point de vue de l'*inventio* et de la *dispositio* de sa pièce. Les amours de Cintille, Florintor et Mélissée lui permettent tout d'abord d'augmenter son intrigue d'un certain nombre de péripéties romanesques que le public du temps goûtait tout particulièrement, même si elles ne sont pas toutes représentées scéniquement : la fuite et l'exil dans un pays étranger ; le travestissement masculin de Cintille, qui trompe à la fois Mélissée, Florintor et Alidor, lequel prend son ancienne maîtresse pour son frère Alcandre, leur ressemblance étant soulignée pour assurer la vraisemblance de cette méprise[24] ; enfin, la

21 *Ibid.*, « Histoire de Ligdamon », p. 616-631. Ces deux histoires secondaires sont également résumées au livre X de la deuxième partie de *L'Astrée* (éd. citée, p. 527).

22 Georges de Scudéry s'est inspiré de cette histoire dans sa tragi-comédie *Ligdamon et Lidias, ou la ressemblance* (Paris, François Targa, 1631).

23 B. Baro, *La Conclusion et dernière partie d'Astrée*, *op. cit.*, « Suitte de l'Histoire de Lydias », p. 1336-1356 et « Suitte de l'Histoire de Melandre », p. 1356-1377.

24 Voir l'Argument et les vers 767-769. Sur les noms des héroïnes travesties dans *L'Astrée*, voir Eglal Henein, *Protée romancier : les déguisements dans* L'Astrée *d'Honoré d'Urfé*, Fasano-Paris, Schena-Nizet, 1996, p. 306.

reconnaissance d'identité de Cintille lors du dénouement (v. 1614 *sq.*). Si Florintor est un personnage totalement inventé par Rayssiguier, on peut en revanche voir en Mélissée une lointaine parente de Lypandas puisqu'elle en reprend la fonction de rival amoureux et que, par frustration, elle se déclare l'ennemie du faux Alcandre[25]. Par ailleurs, dans *L'Astrée*, tandis que Lydias séjournait deux ans à Londres pour échapper à la prison, Calidon s'éprend de Célidée au retour d'un long séjour chez les Boyens, sa patrie d'origine, sans que son absence soit justifiée. Rayssiguier fusionne les deux héros en une seule figure, celle d'Alidor, qu'il fait revenir de la cour de Londres, où il a séduit puis abandonné Cintille[26]. Ainsi, si Rayssiguier reconnaît ne pas avoir « trait[é] » l'histoire de Célidée « de même qu'elle est dans Monsieur d'Urfé », c'est avant tout parce qu'il s'est attaché à inventer des liens entre les personnages créés par le romancier, là où celui-ci n'en avait tissé d'autres que celui de leur appartenance à la même œuvre.

En outre, le choix de cette intrigue secondaire contribue à étoffer la chaîne amoureuse en lui ajoutant trois autres maillons (Florintor aime Mélissée, qui aime Cintille-Alcandre, qui aime Alidor) aux deux premiers (Alidor et Oronte aiment tous deux Calirie, qui aime Oronte). Cet enrichissement de l'intrigue assure un dénouement heureux en ne laissant aucun personnage isolé, puisqu'Alidor, en se détournant de Calirie, va se souvenir de ses anciens feux pour Cintille, ce qui va à son tour conduire Mélissée à récompenser la constance de Florintor. En regard, dans *L'Astrée*, Calidon reporte vainement ses assiduités sur l'amante infortunée de Céladon, incapable d'aimer un autre que son berger malgré la disparition de celui-ci, tandis que Lypandas n'est aimé de personne. L'enchâssement de ces deux histoires permet donc à Rayssiguier de compléter et de boucler la chaîne amoureuse de la pièce.

Dans son avis « Au lecteur », c'est néanmoins en anticipant les critiques que l'on pourrait lui adresser que le poète souligne l'intérêt

---

25 Précisons toutefois que Lypandas ne s'éprend de Mélandre que lorsqu'il apprend son véritable sexe et qu'il ne s'en prend au champion de Lydias qu'indirectement, pour nuire à celui-ci. Lypandas et Mélissée n'ont donc en commun qu'une simple fonction actancielle et dramaturgique.

26 Voir les vers 772-774. Notons également qu'à la scène 4 de l'acte III, Cintille imagine un duel qui l'opposerait à Alidor (« Ou bien si sa valeur qui donne de l'envie / À tous les plus vaillants qui connaissent sa vie, / Me porte dans le sein la pointe de son fer, / Et le fait doublement de mon cœur triompher, / La mort me sera douce [...] », v. 899-903). On peut lire dans ces vers une allusion au duel de Mélandre contre Lypandas.

esthétique de ce second fil et défend l'articulation dramaturgique qu'il a su ménager entre les deux intrigues : « l'embellissement que je lui donne n'est point désagréable et ne rend pas le sujet moins intelligible, [...] la conduite en est si judicieuse, que les honnêtes gens qui l'ont vue représenter l'ont estimée ». Alors qu'il aurait pu s'appuyer sur Aristote pour justifier l'unité d'action de sa pièce[27], il est notable que Rayssiguier refuse de s'exprimer en partisan des règles et s'en tienne avant tout à l'argument de l'« embellissement ». Pourtant, force est de constater que le fil secondaire des amours de Cintille, Mélissée et Florintor est logiquement exposé à partir du début de l'acte II (scènes 1-3 et 6) ; il se développe ensuite parallèlement à l'intrigue principale, au cours des actes II, III et IV, puis se résout en même temps que celle-ci à la fin de l'acte V. Réunissant tous les personnages de la pièce à l'occasion des noces attendues d'Alidor et Calirie, qui n'auront finalement pas lieu, le dénouement de *La Célidée* ne fait intervenir aucun *deus ex machina* ; il n'a rien de la contingence généralement associée aux issues de tragi-comédie[28].

Plus surprenante est l'allégation de Rayssiguier selon laquelle l'histoire de Célidée « était de soi trop nue pour le théâtre ». Le poète a pourtant dû en retrancher certains épisodes et rebondissements afin d'en condenser la matière[29] : il a par exemple supprimé les longs atermoiements de Thamire et son revirement lorsqu'après s'être réconcilié avec Célidée, il abandonne à nouveau son épouse pour voler au secours de Calidon ; la décision que prend Célidée de se refuser aux deux bergers et de rester libre n'est qu'esquissée[30], Calirie se réconciliant très rapidement avec Oronte ; de même, le rôle joué par le jugement de Léonide disparaît, alors que la nymphe fait partie des personnages de *La Tragi-comédie pastorale* ; enfin, Rayssiguier retranche l'épisode au cours duquel les deux bergers se blessent avec une pierre et se trouvent tous deux alités. Si ces suppressions vont toutes dans le sens d'une réduction de la durée de l'action, elles remettent bel et bien en cause la thèse d'une matière « trop nue ».

27 Aristote, *La Poétique*, éd. et trad. Michel Magnien, Paris, Le Livre de Poche, 1990, VIII, 1451 a, p. 98.

28 Voir H. Baby, *La Tragi-comédie*, *op. cit.*, p. 169.

29 Ch. Barbillon constate toutefois que Rayssiguier réintroduit dans l'Argument certains détails du roman astréen qu'il n'a pas conservés dans la pièce (voir sa notice sur le site *IDT*, éd. citée). On se reportera aux notes de notre édition.

30 Acte III, sc. 1, v. 735-738.

Quant aux personnages, outre la disparition de ceux qui appartiennent à l'histoire principale de *L'Astrée* (Silvandre, Diane, Léonide, Paris, Astrée…), notons que Rayssiguier fusionne les deux figures de Cléomène et de Cléontine, au profit de la seule mère de Célidée, à laquelle Urfé ne faisait que de très rapides allusions[31]. Aussi le reproche anticipé par Rayssiguier concerne-t-il plutôt la *dispositio* que l'*inventio* : l'auteur avait en effet besoin, comme nous l'avons vu, de personnages secondaires afin d'enrichir le schéma actanciel de son histoire et d'assurer un dénouement complet, fixant le sort de chacun des héros. Au niveau de l'*inventio*, Rayssiguier aurait pu se contenter de l'épisode de la mélancolie érotique d'Alidor, qui entraîne par la suite le geste sacrificiel de Calirie. En ajoutant à ces deux épisodes, à l'importance déjà non négligeable, d'autres ressorts romanesques comme le travestissement et la reconnaissance d'identité, le poète dramatique s'inscrit dans un refus du dépouillement qui évoque les tragi-comédies irrégulières des années 1630.

C'est ce que confirme la suite de l'avis « Au lecteur », dont les dernières lignes sélectionnent un type de public, celui des « honnêtes gens[32] ». En affirmant rechercher l'estime de ces seuls spectateurs, Rayssiguier exclut moins le parterre qu'il n'écarte les doctes et les savants. Ce sont en particulier les théoriciens du théâtre régulier que le poète semble cibler, comme le montre implicitement le lexique employé dans ce court paratexte : le verbe *mêler*, le rejet de la « nudité » de l'histoire de Célidée, sans compter le terme déjà étudié d'« embellissement », qualifié de « point désagréable » – tous ces mots renvoient à la ligne de défense des partisans du théâtre irrégulier, pour qui la variété et la profusion constituent une source de plaisir pour les sens. C'est donc en privilégiant des arguments esthétiques visant l'agrément d'un public amateur de divertissements raffinés, mais non érudits, que Rayssiguier choisit de défendre son travail[33].

31 Larinthe, la mère de Calirie, n'apparaît que dans cinq scènes (II, 5, III, 5, V, 4, 5 et 6). Dans *L'Astrée*, les deux figures sont bien dissociées : lorsqu'elle refuse d'épouser Calidon, Célidée obtient le soutien de sa mère contre Cléontine (H. d'Urfé, *L'Astrée. Deuxième partie*, éd. citée, livre I, p. 81).

32 « […] les honnêtes gens qui l'ont vue représenter l'ont estimée, que c'est la seule satisfaction que j'en attendais, et que j'attends de ceux qui prendront la peine de la lire ». Sur ce point, je me permets de renvoyer à mon article « "Au lecteur" : théorie et pratique de la lecture dramatique dans la première moitié du XVIIe siècle », p. 215-231 dans *Lire le théâtre français. Pratiques et théories de la lecture du théâtre français des XVIe et XVIIe siècles*, dir. Sandrine Berrégard, Strasbourg, Presses Universitaires de Strasbourg, « Configurations littéraires », 2024.

33 Nous rejoignons ici les conclusions de Ch. Barbillon : « Loin de souligner la parfaite intégration de l'épisode dans l'intrigue et l'unité réussie de sa pièce, Rayssiguier désigne

Pourtant, *La Célidée* ne saurait être considérée comme un manifeste du théâtre irrégulier. Bien que Rayssiguier n'y respecte pas toutes les règles, et surtout pas l'unité de lieu (voir *infra*, « Une tragi-comédie irrégulière »), la pièce est loin de correspondre aux exemples caricaturaux que l'on donne généralement de la tragi-comédie romanesque irrégulière à cette époque[34]. Aussi *La Célidée* nous paraît-elle davantage s'inscrire dans une période de transition. En cela, elle reflète parfaitement les interrogations esthétiques et dramaturgiques de son temps.

LE GENRE EN QUESTION

Réunir les deux histoires de Célidée et de Mélandre confrontait Rayssiguier à un autre défi : celui d'harmoniser, sur les plans générique, thématique et esthétique, deux récits puisant dans des matières différentes, toutes deux bien présentes au sein de *L'Astrée* : celle de la bergerie – sur le modèle des amours d'Astrée et de Céladon – et celle de l'univers épique et chevaleresque, dans la tradition de l'Arioste et du Tasse[35]. Les personnages de l'histoire de Mélandre et Lydias sont en effet des gentilshommes et chevaliers habitant des espaces urbains (Londres, Calais, Rouen), et non des bergers vivant dans la campagne du Forez, à l'écart des combats. En rapprochant ces deux récits, c'est le cadre urbain que Rayssiguier choisit de conserver : Calirie, Alidor et Oronte ne sont plus des bergers, mais des courtisans ayant quitté, comme Cintille, la « solitude » pastorale[36]. Ainsi, bien loin de concevoir sa pièce comme une pastorale dramatique, le poète en fait résolument une tragi-comédie romanesque.

---

le plaisir du spectateur et du lecteur comme seul critère d'appréciation de son œuvre : ainsi, il adopte encore, en 1635, les arguments des irréguliers » (notice de l'avis « Au lecteur », *IDT*, éd. citée).

34 On pense, pour ne prendre qu'un seul exemple, à l'intrigue aux multiples épisodes exposée à Sestiane par Amidor, le « poète extravagant » des *Visionnaires* de Desmarets de Saint-Sorlin (1647), dans la scène 4 de l'acte II de cette comédie.

35 Le combat de Mélandre évoque par exemple celui d'Erminie au 6e chant de la *Jérusalem délivrée*. Voir H. d'Urfé, *L'Astrée. Première partie*, éd. citée, livre XII, p. 665, note 30.

36 Ce ne sont pas les termes de *bergers* et de *bergères* qui sont employés pour les nommer, mais les titres de *gentilshommes* et de *dames* : on trouve en effet le terme « gentilhomme » dans l'Argument et la liste des personnages à propos de Florintor et Orcan ; « dame » apparaît aux vers 799, 1274 et 1287.

L'esprit de la pastorale

En 1635, année où Toussaint Quinet fait paraître *La Célidée*, le genre de la pastorale connaît encore un grand succès : *L'Inconstance d'Hylas, tragi-comédie pastorale* de Mareschal, paraît chez François Targa, *La Comédie des comédiens* de Scudéry, qui enchâsse une tragi-comédie pastorale, est publiée par Augustin Courbé, tandis qu'un libraire-imprimeur de Grenoble, Édouard Raban, donne *La Pastorale de la constance de Philin et Margoton* de Millet. D'autres libraires offrent de nouvelles éditions ou émissions de pastorales antérieures, telles que *Célidor et Clénide* et *L'Impuissance*, tragi-comédies pastorales de La Barre et Véronneau (chez Toussaint Quinet), ou encore *La Sylvie* de Mairet (chez J. et N. de la Coste). Quant aux *Bergeries* de Racan, elles connaissent cette année-là pas moins de quatre rééditions, à Paris, Rouen et Lyon.

Le titre originel de la pièce, *La Célidée sous le nom de Calirie ou de la générosité d'amour*, sans fournir d'indication générique, affiche clairement son affiliation à *L'Astrée*. Calirie apparaissant comme le prête-nom de l'héroïne urféenne, nous sommes invités à lire ses aventures comme celles d'une héroïne de pastorale. Pourtant, lorsque l'on compare la pièce de Rayssiguier aux passages du roman d'Urfé qui lui fournissent sa matière, force est de constater que le dramaturge s'est attaché à réduire les *topoï* de la pastorale à leur expression la plus minimale. Le changement de condition sociale des personnages, évoqué ci-dessus, s'accompagne d'autres modifications : contrairement à Thamire, Oronte n'évoque pas les troupeaux et pâturages qu'il laisserait en héritage à Alidor, mais le prestige de leur lignée et les « biens » que son neveu et lui possèdent et qu'il est prêt à réunir afin de convaincre Larinthe d'unir sa fille à son parent[37]. Plus généralement, l'univers pastoral laisse place dans la pièce au cadre de la cour : si celle d'Angleterre, qu'Alidor a fuie, n'est que rapidement évoquée, c'est bien la cour de France que rejoint Cintille après avoir quitté sa « solitude[38] », seul lieu à rappeler le souvenir de la pastorale par son éloignement du

37 « Qu'elle savait assez quelle est notre famille, / Et qu'outre tous les biens que ton père a laissés, / Je joindrais tous les miens, si ce n'était assez » (acte II, sc. 4, v. 592-594). Dans *L'Astrée*, Thamire précisait quant à lui : « Et parce que n'ayant jamais esté marié, je n'avois point d'enfans, je fis resolution de luy remettre apres moy tous mes trouppeaux et tous mes pasturages, qui peut-estre ne sont pas à desdaigner » (H. d'Urfé, *L'Astrée. Deuxième partie*, éd. citée, livre I, p. 68).

38 Voir l'Argument : « [...] elle se résout de quitter sa solitude, revient à la Cour [...] ».

bruit et de la fureur urbaine[39]. À la civilité des bergers, se substituent les valeurs courtoises, étymologiquement associées à l'espace aulique, qui sont régulièrement attribuées aux personnages[40].

Ce travail sur le décor de la pièce s'accompagne d'un même souci d'estomper le cadre temporel de la pastorale, si souvent souligné dans *L'Astrée*, dans le sillage de la tradition bucolique antique. Si les personnages insistent à plusieurs reprises sur la durée de leur passion (voir *infra*, « Éros et Antéros : le tragique de la fidélité »), les références aux saisons sont quasi absentes de la pièce de Rayssiguier. Seuls quelques vers de Calirie, adressés à Alidor au début de la scène 6 de l'acte I, permettent fugacement d'apprendre que l'intrigue se déroule au printemps, saison topique des amours et de la reverdie :

> Alidor, voulez-vous être toujours malade,
> Durant cette saison propre à la promenade,
> Que tout se réjouit, que les champs sont si beaux,
> Que les arbres ont pris des visages nouveaux ? (v. 303-306)

Il est révélateur que ces vers soient suivis d'un portrait d'Alidor en parfait courtisan, « vertueux, courtois », mais surtout doué pour la conversation (« prudent en vos discours, / Aux meilleurs entretiens devez passer vos jours », v. 309-310), c'est-à-dire en parfait honnête homme des années 1630.

Par ailleurs, Rayssiguier s'attache à effacer tout élément merveilleux qui pourrait rappeler le monde de la pastorale. S'il conserve les invocations des personnages aux divinités païennes ou encore mythologiques[41], le poète fait basculer ces divinités dans l'anonymat, à la réserve du dieu Amour. Le dieu Tautatès, très souvent mentionné dans *L'Astrée*[42], n'est plus nommé, de même que disparaît la nymphe Léonide, sollicitée dans le roman pour trancher le différend des trois bergers. Plus notable encore est l'absence d'un personnage symboliquement très important dans la

39 Cintille ne décrit cette solitude qu'en parlant de ses « gazons » (acte IV, sc. 5, v. 1247).

40 « Car sache que parmi les paroles courtoises / Qui ne manquent jamais dans les bouches françoises » (acte III, sc. 2, v. 775-776).

41 Le monologue liminaire d'Oronte s'ouvre sur une apostrophe aux « Dieux, de qui tous les jours j'approche les autels » (v. 1). Au début de l'acte II, Cintille s'adresse à Dieu (sc. 1, v. 383), mais Orcan évoque quant à lui aussitôt après « les dieux » (v. 400).

42 Lorsqu'elle cherche une issue à la crise que les trois bergers traversent, Célidée s'adresse aussi au dieu Tharamis, qui l'incite à sacrifier sa beauté (H. d'Urfé, *L'Astrée. Deuxième partie*, éd. citée, livre XI, p. 557-558).

source de Rayssiguier, mais qui ne jouait aucun rôle déterminant dans l'action : Cléontine, tante de Célidée, prêtresse du dieu Tautatès, qui possède le diamant avec lequel Célidée se défigure. Chez Rayssiguier, les vertus magiques de ce diamant disparaissent, tout comme les allusions aux différents druides et mages que Thamire faisait venir au chevet de Calidon ; le poète n'avait pourtant pas hésité à mettre en scène le druide Adamas et un personnage de vacie dans sa *Tragi-comédie pastorale*, ou encore des nymphes dans *L'Aminte*. En revanche, Rayssiguier conserve dans notre pièce le personnage du « mire », rebaptisé du nom plus moderne de médecin. Ce souci affiché par le poète d'exclure le merveilleux pastoral correspond parfaitement à l'évolution des genres dramatiques dans les années 1630 et aux nouvelles exigences de la vraisemblance.

Aussi Rayssiguier ne conserve-t-il de la pastorale que ce qui en fonde l'esprit : la passion amoureuse et ses turpitudes, mais aussi le conflit entre amour et amitié. Contrairement à sa première pièce, on ne peut donc pas parler ici de *tragi-comédie pastorale*.

Une tragi-comédie irrégulière

– Tragédie, comédie ou tragi-comédie ?

Lorsque la pièce est rebaptisée *Alidor et Oronte, tragi-comédie*, quels motifs justifient le choix de cette étiquette, aux dépens de celles de « tragédie » ou de « comédie » ? Jusqu'au dénouement heureux de *Cinna*, en 1642, qui porte un coup sévère à la tragi-comédie, les frontières entre tragédie et tragi-comédie restent poreuses, comme le montrent les exemples de pièces passant d'un genre à l'autre[43]. Néanmoins, l'intrigue romanesque et sentimentale de *La Célidée*, dépourvue de tout enjeu politique « public[44] », tout comme son issue heureuse fondée sur la réconciliation des différents couples, sont des critères qui s'imposeront progressivement, au cours des années 1630, pour séparer les deux genres.

Quant à la distinction entre tragi-comédie et comédie, elle demeure plus délicate encore, à partir du moment où Corneille a montré, avec

43 Voir Bénédicte Louvat, *L'« Enfance de la tragédie » (1610-1642). Pratiques tragiques françaises de Hardy à Corneille*, Paris, PUPS, « *Theatrum mundi* », 2014, chap. 8, p. 209 *sq.*

44 Voir Pierre Corneille, *Trois discours sur le poème dramatique*, éd. B. Louvat et M. Escola, Paris, Flammarion, « GF », 1999, « Discours de l'utilité et des parties du poème dramatique », p. 72-74.

Mélite (1630), que la seconde pouvait s'inspirer des chaînes sentimentales de la pastorale et mettre en scène un personnel dramatique d'honnête condition. Si les personnages de Rayssiguier sont des courtisans, ce que ne sont généralement pas les héros des comédies du temps, cette condition légèrement supérieure n'a pas d'incidence dans la pièce, si ce n'est lorsque le cadre curial est rapidement mentionné. La liste des personnages n'annonce aucun roi ni autre figure de rang élevé. Il faut donc chercher ailleurs que dans le sujet et la condition des personnages les éléments qui justifient l'étiquetage de la pièce comme tragi-comédie[45].

Ces éléments nous paraissent à la fois relever de l'*inventio* romanesque, du traitement des péripéties et de l'*elocutio*. En effet, l'épisode secondaire que Rayssiguier introduit, lorsqu'il mêle à l'histoire de Calirie les amours de Cintille, Florintor et Mélissée, permet d'« embellir » la pièce grâce à des péripéties romanesques – fuite de l'héroïne sous un déguisement masculin et reconnaissance finale – typiques des tragi-comédies des années 1630[46]. Mais l'intrigue principale contient elle aussi des péripéties qui, par leur violence spectaculaire, justifient ce classement générique : la mélancolie érotique d'Alidor et l'automutilation de Calirie, qui sacrifie sa beauté sur la scène, faisant ainsi couler son sang sous les yeux des spectateurs[47]. Les pièces des années 1630-1640 qui représentent des cas de mélancolie sont généralement considérées comme des tragi-comédies, ce qui est notamment justifié par les épisodes de fausse mort annoncée qu'elles incluent[48]. S'il n'y a pas de personnage passant pour mort dans notre pièce, la menace du trépas y est bel et bien sensible. À deux reprises, Alidor est sur le point de se suicider : tout d'abord, à la scène 6 de l'acte III, Oronte le retient alors qu'il s'apprête à se frapper de son épée, après avoir été banni de la vue de Calirie[49] ; puis, à l'acte IV, lorsqu'Alidor surprend la réconciliation des

45 Selon H. Baby, Rayssiguier est le seul auteur de tragi-comédie à « se spécialise[r] dans la représentation d'un corps social », celui de la petite et moyenne noblesse (*La Tragi-comédie*, *op. cit.*, p. 108). Le genre de la tragi-comédie représente d'ordinaire un « éventail social très large » (*ibid.*, p. 107).

46 Sur le déguisement dans la tragi-comédie, voir Georges Forestier, *Esthétique de l'identité dans le théâtre français (1550-1680) : le déguisement et ses avatars*, Genève, Droz, 1988, p. 26-28.

47 Voir ce vers de Calirie adressé à Alidor : « Comment, ce peu de sang vous rend-il inconstant ? » (acte V, sc. 6, v. 1557.)

48 Voir entre autres *Les Folies de Cardénio* de Pichou (1630), *L'Hypocondriaque, ou le Mort amoureux* de Rotrou (1631) et *La Folie du Sage* de Tristan L'Hermite (1645).

49 « Oronte *lui arrêtant le bras* » (didascalie liminaire de la scène, v. 994).

amants, c'est au tour de Calirie de l'empêcher de mettre fin à ses jours[50]. Tandis qu'elle se désespère dans sa « solitude », Cintille tient elle aussi un « fer[51] » dont elle envisage de se percer le sein.

Au-delà de ces péripéties particulièrement spectaculaires, la violence est surtout présente dans les répliques des personnages. Sans exhiber d'arme tranchante sur le plateau, Calirie pense elle aussi au suicide afin d'éviter de s'unir à Alidor[52]. Mélissée tourne quant à elle sa rage vers autrui lorsqu'elle menace de s'en prendre à la fois au faux Alcandre et à l'éconduit Florintor :

> Sache que Florintor est bien loin de son compte,
> Je veux venger sur lui tes mépris, et ma honte,
> Et tu ne seras pas exempt de mon courroux,
> Il faut que mon dépit vous enveloppe tous. (acte III, sc. 4, v. 879-882)

Comme elle, l'infortunée Cintille envisage, à la fin de l'acte IV, d'« étouffer » Alidor « ou des mains, ou du fer » (sc. 6, v. 1328-1329) au milieu de ses amis, s'il persiste à aimer Calirie. Ainsi, selon Hélène Baby, pour qui les pièces de Rayssiguier revendiquent l'appartenance au genre de la tragi-comédie plutôt par effet de mode qu'en fonction de véritables critères, seul ce « péril de mort » permet vraiment de distinguer ses œuvres des comédies contemporaines de Corneille, par exemple[53].

Un dernier critère nous semble pouvoir être ajouté, celui de l'*elocutio* de la pièce, qui s'inspire de la « prose poétique[54] » des romans du temps. Notons toutefois que ce style est commun à la tragi-comédie et à la

---

50 « Alidor *se découvrant.* / Je viens pour la signer, mais c'est avec le sang / Que ce fer à vos yeux tirera de ce flanc. / Calirie *l'arrêtant.* / Alidor, arrêtez, c'est moi qui vous conjure / De ne me faire point cette seconde injure. » (sc. 4, v. 1185-1188.)

51 « Meurs, meurs, et n'attends plus le secours des humains, / Ton attente est trop vaine, / Ce fer dans un moment, par l'aide de tes mains, / Mettra fin à ta peine » (acte IV, sc. 5, v. 1231-1234).

52 « Non, je renverserai cet injuste dessein, / Et m'ouvrirai plutôt avec un fer le sein » (acte II, sc. 5, v. 657-658).

53 « [...] rien, dans le théâtre tragi-comique de Rayssiguier, pas plus la qualité des personnages que le voyage romanesque, ne justifie l'appellation de tragi-comédie ; seul le péril de mort menace les héros et paraît, en anticipant sur le péril de mort cornélien, le critère fondateur de ces créations : il distingue en tout cas *Mélite* des pièces de Rayssiguier. Mais indubitablement, les tragi-comédies de Rayssiguier sont des comédies que la mode a baptisées tragi-comédies » (*La Tragi-comédie*, *op. cit.*, p. 74-75). H. Baby classe toutefois notre pièce à part : « Seule la tragi-comédie d'*Alidor et Oronte* s'éloigne de l'univers comique par la mutilation que s'inflige finalement l'héroïne » (*ibid.*, p. 75).

54 Voir Suzanne Duval, *La Prose poétique du roman baroque (1571-1670)*, Paris, Classiques Garnier, « Lire le XVIIe siècle », 2017. Voir également Gabriel Conesa, « Corneille et

comédie honnête et raffinée, telle que la conçoit Corneille à partir de *Mélite*. *La Célidée* est composée en haut style, sans décrochage comique ni mot bas, ce qui s'accorde par ailleurs avec le bannissement de la sensualité dans les relations sentimentales des personnages (voir *infra*). On relève, dans leurs répliques, tous les termes conventionnels et les images topiques de la poésie amoureuse. En témoignent ces deux strophes extraites des stances qu'Alidor déclame à l'acte I, qui font appel aux *topoï* du feu de la passion et des souffrances qu'il inflige à l'amant, mais aussi à la synecdoque néo-platonicienne des yeux de l'aimée, et à l'*adynaton* bien connu du rocher à qui sa beauté aurait le pouvoir de donner vie :

Je meurs, et je n'ose parler
Du feu dont je me sens brûler,
Avecque tant de violence.
Mon ardeur criminelle appréhende le jour,
Et m'oblige au silence
De peur d'être blâmé d'un indiscret amour.

Hélas ! est-ce un crime d'aimer
Des yeux, qui pourraient animer
Le rocher le plus insensible ?
Non, non, je crois plutôt qu'en voyant leurs appas,
Il doit être impossible
D'avoir quelque raison, et de n'en brûler pas. (sc. 4, v. 171-182)

Le choix même des stances, qui prennent ici la forme de cinq sizains constitués de trois octosyllabes, suivis de deux alexandrins enserrant un hexasyllabe isolé, avec, pour schéma de rimes, AABCBC, est l'un des critères permettant de rattacher la pièce au genre de la tragi-comédie, qui accueille fréquemment, dans les années 1630, ce type de décrochages métriques, propres à l'expression lyrique[55]. Ce passage est particulièrement représentatif de la langue qui caractérise la pièce, composée d'un

l'élaboration du langage comique au XVIIe siècle », *CAIEF*, t. XXXVII, mai 1985, p. 103-116.

55 Voir H. Baby, *La Tragi-comédie*, *op. cit.*, p. 226-227 et Marie-Françoise Hilgar, *La Mode des stances dans le théâtre tragique français : 1610-1687*, Paris, Nizet, 1973. *La Célidée* contient une autre scène de stances lorsque Cintille se trouve dans sa « solitude » (acte IV, sc. 5) : cette fois-ci, elles sont constituées de cinq septains faisant alterner deux alexandrins et deux hexasyllabes, puis deux alexandrins et un octosyllabe, selon le schéma de rimes ABABCCB. Notons toutefois que certaines comédies contiennent elles aussi des stances, comme *La Suivante* et *La Place Royale* de Corneille.

lexique noble, raffiné mais sans pédantisme, et de figures parmi lesquelles les hyperboles, métonymies et synecdoques, mais aussi les marques de l'intensité et du pathétique, sont majoritaires[56].

– Les règles du jeu

Toutefois, ce qui justifie sans doute davantage encore l'appartenance de *La Célidée* au genre de la tragi-comédie, c'est son irrégularité, le non-respect des règles devenant l'un des traits définitoires du genre à la fin des années 1630[57]. Notre pièce, comme on l'a vu, respecte le principe de l'unité d'action, malgré la dualité des sources. Il en va de même pour l'unité de temps, sur laquelle Rayssiguier insiste, bien que la durée de l'action représentée dépasse l'unique « révolution du soleil[58] ». Le poète balise sa pièce de repères temporels permettant de mesurer avec précision le passage du temps. Ainsi, la première scène de l'acte II montre qu'il ne s'est écoulé que peu de temps entre les deux premiers actes, Florintor apprenant à Cintille et Orcan la guérison d'Alidor, qui vient d'avoir lieu à la fin de l'acte I (sc. 6). Il promet au faux Alcandre de le conduire auprès du mélancolique au « soir[59] » de cette journée ; or cette visite aura lieu hors-scène, entre les actes II et III, comme nous l'indique Cintille au début de l'acte III[60]. Cette précision concorde avec l'une des répliques de Mélissée indiquant que la fin de l'acte II coïncide avec la fin de l'après-midi[61], ce qui sera également le cas des actes III et IV. Une infime durée s'écoule donc du début de l'acte I à la fin de l'acte IV[62]. En revanche, l'acte V commence au matin d'une nouvelle journée. En effet, à la fin de l'acte III, les noces d'Alidor et Calirie sont annoncées pour le lendemain[63] et, là où

56 « [...] on peut à ce titre se demander si la prose fictionnelle n'est pas le principal laboratoire du sublime délicat et amoureux qui, à la même époque, est en travail dans les genres dramatiques » (S. Duval, *La Prose poétique*, *op. cit.*, p. 364).

57 Voir Giovanni Dotoli, éd., *Temps de préfaces : le débat théâtral en France de Hardy à la Querelle du* Cid, Paris, Klincksieck, 1996.

58 Aristote, *La Poétique*, éd. citée, V, 1449 b, p. 92.

59 « Et nous visiterons Alidor sur le soir » (acte II, sc. 1, v. 429).

60 Voir les v. 753-764 de la scène 2 de l'acte III.

61 « Jamais je n'ai reçu durant une journée, / De plaisir plus parfait que cette après-dînée » (II, 6, v. 663-664).

62 Voir cette réplique d'Oronte, adressée à Alidor à la fin de l'acte III : « Et me dis seulement d'où vient ton désespoir / Depuis une heure ou deux que tu m'es venu voir » (III, 6, v. 1013-1014). Ces vers font référence à la scène 4 de l'acte II.

63 Voir le vers 922 de la scène 5 et le vers 1024 de la scène 6.

Célidée demandait dans *L'Astrée* un délai de « quatre ou cinq nuicts[64] » avant de départager Thamire et Calidon, Calirie n'exige d'Alidor et Oronte qu'un seul jour, celui qui la sépare de ses noces[65]. Il faut donc considérer que la durée d'une nuit s'écoule pendant l'entracte qui sépare cet acte du dernier, conformément à la précision fournie par l'Argument (« Calirie cependant qui n'avait point reposé [...] »). Au tout début de l'acte V, Cintille-Alcandre annonce qu'elle dévoilera sa véritable identité « devant la fin du jour, dont la lumière éclaire[66] ». Elle insiste même sur l'urgence de terminer la pièce, dans une réplique dont on peut faire une lecture métathéâtrale : « Achevons la journée, / Vous verrez des sujets de plus d'étonnement[67] ». Ainsi, si l'action représentée dure une journée et demie, elle excède peu les limites de l'unité de temps fixées par les théoriciens[68].

La principale irrégularité de la pièce concerne donc l'unité de lieu, bien qu'il faille là encore nuancer la prise de distance de Rayssiguier à l'égard de cette règle, dans la mesure où les différents lieux de l'action sont peu éloignés les uns des autres. La notice que *Le Mémoire de Mahelot* consacre à l'œuvre nous permet de nous représenter le décor à compartiments nécessaire à sa mise en scène :

> Calirie de Monsieur Rassiquier, / Il faut une belle Salle au milieu du theatre elevée dune marche de degré et ledit plafon doit estre a fleur des deux maisons et renfondré jusqua la persepective laditte chambre doit estre fermée jusques au cinquiesme Acte, dans laditte chambre une table un tapy chandeliers lumiere un Miroir une chaire laditte salle doit estre Tappicée de cuir doré tant par haut que par derriere des plaques des bougies, Vers la loge du Roy une chambre fermée et tappicée et dans laditte chambre un lit verd une table un tapy chandeliers elle s'ouvre au premier Acte a la Seconde Scene et demeure

64 H. d'Urfé, *L'Astrée. Deuxième partie*, éd. citée, livre XI, p. 548.

65 « Suspendez quelque temps ce transport inhumain, / Et vous serez contents l'un et l'autre demain » (acte IV, sc. 4, v. 1189-1190). Voir aussi le vers 1200 et, à la scène 6 du même acte, le vers 1320. Cette précision se trouvait déjà dans l'Argument : « Calirie [...] promet à l'un et à l'autre de les contenter le lendemain ».

66 Acte V, sc. 1, v. 1366-1367. À la scène 4 de l'acte III, Cintille annonçait d'abord une durée plus longue : « Retirons-nous d'ici, je sais qu'en peu de jours / Les maux que je leur cause auront un autre cours » (v. 893-894).

67 Acte V, sc. 6, v. 1551-1552.

68 À propos de l'expression « *Tour d'un Soleil* » tirée de la *Poétique* d'Aristote, qui a suscité de multiples interprétations, l'abbé d'Aubignac juge toutefois que l'action représentée doit durer, non pas vingt-quatre heures, mais le temps que dure le « jour artificiel », du lever au coucher du soleil (François Hédelin d'Aubignac, *La Pratique du théâtre* [1657], éd. Hélène Baby, Paris, Champion, « Champion classiques », 2011 [2001], livre II, chap. VII, p. 180-181).

tousjours ouverte, et de lautre costé du theatre faire un lieu Solitaire ou repose un acteur Sur un gason un peu elevée dans un bois il faut une lettre aussy[69]

La chambre fermée jusqu'au dernier acte est celle de Calirie, qui s'ouvre à partir de la scène 3 et dans laquelle se déroule toute la fin de la pièce[70] ; l'autre chambre qui s'ouvre à la scène 2 du premier acte est celle dans laquelle on voit le mélancolique Alidor allongé sur son lit. Il faut ajouter, à partir de la scène 2 de l'acte II, la « galerie » dans laquelle rêve Mélissée et où la rejoignent, à la scène suivante, Florintor et le faux Alcandre.

Pour ce qui concerne les autres scènes, le *Mémoire* parle d'une « belle Salle », mais l'acte I semble plutôt adopter le principe du « carrefour comique » en se déroulant dans un espace neutre, devant les maisons d'Oronte, Calirie et Alidor, dont sont toutes proches également les maisons de Mélissée, Cintille et Florintor, ce qui est une manière pour Rayssiguier de figurer l'alliance des deux intrigues[71]. Les deux premières scènes de l'acte V ont lieu devant la maison de Mélissée, Cintille la rencontrant « sur sa porte » (sc. 1, v. 1376) ; à la fin de la scène suivante, Mélissée invite Florintor et le faux Alcandre à entrer (v. 1425), avant que tous ne se rendent chez Calirie, où les rejoindront Oronte et Alidor, tous les personnages de la pièce étant réunis lors du dénouement, comme il est de règle dans les pièces à issue heureuse. Néanmoins, dans l'Argument de la pièce, Rayssiguier semble considérer que l'intrigue ne se situe que dans deux lieux différents[72] : l'un principal, la cour, l'autre ne concernant qu'une seule scène (acte IV, sc. 5), la « solitude » de Cintille. En ne retenant que les deux lieux les plus éloignés l'un de l'autre, l'auteur minimise donc l'irrégularité spatiale de sa pièce.

---

69 *Le Mémoire de Mahelot*, *op. cit.*, p. 325. Il semblerait que la loge du roi se situe côté jardin (voir *ibid.*, « Introduction », p. 48).

70 Larinthe rejoint sa fille dans sa chambre à la scène 4 (« Elle est seule à sa chambre », v. 1510) et on peut supposer que les personnages les y retrouvent dans les scènes suivantes : au début de la scène 5, une didascalie précise, après le nom de Florintor, « en entrant ».

71 Au début de l'acte V, Cintille invite Florintor à la suivre chez Mélissée, qu'elle veut conduire chez Calirie (« Parce que je voudrais qu'elle, et nous deux ensemble / Fussions chez Calirie, où je sais qu'on s'assemble », acte V, sc. 1, v. 1374-1375). Tous les personnages de la pièce vivent donc dans le même voisinage.

72 « [...] elle se résout de quitter sa solitude, revient à la Cour ».

	Acte I						Acte II						Acte III						Acte IV						Acte V					
	1	2	3	4	5	6	1	2	3	4	5	6	1	2	3	4	5	6	1	2	3	4	5	6	1	2	3	4	5	6
« Carrefour comique »	x	x	x				x			x			x				x	x			x	x			x	x				
Chambre d'Alidor				x	x	x																								
Maison de Mélissée												x			x	x			x	x										
Galerie de Mélissée								x	x																					
Maison de Cintille														x																
Solitude de Cintille																						x		x						
Maison de Larinthe											x																			
Chambre de Calirie																											x	x	x	x

Ces changements de lieu entraînent généralement le non-respect de la liaison des scènes, irrégularité qu'il convient une nouvelle fois de nuancer puisque cette règle ne s'imposera qu'à partir des années 1640. Marc Douguet relève onze ruptures de la liaison des scènes dans *La Célidée*[73]. À part dans sa *Tragicomédie pastorale* où il note une rupture supplémentaire (12), c'est dans l'une de ses dernières pièces que Rayssiguier s'est donc permis le plus de ruptures[74]. Celles-ci sont très souvent justifiées par les déplacements que doivent effectuer les personnages entre les différents lieux de l'action. Par exemple, à la scène 2 de l'acte III, le page de Mélissée vient chercher le faux Alcandre pour le conduire auprès de sa maîtresse. Le temps que prend le trajet d'une maison à l'autre laisse tout loisir à l'amante infortunée de prononcer un monologue, à la scène 3, que son page interrompt pour annoncer l'arrivée de Cintille, dont l'entrée en scène marque le début de la scène 4. Aussi le page a-t-il quitté le plateau par souci de vraisemblance, dans la mesure où la scène 3 se déroule dans un lieu différent. C'est bien ici la rupture de l'unité de lieu qui entraîne celle de la liaison des scènes[75].

De ce fait, sur ces différents points, Rayssiguier ne suit pas l'évolution du théâtre de son temps ; il ne semble en aucun cas tenir compte de la préface de *La Silvanire* de Mairet qui, peu d'années auparavant, constitue pourtant, selon H. Baby, le « premier véritable manifeste de la régularité au XVIIe siècle[76] ». Rayssiguier aurait pu, comme lui, justifier le respect des règles en fonction du plaisir des honnêtes gens, mais il reprend au contraire, dans son avis « Au lecteur », l'argumentation des détracteurs des règles (voir *supra*, « Une matière "trop nue pour le théâtre" ? »).

73 Marc Douguet, *Composition dramatique et liaison des scènes dans le théâtre français du XVIIe siècle*, Genève, Droz, « Travaux du Grand siècle », 2023, p. 437. Ces ruptures se situent entre les scènes 3-4 de l'acte I ; 1-2, 3-4, 4-5, 5-6 de l'acte II ; 1-2, 2-3, 4-5 de l'acte III ; 2-3, 4-5 de l'acte IV ; 2-3 de l'acte V. La rupture de la liaison des scènes apparaît surtout dans l'acte II, où, à l'exception des scènes 2-3, les autres scènes ne sont pas liées.

74 M. Douguet en compte 7 dans *L'Aminte*, 9 dans *La Bourgeoise*, 6 dans *Palinice Circéine et Florice* et 8 dans *Les Tuileries* (*ibid.*, p. 437).

75 Plus généralement, le découpage des scènes ne correspond pas toujours aux entrées et sorties des personnages dans notre pièce, ce qui est encore fréquemment le cas dans la première moitié du XVIIe siècle, comme le note Jacques Scherer (*La Dramaturgie classique en France* [1950], Paris, Armand Colin, 2014, p. 313-314).

76 H. Baby, *La Tragi-comédie*, *op. cit.*, p. 41. Voir aussi l'édition de *La Silvanire* par Jean-Pierre van Elslande dans Jean Mairet, *Théâtre complet*, t. II, éd. dirigée par G. Forestier, Paris, Champion, 2008.

Pour autant, nous venons de montrer à quel point il convient de nuancer l'irrégularité de *La Célidée.* Encore une fois, la comparaison du texte de Rayssiguier avec sa double source urféenne offre de mesurer le travail d'unification que l'auteur a mené à partir des péripéties romanesques. Ce travail est particulièrement visible à propos du respect des bienséances. Tandis que *L'Astrée* ménageait quelques allusions sensuelles dans la représentation des amours de Célidée, Thamire et Calidon[77], le poète dramatique ôte soigneusement tout type d'allusion au désir érotique. Là où Thamire évoquait à loisir les petites privautés qu'il avait obtenues de Célidée dès son plus jeune âge[78], on ne trouve plus dans la pièce qu'une seule allusion, qui reste très obscure, à « un gage innocent[79] » que Calirie se reproche d'avoir accordé à Oronte avant qu'il ne la trahisse en la cédant à Alidor. Les seuls jeux que s'autorise Rayssiguier par rapport à la règle des bienséances concernent la présence du fer plusieurs fois tiré sur le plateau, ou encore le sang coulant de la blessure de Calirie. Toutefois, si l'on compare ces éléments avec certains épisodes de *L'Aminte* (on pense par exemple à la tentative de viol de Sylvie par le Satyre), on notera à quel point sa dramaturgie suit les évolutions des années 1630.

D'UN TITRE À L'AUTRE : COMMENT LIRE LA PIÈCE ?

Un an seulement après la parution de *La Célidée*, la pièce connaît, comme on l'a vu, une nouvelle émission, toujours chez Toussaint Quinet, sous un titre différent : *Alidor et Oronte, tragi-comédie.* Cette modification du titre, sans doute imputable au libraire, constitue une tentative de relance commerciale couramment pratiquée tout au long du XVIIe siècle.

---

77 Voir Gérard Genette, « Le serpent dans la bergerie », *Figures I*, Paris, Éd. du Seuil, « Points », 1966, p. 109-122 et Frank Greiner, « *L'Astrée*, de l'Éros philosophique vers l'érotisme romanesque », dans L'Astrée *d'Honoré d'Urfé (Première partie, éd. 1612) : un roman troublé*, actes de la journée d'agrégation du 25 novembre 2023 (Sorbonne Université), dir. Delphine Denis, *Fabula/Les colloques*, 2024, URL : http://www.fabula.org/colloques/document11544.php, site consulté en février 2024.

78 « Je continuay cette vie plus d'un an, durant lequel quelquefois je luy desrobois quelque baiser, quelquefois je luy mettois la main dans le sein feignant de me joüer […] » (H. d'Urfé, *L'Astrée. Deuxième partie*, éd. citée, livre I, p. 65). De même, la rivalité érotique des deux amants, suggérée lors de la nuit de noces de Thamire et Célidée, disparaît totalement de la pièce (*ibid.*, p. 78).

79 « Tu n'étais pas content de m'avoir abusée, / Lorsqu'un gage innocent me rendait moins rusée » (v. 703-704).

Il s'agit de réveiller la curiosité du chaland à l'égard d'un ouvrage dont il reste des invendus afin de relancer les ventes et d'écouler le stock[80]. Toutefois, s'il n'est pas rare qu'une pièce soit rééditée sous un titre présentant de légères variations[81], un changement aussi radical, qui pourrait tromper le lecteur en lui laissant penser qu'il s'agit d'une autre pièce, est beaucoup moins fréquent. Dans les cas recensés par le *Répertoire du théâtre français imprimé* d'Alain Riffaud, la connaissance du sujet de l'intrigue permet généralement de comprendre qu'il s'agit d'une seule et même pièce[82], ce qui n'est pas le cas pour *Alidor et Oronte.*

Sans oublier que cette réintitulation n'est très certainement pas due à Rayssiguier, mais à l'imprimeur ou à l'éditeur, ce qui frappe, au premier abord, est la disparition du lien de filiation à *L'Astrée* : tandis que Calirie était explicitement présentée comme un avatar de l'héroïne urféenne, il est impossible d'identifier Calidon et Thamire sous l'identité d'Alidor et Oronte à la seule lecture de ce nouveau titre. Cette modification de l'onomastique s'accorde avec le sous-titre rhématique : Alidor et Oronte sont certes des noms fréquemment portés par des bergers, mais ce sont avant tout ceux de nombreux personnages de comédies et de tragi-comédies du temps[83], aux rapports plus ou moins lâches avec la pastorale. Aussi peut-on considérer ce changement de titre comme

80 Nous remercions Alain Riffaud pour ses précieux éclaircissements concernant cette pratique, et plus généralement pour toute l'aide qu'il nous a apportée au cours de ce travail d'édition.

81 Ces légères variations d'intitulés sont notamment fréquentes dans les réimpressions des pièces de Rotrou : voir *Cléagénor et Doristée* (1634), réintitulé *La Doristée* en 1635 ; *Cléandre ou l'heureux naufrage* (1637) devenant *L'Heureux naufrage* en 1638 ; ou encore *Célie ou le vice-roi de Naples* (1646) devenant *La Belle Célie, histoire napolitaine* (1648). On trouve également un exemple dans le théâtre de Rayssiguier : sa *Tragicomédie pastorale où les Amours d'Astrée et Céladon sont meslées à celles de Diane [...]* connaît en 1632 une deuxième édition sous le titre abrégé des *Amours d'Astrée.*

82 Voir, de Guérin de Bouscal, *La Mort de Brute et de Porcie* (1637), pièce réintitulée *La Suite de la mort de Caesar* en 1640 ; *L'Amphytrite* de Monléon (1630) devenant *Neptune amoureux* (1635) ; *Les Sosies* de Rotrou (1638) devenant *La Naissance d'Hercule ou l'Amphitryon représenté par les Machines du Théâtre Royal* (1650). En consultant le *Répertoire* d'A. Riffaud, nous n'avons trouvé que trois cas de changement de titre laissant croire à une autre pièce pour la période 1630-1660 : *La Chasteté invincible* de Jean-Baptiste de Crosilles (1633) devenant *La Bergerie* en 1634 ; *Les Deux Alcandres* de Boisrobert (1640) devenant *Les Deux semblables* (1642) et *La Belle Policritte* de Gillet de la Tessonerie (1643) devenant *La Mort du Grand Promédon ou l'exil de Nérée* (1645).

83 Alidor est par exemple le célèbre héros de *La Place Royale* de Corneille ; outre le fameux Oronte du *Misanthrope*, ce nom est généralement attribué à des personnages âgés. Chez Molière, c'est également le nom du père de Julie, dans *Monsieur de Pourceaugnac.*

une prise de distance avec la source astréenne – qui avait pourtant pu servir d'argument commercial lors de la première édition –, mais aussi avec le genre des bergeries romanesques et dramatiques.

Une autre modification notable concerne bien sûr la disparition de Calirie et du commentaire associé à son nom, *ou de la générosité d'amour*, qui faisait de l'intrigue une histoire exemplaire, conformément à son traitement dans *L'Astrée*. De ce fait, ce changement déplace l'attention du lecteur de l'héroïne vers le couple formé par le neveu et l'oncle, dont le lien étroit se substitue à l'amour évoqué dans le premier état du titre. Le point de vue se reporte alors vers la relation d'affection filiale illustrée par Alidor et Oronte, ou encore vers le conflit entre amour et amitié qui va les déchirer au cours de la pièce. Dans tous les cas, le sacrifice accompli par Calirie n'est plus évoqué. En cela, cette réintitulation se montre en partie infidèle au contenu de la pièce, qui nous invite à lire dans le geste sacrificiel de Calirie un dépassement et une sublimation de la maladie érotique qui frappe Alidor, lecture confirmée par la *dispositio*, qui fait de cet acte de mutilation la clé du dénouement. Quoi qu'il en soit, ces deux titres ont le mérite de proposer plusieurs lectures de la pièce dont nous nous attacherons à montrer, dans les pages qui suivent, la complémentarité.

SOUS L'OMBRE DE SATURNE
Les blessures de la mélancolie

MÉLANCOLIE ÉROTIQUE ET MALADIE D'AMOUR

Le mire qui dévoile à Thamire le mal d'amour dont souffre Calidon n'est pas le premier à poser ce type de diagnostic. Il s'inscrit dans une longue tradition à la fois médicale et littéraire : celle de la mélancolie érotique, maladie humorale dont l'existence fait l'objet de débats depuis l'Antiquité[84]. Plus précisément, le passage de *L'Astrée* dont s'inspire ici Rayssiguier reprend une anecdote que l'on trouve entre

84 Voir Patrick Dandrey, éd., *Anthologie de l'humeur noire : écrits sur la mélancolie d'Hippocrate à l'*Encyclopédie, Paris, Gallimard, 2005 ; Massimo Ciavolella, *La « Malattia d'amore » dall'Antichità al Medioevo*, Rome, Bulzoni, 1976 ; et Marie-Paule Duminil, « La mélancolie

autres dans *Les Faits et Dits mémorables* de Valère Maxime et dans la *Vie de Démétrius* de Plutarque[85] : celle d'Antiochus, fils du roi Séleucus Ier, et de Stratonice, épouse de celui-ci et fille de Démétrius, au début du IIIe siècle avant J-C. Alors qu'Antiochus souffrait d'une maladie inconnue et en apparence incurable, le célèbre médecin grec Érasistrate fut appelé à son chevet ; s'apercevant que le pouls du prince se déréglait dès que sa belle-mère entrait dans la pièce où il se trouvait, il diagnostiqua par ce moyen le mal d'amour dont il souffrait ; son père lui ayant cédé son épouse, Antiochus guérit[86]. En contribuant à la popularité de cette anecdote, Rayssiguier souligne du même coup l'importance des liens entre pastorale et mélancolie[87].

La maladie d'Alidor est explicitement assimilée à un dérèglement humoral, celui de la bile noire : son âme est « ensevelie » dans la « mélancolie », selon une rime qui apparaît à deux reprises au début de la pièce[88]. Sa mélancolie n'est pas une simple humeur dominant naturellement son tempérament ; ses « noires vapeurs » (v. 312), qui ont causé la « folie » (v. 756 et 1323) et même la « manie » (v. 323) du personnage, le plongent dans les délires de la « rêverie » (v. 96, 283, 351, 568) et risquent bel et bien de causer son trépas, comme le malade l'indique lui-même à la scène 5 du premier acte :

amoureuse dans l'Antiquité », p. 91-109 dans *La Folie et le corps*, dir. Jean Céard, Paris, Presses de l'ENSSJF, 1985.

85 Voir Delphine Denis, « Pastorale et mélancolie dans *L'Astrée* d'Honoré d'Urfé », p. 301-308 dans *« Jusqu'au sombre plaisir d'un cœur mélancolique ». Études de littérature française du XVIIe siècle offertes à Patrick Dandrey*, dir. Delphine Amstutz, Boris Donné, Guillaume Peureux et Bernard Teyssandier, Paris, Hermann, 2018. D. Denis note que cette anecdote nourrit également une autre des histoires enchâssées de *L'Astrée* : celle de Célion et Bellinde, au livre X de la première partie du roman d'Urfé (voir *infra*).

86 Sur cette anecdote, voir Alexandra Gorichon-Herren, *Les Amours d'Antiochus et Stratonice : un motif légendaire à la croisée des savoirs, des images et des formes, de l'Antiquité à l'Âge classique. Présentation générale et anthologie de textes annotés et commentés*, thèse soutenue sous la dir. de Patrick Dandrey, Université Paris IV – Sorbonne, 2016. Rayssiguier est loin d'être le seul dramaturge à s'inspirer de cette anecdote à l'âge classique : Brosse fait publier *La Stratonice ou le malade d'amour* en 1644 ; Quinault donne une *Stratonice* en 1660 ; plus tardivement, on peut citer l'opéra-comique *Stratonice* d'Étienne Nicolas Méhul (1792).

87 Voir Line Cottegnies, Christine Sukic et Laurence Giavarini, dir., *Pastorale et mélancolie en France et en Angleterre (XVIe-XVIIIe siècle)*, *Études Epistémè*, n° 3, 2003, URL : https://journals.openedition.org/episteme/7046, site consulté en février 2024.

88 Acte I, sc. 3, v. 131-132 et sc. 6, v. 311-312. Le mot « mélancolie » connaît cinq autres occurrences dans la pièce, toujours à propos du mal dont souffre Alidor (v. 60, 409, 755, 784, 1322).

Laissez-moi donc mourir, je n'ai qu'un pas à faire.
Mon esprit abattu des maux que je ressens
Est prêt d'abandonner ces membres languissants. (v. 260-262)

À la suite d'Honoré d'Urfé, Rayssiguier mentionne les principaux symptômes de la mélancolie érotico-amoureuse. Tandis que les médecins envoyés auprès d'Alidor échouent à comprendre son mal et jugent le malade désespéré, Oronte a perçu « ses soupirs si fréquents, et ses transports d'esprit, / Alors que Calirie approche de son lit » (acte I, sc. 1, v. 45-46)[89]. Son diagnostic est confirmé à la scène suivante, lorsque survient l'un de ses amis médecins, « de qui l'expérience / Des plus grands médecins surpasse la science » (*ibid.*, v. 55-56). Celui-ci, qui vient de passer plusieurs jours au chevet d'Alidor[90], situe dans les « divins appas » (sc. 2, v. 66) de Calirie et dans la frustration érotique (« son amour a quelque retenue », v. 67) la source du mal dont souffre Alidor ; il identifie une maladie psychologique (« son mal est dans l'esprit », v. 65), diagnostic qu'Oronte réitère à la scène suivante devant Calirie, en évoquant une « douleur secrète, attachée à l'esprit » (sc. 3, v. 117). Mais cette maladie de l'esprit a bien sûr des effets psychosomatiques, comme le montrent les autres symptômes mentionnés dans les scènes suivantes de l'acte I : la maigreur du malade[91], son repli dans l'obscurité, loin de la lumière du jour (sc. 5, v. 174), sa tristesse et son « humeur farouche » (v. 319, 327 et 335), sa léthargie (v. 333), ou encore ses « bégaiements », « transports » et « œillades » (v. 367), que Calirie note lorsqu'elle lui rend visite, ce qui lui permet à son tour d'identifier le mal d'amour dont souffre Alidor. L'Argument de la pièce suivait plus fidèlement Urfé en citant, parmi les signes que le médecin relève au chevet du mélancolique, « l'extraordinaire mouvement du pouls » et les « changements du visage d'Alidor[92] ».

89 Les soupirs et les plaintes sont des symptômes repris par Oronte à la scène 3 : « Qu'il soupire toujours, que sans cesse il lamente » (v. 116).

90 Ce personnage transpose fugacement le mire qui s'entretient avec Thamire dans *L'Astrée* (*L'Astrée. Deuxième partie*, éd. citée, livre I, p. 70 *sq.*).

91 « Reprends ton embonpoint, laisse ta rêverie », le conjure Oronte au v. 96 (acte I, sc. 2).

92 Le texte d'Urfé enregistrait beaucoup plus précisément les symptômes de la tradition médicale. Thamire raconte en ces termes la maladie de Calidon : « On luy vit aussi tost les yeux enfoncez, & le teint jaune, & pour le dire en un mot, il devint si maigre & si changé, qu'il n'estoit pas recognoissable » (*L'Astrée. Deuxième partie*, éd. citée, livre I, p. 69) ; de même, le diagnostic du mire suit de près celui d'Érasistrate : « De fortune alors le Myre luy tenoit le bras, & son poux estoit plus reposé qu'il n'avoit esté de tout le jour : mais quand il ouyt le nom de Celidée, incontinent il s'esmeut & commença

Même s'ils sont moins développés que dans *L'Astrée*, ces symptômes, disséminés dans le texte et le paratexte, correspondent en tout point à ceux que notent les médecins du temps, parmi lesquels Jacques Ferrand, dans son traité intitulé *De la maladie d'amour ou mélancolie érotique* (1623)[93]. Au chapitre XIV (« Les signes diagnostiques de la Melancholie Erotique »), le médecin, mêlant références littéraires et symptômes médicaux, précise que ce sont les yeux de l'amant qui révèlent en premier lieu son mal, puisque c'est d'abord là qu'il est frappé par l'Amour : à moins que le malade ne pleure la froideur ou l'absence de l'objet aimé, ses yeux seront « profonds, secs, sans larmes[94] ». Multipliant les exemples mythologiques, bibliques ou poétiques de cas tout aussi bien masculins (Pâris) que féminins (Didon, Sapho), Ferrand relève également les incessants changements d'humeur des mélancoliques, leur perpétuelle inquiétude psychologique, mais aussi somatique, ou encore leur manière obsessionnelle de parler de l'aimé(e). « Il n'y a aucun ordre en leurs gestes, mouvemens et actions, ils souspirent à tous momens, et se plaignent sans raison » :

> [...] Comme le souverain medecin Erasistrate recogneut jadis fort artistement que le Prince Antioche estoit amoureux de Stratonice sa marastre, en ce que son visage changeoit de couleur lors qu'elle entroit dans sa chambre, la voix s'arrestoit, les yeux estoient sous-rians et doux (ou bien selon Vigenere *immobiles*) le visage estoit enflambé, les sueurs acres, le pouls esmeu, battant sans ordre, finalement le cœur luy defailloit, devenoit souvent pasle, confus & estonné [...][95].

---

de s'eslever, comme s'il eust eu une tres ardante fievre, & puis tout à coup se remettant en son premier estat, ne demeuroit pas long temps sans estre agité de nouveau » (*ibid.*, p. 73). Le passage se poursuit ainsi : « Le Myre qui estoit avisé le regarde entre les yeux, & les luy voit plus vifs & ardants que de coustume, & comme estincelans, la couleur luy vint au visage, bref il recognoist un si grand changement, que presque il ne vouloit attendre que Celidée fust entrée pour en estre plus asseuré, & toutesfois quand elle fut à la porte de la chambre, quand elle entra, quand elle s'approcha de luy, & quand elle luy parla, les changements de son poux & de son visage estoient si differents, que qui que c'eust esté s'en fust pris garde, & pource me tirant à part : Amy Thamire, me dit-il, ce n'est pas Celidée qui est entrée, mais la femme de Calidon, si tu veux qu'il vive » (*ibid.*, p. 73-74).

93 Jacques Ferrand, *De la maladie d'amour ou mélancolie érotique* [1623], éd. Donald Beecher et Massimo Ciavolella, Paris, Classiques Garnier, « Textes de la Renaissance », 2010. Voir aussi André Du Laurens, *Discours de la conservation de la vue, des maladies mélancoliques, des catarrhes et de la vieillesse* [1594], Paris, Jamet Mettayer, 1597 et Jourdain Guibelet, « De l'Humeur mélancolique », dans *Trois Discours philosophiques*, Évreux, Antoine Le Marié, 1603.

94 J. Ferrand, *De la maladie d'amour*, *op. cit.*, chap. XIV, p. 248.

95 *Ibid.*, p. 250. Voir également A. Du Laurens : « le pauvre amoureux ne se represente plus rien que son idole : toutes les actions du corps sont pareillement perverties, il

Donald Beecher et Massimo Ciavolella, en remontant aux origines de cette anecdote médicale, en dessinent les voies de diffusion de la Grèce antique à l'Empire romain, de l'Italie à la France, en passant par le Moyen-Orient et les écrits des médecins du monde arabe[96]. Opérant la synthèse des traditions hippocratiques et aristotéliciennes à propos des conséquences physiologiques des passions, l'histoire d'Antiochus et Stratonice est emblématique de la « fusion du littéraire et du scientifique[97] » dans le domaine des *trattati d'amore.*

Rayssiguier s'inspire davantage du versant poético-littéraire de cette tradition que de ses traductions scientifiques. Bien qu'Alidor soit explicitement présenté comme un cas de mélancolie érotique, comme on l'a vu, et non comme un amant en proie à un simple mal d'amour, le personnage du médecin, qui ne prononce que huit vers dans la deuxième scène de l'acte I, disparaît immédiatement de la pièce. À la suite d'Oronte, qui note l'impuissance des autres médecins ayant précédé son ami au chevet du malade[98], Alidor esquisse, l'espace de deux vers seulement, les termes de la satire traditionnelle des « médecins / Qui, nous voulant guérir, deviennent assassins » (v. 357). Pour le poète dramatique, il ne s'agit donc pas de prendre parti dans les débats opposant les partisans de l'existence d'une mélancolie érotique à leurs adversaires, ni de mettre en valeur le rôle de la découverte du pouls parmi les symptômes de ce mal, comme cela peut être le cas chez d'autres auteurs, mais plutôt de souligner le pouvoir de l'amour sur le corps et les effets somatiques dévastateurs de la passion. En cela, il enregistre l'évolution des représentations

---

devient palle, maigre, transi, sans appetit, ayant les yeux caves & enfoncez, & ne peut (comme dit le Poëte) voir la nuict, ny des yeux, ny de la poictrine : Tu le verras pleurant, sanglottant, & souspirant coup sur coup, & en une perpetuelle inquietude, fuyant toutes les compagnies, aymant la solitude pour entretenir ses pensées ; la crainte, le combat d'un costé, & le desespoir bien souvent de l'autre, il est (comme dit Plaute) là où il n'est pas, ores il est tout plein de flammes, & en un instant il se trouve plus froid que glace : Son cœur va tousjours tremblottant, il n'y a plus de mesure à son pouls, il est petit, inegal, frequent, & se change soudain, non seulement à la veüe, mais au seul nom de l'object qui le passionne » (*Discours de la conservation de la vue, des maladies mélancoliques*, *op. cit.*, p. 163r-v).

96 J. Ferrand, *De la maladie d'amour*, *op. cit.*, « Introduction », p. 60-64.

97 *Ibid.*, p. 60.

98 Le médecin non nommé qui diagnostique son mal apparaît à ce titre aussi exceptionnel qu'Érasistrate, puisqu'il réussit là où tous les autres ont échoué, malgré le temps qu'ils ont passé auprès d'Alidor : « C'est en vain tous les jours qu'ils viennent pour le voir / La grandeur de son mal surpasse leur savoir » (acte I, sc. 1, v. 41-42).

de l'humeur noire dans les années 1630, la mélancolie se détachant progressivement de son arrière-plan médical[99].

Il est à noter que les remèdes proposés au mélancolique Alidor relèvent tous de la psychothérapie. Aucune *pharmaka* pittoresque ne vient ici composer les *remedia amoris*[100]. Conformément aux prescriptions des médecins mélancologues, Calirie suggère en premier lieu de divertir le malade afin de lui faire quitter sa chambre, où son alitement le maintient dans un état de langueur et de tristesse[101]. Mais le médecin et Oronte, qui savent que le malade se consume par frustration amoureuse, croient plutôt au pouvoir des visites et des entretiens de la jeune fille[102], ce qu'Alidor confirmera par la suite :

> Aimable Calirie,
> L'honneur de vous parler, de vous voir seulement,
> Surpasse le plaisir du divertissement.
> Un regard de vos yeux, un mot de votre bouche
> Me peuvent relever de cette triste couche. (acte I, sc. 6, v. 353-356)

Oronte semble donc aller au-delà des prescriptions du médecin lorsqu'il organise en sous-main l'union d'Alidor et Calirie[103] ; il joue là le rôle du roi Séleucus accordant son épouse à son fils, même si, contrairement à lui, il n'accomplira pas ce sacrifice jusqu'au bout[104]. Pourtant, le praticien

99 D. Denis, « Pastorale et mélancolie dans *L'Astrée* d'Honoré d'Urfé », art. cité, p. 308.

100 Voir Gautier Amiel, Adeline Lionetto et Dimitri Mézière, dir., *Les Remèdes à l'amour de l'Antiquité au XVIIIe siècle*, Paris, Classiques Garnier, « Rencontres », 2023. Si l'Argument précise : « Oronte qui aimait ce neveu, comme si c'eût été son fils, emploie toute la médecine pour sa guérison », la pièce de Rayssiguier ne représente qu'un seul personnage de médecin.

101 « Il faut vaincre son mal avec la patience, / Et trouver le moyen en le divertissant / De surmonter l'ennui que son âme ressent » (acte I, sc. 3, v. 120-122); « Il vous faut divertir » (acte I, sc. 6, v. 352). Voir A. Du Laurens, *Discours de la conservation de la vue, des maladies mélancoliques*, *op. cit.*, « Le moyen de guarir les fols & melancholiques d'amour. Chap. XI », p. 170. Dans *L'Astrée*, Thamire recourt quant à lui à la musicothérapie : « [...] il n'y eut barde que je ne priasse de venir chanter aupres de son lict, pour sçavoir si quelque harmonie ne pourroit point prevaloir par dessus la melancolie qu'il cachoit en son ame » (éd. citée, IIe partie, livre I, p. 70).

102 « Elle l'allègera de son seul entretien » (v. 69).

103 L'Argument précisait toutefois : « il [le médecin] crut que l'amour de Calirie le rendait malade, cette croyance l'oblige de dire à Oronte, que s'il voulait conserver son neveu, il lui fallait donner Calirie. »

104 « La santé toutefois à mon neveu rendue, / Et qu'il conserve encor, quoiqu'il vous ait perdue, / Devrait m'avoir rendu ce que j'avais donné, / Et m'assurer déjà que je suis

avait raison d'affirmer que la présence de Calirie suffirait à rétablir le malade, comme le prouve sa prompte remise sur pied dès que la jeune fille promet de venir l'entretenir (voir la didascalie du v. 362 : « *lorsqu'on cache le lit* »)[105]. Mais Alidor n'est pas pour autant guéri et, bien que la promesse de son union avec Calirie vienne le soulager de sa tristesse (acte II, sc. 4), Cintille, lorsqu'elle lui rend visite en se faisant passer pour son frère Alcandre, décèle encore chez lui le comportement hiératique de l'« extravagant[106] ». L'ordre que Calirie lui donne de ne plus la voir le plonge à nouveau dans la mélancolie, diagnosticable cette fois-ci dans ses pulsions suicidaires[107]. En définitive, la guérison du personnage ne sera effective que lorsqu'il aura vu Calirie défigurée. La perte de sa beauté signera la fin de sa maladie érotique, née de la frustration de son désir pour la jeune fille (voir *infra*, « Le conflit de l'amour, de l'amitié passionnelle et de l'honnête affection »).

Si Alidor apparaît comme un véritable cas de mélancolie érotique, le *topos* de la maladie d'amour est en fait décliné chez presque tous les autres personnages, sous la forme de métaphores lexicalisées ne conservant qu'un lien assez lointain avec le domaine médical : Cintille extravague – spatialement et psychologiquement – à la poursuite d'Alidor[108], Mélissée s'éprend d'un amour sans « retenue » (v. 692) pour le faux Alcandre[109], Florintor « meur[t] en languissant » (v. 478) face à Mélissée, tandis qu'Oronte croit lui aussi mourir pour avoir perdu Calirie (v. 1153-1154)... Contrairement à *L'Hypocondriaque* de Rotrou (1631) ou à *La Folie du Sage* de Tristan L'Hermite (1645), il ne s'agit donc pas, pour Rayssiguier, de centrer l'intrigue de sa pièce sur un cas pittoresque de mélancolie, mais plutôt de s'inscrire dans une tradition littéraire plus vaste du mal d'amour, que Calirie va s'attacher à soigner de manière exemplaire, par le sacrifice de sa propre beauté.

---

pardonné : / Accordez, Calirie, une faveur si grande / Au malheureux Oronte, et signez sa demande » (acte IV, v. 1179-1084).

105 Dès le début de l'acte suivant, Florintor confirme qu'Alidor s'est remis à marcher (v. 422).

106 Acte III, sc. 2, v. 755-764.

107 « Ô Dieux ! qu'ai-je entendu ? Ces paroles cruelles / Me font dedans le sein des blessures nouvelles / [...] Tu ne me verras plus, si tu ne me vois mort » (acte III, sc. 5, v. 951-952 et 993).

108 Orcan évoque en effet ses folies (« Les Dieux n'ont point de part en toutes vos folies », v. 400) et « cette folle ardeur » qui la « fait soupirer » (v. 1257).

109 Mélissée parle également d'une « manie » (v. 447).

LE VISAGE DE CALIRIE : LE BANNISSEMENT D'ÉROS

Dans la dixième nouvelle de la première journée de l'*Heptameron*, recueil de nouvelles de Marguerite de Navarre, Florinde, pour échapper aux assiduités d'Amadour, se défigure à coups de pierre. La perte de sa beauté, espère-t-elle, dissuadera son serviteur de chercher à la déshonorer. Or, contrairement à Alidor, Amadour, loin de détourner les yeux en voyant son visage déformé, tente tout de même de la violer. Comme Florinde, Célidée, comprenant que Thamire et Calidon ne parviendront jamais à s'accorder, sacrifie sa beauté, dont elle fait à juste titre la cause de la maladie érotique de Calidon. Si le diamant dont se sert Calirie n'est pas magique, comme l'était celui de Cléontine dans *L'Astrée*, il en reprend les vertus symboliques : sa dureté est à l'image de la fermeté de la résolution prise par la jeune fille, tandis que la pureté et la perfection qui lui sont associées représentent la chasteté et la constance du personnage ; le diamant, qui symbolise aussi le courage devant l'adversité, est le signe de la « générosité » dont fait preuve Calirie lorsqu'elle précipite le dénouement de la pièce. Ajoutons que, sur le plan sonore, le « di-amant » – bien que les deux occurrences du terme apparaissent dans des passages non versifiés qui ne donnent pas lieu à cette prononciation faisant entendre la diérèse[110] – signale à la fois la dualité et la division des deux amants qui se disputent le cœur de l'héroïne.

On le voit, bien que Calirie évoque « une action nouvelle » (v. 1443), son geste, extraordinaire par sa dimension sacrificielle, n'en est pas pour autant inédit. Il rappelle le célèbre épisode du suicide de Lucrèce, figure archétypale de la chasteté et du dévouement conjugal. Plus précisément, la source de cette action généreuse semble être l'automutilation de l'Étrusque Spurina, selon une anecdote une fois encore rapportée par Valère Maxime dans ses *Faits et Dits mémorables* et reprise, entre autres, par Boccace et Montaigne : l'histoire dit que Spurina sacrifia sa grande beauté pour détourner de lui les regards de femmes mariées qui lui attiraient les foudres jalouses de leurs époux[111]. La Fontaine livre quant

110 Le mot « diamant » apparaît dans l'Argument et dans la didascalie qui clôt la scène 3 du dernier acte. En citant A. Boèce de Boodt, les éditeurs du passage correspondant de *L'Astrée* rappellent que le diamant est « réputé résoudre les conflits, en particulier conjugaux » (H. d'Urfé, *L'Astrée. Deuxième partie*, éd. citée, livre XI, p. 553, note 53).

111 Raymond Lebègue cite différentes anecdotes historiques, folkloriques et littéraires attestant que le thème du sacrifice de la beauté est très répandu. Selon lui, l'histoire de

à lui une version chrétienne de ce motif dans son *Poème de la captivité de Saint Malc* (1673), où une bergère se laisse défigurer par le hale afin de renoncer à toute vanité mondaine[112].

Dans *L'Astrée*, la mutilation de Célidée prend symboliquement le relais de la souffrance psychosomatique de Calidon et de la blessure de Thamire, dont la tête a violemment heurté une pierre[113]. L'adaptation théâtrale de Rayssiguier, qui renonce à ce dernier épisode, tisse quant à elle un lien étroit entre les symptômes de la mélancolie érotique d'Alidor et le geste de Calirie. En s'infligeant volontairement une blessure potentiellement mortelle[114], la jeune femme se libère corps et âme de la torture que lui infligeait la passion érotique du neveu d'Oronte ; en même temps qu'elle la guérit définitivement, elle transcende la maladie d'Alidor, dont l'âme et le corps languissaient tous deux sous les assauts d'Éros. Elle lui donne ainsi une leçon de vertu, de constance et de courage :

> Alidor, qu'est ceci ? vous détournez la vue,
> Ne suis-je plus d'attraits à vos yeux si pourvue ?
> N'ai-je plus ces beautés que vous chérissiez tant ?
> Comment, ce peu de sang vous rend-il inconstant ? (acte V, sc. 6, v. 1554-1557)

L'ironie avec laquelle Calirie s'adresse ici à Alidor cible une passion placée tout entière sous le signe d'Éros. Revenu d'Angleterre depuis deux mois, le jeune homme s'est enflammé d'un amour qui a tout de l'« Éros-Événement » et qui ne s'attache qu'à la surface de Calirie, à savoir sa beauté corporelle, dont la jeune fille rappelle qu'elle est frappée de vanité. Comme l'a bien compris l'héroïne, puisqu'il ne peut être

---

Spurina racontée par Valère Maxime pourrait être la source de la nouvelle d'Amadour et Florinde, qui pourrait être à son tour la source du geste de Célidée dans *L'Astrée* (« La femme qui mutile son visage (*Heptaméron* X) », *Comptes rendus des séances de l'Académie des Inscriptions et Belles-Lettres*, 103e année, n° 2, 1959, p. 176-184, URL : https://www.persee.fr/doc/crai_0065-0536_1959_num_103_2_11030). Voir également Jean Brunel, « La "faute" d'Amadour et la signification de la Xe nouvelle de l'*Heptaméron* », *La Licorne*, 1991/20, p. 30 et H. d'Urfé, *L'Astrée. Deuxième partie*, éd. citée, livre XI, p. 554, note 54.

112 Avant La Fontaine, Jean-Pierre Camus, entre autres auteurs dévots, recourt fréquemment à ce *topos* de la femme chaste et vertueuse se défigurant pour essayer d'échapper, vainement ou non, à une tentative de viol. Voir notamment « Le Bon-heur de l'Honneur » dans *Les Événements singuliers* (1628), *Casilde ou le bonheur de l'honnesteté* (1628) et « La Belle mort d'une Beauté » dans l'*Amphithéâtre sanglant* (1630).

113 H. d'Urfé, *L'Astrée. Deuxième partie*, éd. citée, livre XI, p. 545.

114 Sa mère en souligne la gravité : « Le mal de Calirie à tous moments s'augmente, / Et quoi qu'elle se feigne, il faut qu'il la tourmente » (acte V, sc. dernière, v. 1666-1667).

question pour elle de satisfaire l'impudicité de ce fâcheux amant, seule la disparition de sa beauté peut entraîner celle de la mélancolie érotique qu'elle a causée. À cet amour-Éros, s'oppose la longue et constante passion d'Oronte, « Éros sororal[115] », affection pleine d'honnêteté, qui entre en conflit, chez le personnage, avec la vive, voire excessive amitié qu'il voue à son neveu (voir *infra*, « Le conflit de l'amour, de l'amitié passionnelle et de l'honnête affection »).

Ainsi, lorsqu'elle se mutile le visage au début du dernier acte, Calirie commet un geste qui accomplit les menaces sacrificielles et meurtrières des autres personnages ; mais ce geste les sublime aussi en décidant du dénouement heureux de la pièce par un retour à l'ordre qui reforme les couples qui s'étaient défaits. Tel Salomon, l'héroïne transforme par ailleurs ce geste en épreuve permettant de juger qui l'aime vraiment. En détournant les yeux de son visage, Alidor prouve qu'il ne s'attachait qu'à sa beauté physique. Oronte, quant à lui, continue à la regarder, malgré la difformité de ses traits : c'est bien parce qu'il perçoit, au-delà des grâces du corps, la beauté de l'âme de Calirie. En sacrifiant de vains appas, la jeune femme lui donne accès au Beau en soi, que rien ne peut détruire. Bien que la dernière réplique de Larinthe nous laisse envisager la guérison de Calirie et le retour de sa beauté[116], la pièce se referme donc sur ce geste sacrificiel présenté comme un exemple de générosité.

À ce titre, il n'est pas surprenant que Rayssiguier puise à deux reprises, de manière plus ou moins directe, dans l'ouvrage de Valère Maxime intitulé les *Faits et Dits mémorables* : la passion amoureuse, l'honnête affection et l'amitié, dans les conflits qu'elles génèrent et qui les opposent, sont représentées dans toute leur dimension spectaculaire, mais aussi dans les questions qu'elles soulèvent en termes d'exemplarité. Tout en montrant la victoire de l'honnête amitié sur Éros, Rayssiguier insiste sur les conséquences corporelles de la passion, l'intégrité physique d'Alidor et Calirie étant particulièrement engagée au cours de la pièce.

---

115 Éros-Événement et Éros sororal sont les « deux Éros » distingués par Roland Barthes dans *Sur Racine*, Paris, Éd. du Seuil, « Points Essais », 1963, p. 22-26.

116 « Et cependant que l'art remettra son visage, / Les propos amoureux reprendront leur usage » (v. 1670-1671).

« DE LA GÉNÉROSITÉ »
L'exemplarité amoureuse

Bien que le nom de Calirie disparaisse lors de la réintitulation de la pièce, le texte de Rayssiguier est clair : c'est à celle-ci qu'est attribué l'acte généreux qui constitue le cœur de l'intrigue, comme l'auteur le souligne dès l'épître dédicatoire « À Mademoiselle de Rohan », dans laquelle le poète évoque « [s]a généreuse action » et demande à sa destinataire de « prendre en [sa] protection cette généreuse Amante ». Dans l'Argument, il est dit, après le sacrifice accompli par l'héroïne, que « toute l'assistance admire cette action généreuse ». Dans le corps de la pièce, si l'on ne relève qu'une seule occurrence de l'adjectif *généreux*, il qualifie encore une fois le geste de Calirie, qui, en s'adressant au dieu Amour, le supplie de faire « réussir de grâce un généreux dessein » (V, 3, v. 1432).

Pourtant, une telle lecture univoque de la pièce se révèle insuffisante. Fidèle au concert des voix de *L'Astrée*, tout comme au trouble qui vient brouiller le travail herméneutique que l'on peut faire du roman[117], Rayssiguier livre plusieurs lectures de l'intrigue et de la conduite de ses acteurs. Dans *L'Astrée*, si, comme on l'a vu, Léonide souligne, au livre XI de la deuxième partie, l'exemplarité du geste de Célidée, les points de convergence qui unissent cette histoire secondaire à celle de Célion et Bellinde, tout comme la référence intertextuelle à Séleucus, nous invitent à nuancer le jugement que l'on peut porter sur la conduite d'Oronte, dont les relations d'amitié et de rivalité sont mises en valeur par la réintitulation de la pièce (selon la lecture polysémique que l'on peut faire de la conjonction *et* dans *Alidor et Oronte*). Ainsi, tout en s'inspirant des principales sources d'influence d'Urfé, Rayssiguier ne se contente pas du rôle de simple transpositeur : la manière dont il croise les sources et les intrigues, de même que le travail qu'il accomplit sur le plan de la *dispositio* de la pièce, ouvrent le champ des lectures possibles.

117 Voir D. Denis, dir., « *L'Astrée* » *d'Honoré d'Urfé (Première partie, éd. 1612) : un roman troublé*, *op. cit.*

ÉROS ET ANTÉROS : LE TRAGIQUE DE LA FIDÉLITÉ

Alidor et Oronte : père, fils et frères amis

Toutes les tragi-comédies des années 1630 ou presque peuvent être envisagées sous l'angle de la fidélité. Si *La Célidée* nous paraît davantage qu'une autre valider ce constat d'H. Baby[118], c'est que son intrigue repose sur un obstacle intérieur. Le monologue liminaire d'Oronte en témoigne : amant heureux puisqu'aimé en retour d'une maîtresse constante et fidèle, il n'a commis aucune faute et n'a donc aucune raison de s'affliger[119] ; ses tourments ne lui viennent que de son affection pour Alidor, dont il a deviné qu'il languissait pour Calirie. Son neveu a beau être un rival inoffensif, puisque Calirie éprouve une inimitié naturelle envers lui, Oronte prend la résolution, dès qu'il a entendu le diagnostic du médecin, de lui céder celle qu'il aime :

> Tu m'ôtes Calirie, est-ce pas me tuer ?
> Mon amitié pourtant le doit effectuer,
> Quelque amour que mon âme ait encore pour elle,
> Il [Alidor] ne doit pas mourir pour aimer cette belle.
> Je veux que mon amour cède à mon amitié,
> Qu'en sa faveur je sois contre moi sans pitié. (acte I, sc. 2, v. 73-78)

Aussi l'obstacle de la pièce tient-il tout entier dans le conflit qui se joue dans le cœur d'Oronte entre deux affections : amoureuse et filiale.

Dans *L'Astrée*, Thamire justifiait longuement, au seuil de son récit, les liens l'unissant à Calidon : outre le fait qu'ils soient parents, tous deux Boyens et tous deux exilés en terres ségusiennes[120], lorsque Calidon le rejoint à l'âge de dix-huit ans, ses qualités confirment, voire augmentent l'amitié que Thamire ressent naturellement pour lui[121]. C'est donc logiquement qu'il fait de celui qu'il a élevé comme son fils son héritier. Rayssiguier insiste à son tour sur la relation filiale qui unit l'oncle et le neveu, en rappelant à plusieurs reprises la promesse qu'Oronte a faite au père d'Alidor de l'élever[122]. Mais il va plus loin en redoublant cette

---

118 H. Baby, *La Tragi-comédie*, *op. cit.*, p. 120. Elle souligne l'influence de *L'Astrée*.

119 « Je n'ai pas toutefois grand sujet de me plaindre, / Calirie aime Oronte, et je ne dois rien craindre » (v. 31-32).

120 H. d'Urfé, *L'Astrée. Deuxième partie*, éd. citée, livre I, p. 62.

121 *Ibid.*, p. 68.

122 Outre la citation ci-dessous, voir les v. 1173-1178 (acte IV, sc. 4).

première promesse, qui fait d'Oronte le père de substitution d'Alidor, d'une seconde, antérieure, échangée entre leurs pères respectifs, qui fait cette fois-ci d'Oronte le frère adoptif du jeune homme. L'un des monologues d'Oronte nous apprend en effet qu'il a été élevé par le père d'Alidor :

> Son père, à qui le mien pressé de la vieillesse,
> Mourant laissa le soin de régir ma jeunesse,
> Qui m'a seul élevé, qui me dit à sa mort
> Qu'il me laissait son fils, que j'étais son support,
> Me pourrait justement faire un jour ce reproche :
> « Qu'as-tu fait de mon fils, et d'un parent si proche ?
> Ai-je voulu jamais traverser tes désirs,
> Ou te laisser mourir pour des lâches plaisirs ? »
> Non, il avait un soin si grand de me complaire,
> Que j'en reçus toujours des offices de père [...]. (acte I, sc. 1, v. 79-88)

La double promesse échangée a pour effet de renforcer l'affection naturelle que les deux hommes se portent, mais aussi les obligations qu'ils se doivent. Dans la pièce, c'est toutefois le soin qu'Oronte a pris d'Alidor qui prime, conformément à la source astréenne, puisque les deux personnages s'entr'appellent « mon père » et « mon fils[123] ». En effet, Alidor rappelle lui aussi à plusieurs reprises ce qu'il doit à celui qui l'a élevé comme son propre enfant[124].

Bien qu'ils soient oncle et neveu, mais aussi père et fils adoptifs – cette relation étant soulignée par l'intertexte de Stratonice –, il est possible de voir dans le couple formé par Oronte et Alidor une variation sur le *topos* des frères amis, que leur rivalité amoureuse ne parvient pas à séparer. Comme Castor et Pollux, Oreste et son cousin Pylade, ou encore Antiochus et Séleucus dans la *Rodogune* de Corneille, les deux bergers apparaissent comme la face positive du *topos* des frères ennemis Abel et Caïn, Étéocle et Polynice, ou Romulus et Rémus. Le livre XI de la deuxième partie de *L'Astrée* montrait même un Thamire préférant Calidon à sa nouvelle épouse Célidée, dont il abandonne la couche au beau milieu de leurs noces et qu'il délaisse par la suite pendant plusieurs jours pour dormir

123 Voir par exemple les v. 569 et 273. Alidor désigne également Oronte comme son oncle (v. 983).

124 Voir les v. 185 (« Oronte qui me sert de père ») et 1212 (« Oronte, qui toujours m'as servi comme père »).

auprès de son parent. Rayssiguier, sans doute par souci des bienséances, insiste plutôt sur le dilemme qui tourmente Oronte, qui ne peut vivre sans son ami ni son amante. Une autre variation sur le *topos* des frères amis provient de l'âge d'Oronte, qui n'est pas de la même génération qu'Alidor et Calirie[125]. Sa vieillesse, qui aurait dû calmer les ardeurs de la passion amoureuse, est soulignée à de nombreuses reprises, en plus d'être révélée par la symbolique de son nom[126]. À l'encontre du type du barbon ridicule de comédie, le vieux berger prend ici la noble et grave résolution de sacrifier ses sentiments pour Calirie. Il fait ainsi preuve de la vertu néo-stoïcienne de la magnanimité, traditionnellement attribuée à la noblesse, en soumettant sa passion amoureuse au pouvoir de sa volonté[127].

Or Alidor et Oronte vont tous deux se montrer inconstants et « ingrats[128] » à l'égard de la parole donnée. La faute du premier est clairement soulignée dès l'Argument, qui s'ouvre sur la passion réciproque unissant depuis toujours Oronte et Calirie et présente l'amour d'Alidor pour elle comme la trahison d'un rival : « d'abord qu'il voit Calirie en devient amoureux, sans se souvenir, ni de l'amitié que son oncle lui portait, ni des obligations qu'il lui avait [...] ». On apprend par la suite que le jeune homme se montre en cela infidèle à une autre parole donnée, à Cintille cette fois-ci, qu'il a aimée en Angleterre. Pourtant, la double inconstance d'Alidor est en partie rachetée par le fait qu'il taise sa passion pour Calirie, la frustration déclenchant d'ailleurs sa maladie. Ce n'est que parce qu'Oronte le presse de lui révéler son amour et lui promet de lui céder Calirie qu'il accepte d'écouter ses sentiments. Même devant Calirie, ce sont des symptômes corporels qui le trahiront, et non un aveu de sa part (acte I, sc. 6).

La faute d'Alidor est également en partie rachetée par la conduite d'Oronte, qui se montre inconstant dans sa volonté d'agir avec générosité. À peine Alidor a-t-il quitté son lit, sans être tout à fait guéri de sa mélancolie, qu'Oronte le trahit en cherchant à se réconcilier avec Calirie. Auparavant, il a également manqué d'honnêteté envers cette dernière

125 Il l'appelle généralement « ma fille » (v. 131, 699, 1128, 1586).

126 « Je l'ai bien approuvé, moi dont l'âge plus meur / Devrait avoir changé les pensers et l'humeur » (acte I, sc. 5, v. 237-238).

127 H. d'Urfé, *L'Astrée. Première partie*, éd. citée, livre X, p. 605, note 74.

128 « Ou je serais ingrat à cette affection, / Que son père a fait voir en semblable action » (acte IV, sc. 4, v. 1177-1178).

en arrangeant ses noces avec Alidor auprès de sa mère Larinthe, sans même l'en avertir. Sa maîtresse souligne donc à maintes reprises son infidélité à la parole donnée, lui qui lui a tant prêché la constance. Par sa conduite, Oronte ne se montre véritablement ni parfait ami, ni parfait amant, tout en s'écartant de la figure tutélaire de Séleucus.

Néanmoins, le lecteur-spectateur est invité à porter un regard plus nuancé sur la conduite des deux amants, en partie grâce aux nombreux monologues ou apartés qui viennent mettre en lumière leurs déchirures[129]. Dès les deux premiers vers de la pièce, Oronte se qualifie ainsi de « malheureux entre tous les mortels ». Un peu plus loin dans le premier acte, lorsqu'il rend visite à Alidor alité, les répliques que les deux infortunés prononcent à l'insu l'un de l'autre soulignent leur douleur, alors même qu'Oronte assure son « fils » qu'il lui cédera celle qu'il aime[130]. Ces différents procédés engendrent de forts effets pathétiques en soulignant les affects des personnages, pris au piège du combat que se livrent en eux l'Amour et l'Amitié, représentés comme deux passions violentes et potentiellement excessives.

Le conflit de l'amour, de l'amitié passionnelle et de l'honnête affection

Au cours de la pièce, l'amitié que l'oncle éprouve à l'égard du neveu est qualifiée de « forte » (v. 295), d'« extrême » (v. 364), mais aussi de « folle » par Calirie (v. 1458). Bien que le terme soit souvent opposé à l'amour qu'Oronte ressent pour l'héroïne[131], le lexique de l'affection ne met pas au jour une dichotomie aussi tranchée : si les sentiments d'Oronte

129 On compte cinq scènes de monologues, attribués à chacun des personnages principaux, à l'exception de Mélissée qui en prononce deux : outre le monologue liminaire d'Oronte, Alidor et Cintille déclament des stances respectivement à la scène 4 de l'acte I et à la scène 5 de l'acte IV, Mélissée se livre à un monologue à la scène 2 de l'acte II et à la scène 1 de l'acte IV, tandis que Calirie monologue face à son miroir dans la scène 3 de l'acte V. Il faut ajouter les monologues intervenant au début ou à la fin d'une scène : 4 pour Oronte (fin des scènes 2 et 3 de l'acte I, début de la scène 4 de l'acte II, fin de la scène 1 de l'acte III) ; 3 pour Alidor (fin des scènes 5 de l'acte I, 5 de l'acte III et 4 de l'acte IV) ; 3 pour Calirie (fin des scènes 6 de l'acte I et 5 de l'acte II, début de la scène 1 de l'acte III) ; 1 pour Cintille (fin de la scène 4 de l'acte III) ; sans compter les répliques prononcées *tout bas*.

130 Voir, dans la scène 5 de l'acte I, les vers 210 et 275-302.

131 Voir, entre autres, l'Argument (« toutefois l'amitié qu'il avait pour son neveu le fait passer par-dessus toutes les considérations de l'amour de Calirie ») et le vers 77 prononcé par Oronte : « Je veux que mon amour cède à mon amitié » (acte I, sc. 2).

pour Alidor sont également appelés « tendresse » (v. 267), mais jamais « amour », en revanche, ceux qui unissent Oronte et Calirie sont eux aussi désignés par le nom d'« amitié », qui prend ici le sens d'affection amoureuse[132]. L'antithèse lexicale que l'on peut trouver dans la pièce entre *amour* et *amitié* concerne donc moins les deux passions qu'Oronte ressent pour son ami et pour sa maîtresse que la distinction, sur laquelle la pièce insiste, entre l'honnête amour, équivalent de l'honnête amitié, qui s'inscrit dans le temps long, et l'amour-Éros, dont le surgissement est aussi violent qu'éphémère ; ou encore entre l'honnête affection, sentiment paisible et serein, et l'amour ou l'amitié passionnels, sources de troubles.

Sur le modèle de *L'Astrée*, qui s'inspirait en cela de la tradition virgilienne, l'honnête amour, qui n'est pas toujours réciproque, tant s'en faut, dure généralement depuis deux ans lorsque s'ouvre l'intrigue[133]. C'est en effet depuis deux années révolues que Florintor aime Mélissée, malgré le mépris par lequel elle récompense ses services[134]. Par manque de discernement, la jeune femme lui préfère le faux Alcandre, qu'elle ne connaît que depuis « deux jours[135] ». Plus nette encore est l'opposition de durée qui distingue la passion qu'Oronte et Alidor éprouvent tous deux pour Calirie : tandis qu'Alidor est revenu d'Angleterre depuis « deux mois[136] », date à laquelle il s'est épris de la jeune fille, Oronte l'a aimée « dès le berceau », c'est-à-dire dès l'enfance de celle-ci, comme le précise d'emblée l'Argument[137]. La passion qui consume Mélissée pour Alcandre et Alidor pour Calirie est décrite comme violente et incontrôlable : elle plonge ceux qui en sont atteints dans un état plus ou moins voisin de la folie et leur fait perdre la maîtrise d'eux-mêmes. Rayssiguier recourt, pour peindre ce sentiment furieux, au lexique topique de l'amour-passion :

---

132 Sur ce point, voir le glossaire qui accompagne l'édition de nos pièces.

133 Voir, entre autres, le récit de Mélandre dans *L'Astrée* : « Je ne veux vous ennuyer par un trop long discours ; tant y a qu'apres une assez longue recherche, car il y demeura deux ans, je l'aymay sans dissimulation, d'autant que sa beauté, sa courtoisie, sa discretion, & sa valeur estoient de trop grands attraits pour ne vaincre avec une longue recherche toute ame pour barbare qu'elle fust » (H. d'Urfé, *L'Astrée. Première partie*, éd. citée, livre XII, p. 659-660).

134 Le personnage insiste sur cette durée au vers 483, qui est également rappelée par Cintille au vers 501 et par Florintor aux vers 1091 et 1333.

135 « Ô Dieux ! un étranger depuis deux jours venu, / Qu'elle n'a pas encor deux fois entretenu » (acte IV, sc. 2, v. 1097-1098).

136 « Quel démon ennemi depuis deux mois me nuit ? » (acte III, sc. 5, v. 957.)

137 Calirie insiste elle aussi sur le fait qu'elle aime l'oncle d'Alidor « depuis l'enfance » (acte I, sc. 6, v. 375).

Une secrète ardeur se glisse dans mes os,
Qui me gâte l'esprit, et m'ôte le repos.
Que fais-tu, ma raison, serais-tu bien lassée
De régler les transports qui troublent Mélissée ? (acte II, sc. 2, v. 433-436)

Comme le montrent ces quelques vers prononcés par Mélissée, la violence de la passion met en péril l'intégrité de l'être et le plonge dans un état de confusion mentale[138]. La frustration amoureuse pousse même Mélissée à envisager la mort du faux Alcandre. C'est bien cet amour, inscrit sous le signe d'Éros, qui vient jeter le trouble dans la pièce, jusqu'au dénouement qui en marque le rejet.

De cette passion violente, Rayssiguier livre toutefois une représentation qui respecte soigneusement les codes de la bienséance, dans la lignée de Mairet, qui avait ouvert sa *Silvanire* par un éloge de l'amour honnête[139]. Bien qu'Alidor souffre de mélancolie érotique, la frustration sexuelle, qui en est l'une des principales causes selon les mélancologues du temps, n'est dite que de manière euphémisée. Le désir d'Alidor semble uniquement porter sur la beauté de Calirie, dont la vue permet dans un premier temps de le guérir, tandis que la « retenue » de son amour, cause de sa langueur, se satisfait des visites et des entretiens de celle-ci. L'amour-Éros dont souffre Alidor est donc représenté sans érotisme[140]. La part réduite de la sensualité amoureuse n'implique pas pour autant la disparition du corps, bien au contraire. La tragi-comédie de Rayssiguier se distingue même par sa manière de souligner, dans chaque scène ou presque, les conséquences physiques de la passion qui concernent tous les personnages amoureux. S'ils ne parlent pas de désir sexuel, les amants n'envisagent jamais pour autant leur passion comme un pur sentiment abstrait sans effets somatiques.

---

138 Le *topos* du feu de l'amour consumant l'amant jusqu'au trépas est particulièrement présent dans les stances que contient la première édition de la pièce, qu'il s'agisse du péritexte (voir les stances « Au sieur de Rayssiguier », signées A.I.D.M.), ou du texte (voir les stances d'Alidor à l'acte I, sc. 4, en particulier les vers 171-173).

139 *La Silvanire* de Mairet s'ouvre sur un prologue de « l'Amour honnête » reprenant la traditionnelle dichotomie entre la passion vertueuse, soumise aux lois de l'honneur, et l'amour licencieux régi par le désir, que l'on trouvait déjà dans *L'Aminta* du Tasse. Voir J. Mairet, *La Silvanire ou la morte-vive*, éd. citée.

140 En regard, au livre XI de la deuxième partie de *L'Astrée*, bien que la suite des aventures de Célidée soit narrée à l'attention des chastes oreilles de Léonide, on comprend que Calidon souffre de frustration sexuelle pendant la nuit de noces de Thamire et Célidée, ce qui le fait tomber dans un évanouissement qui force le nouvel époux à quitter la couche de sa femme (éd. citée, livre XI, p. 544 *sq.*).

En réduisant autant que possible la part de l'érotisme dans sa pièce, Rayssiguier se montre fidèle à l'esthétique de la tragi-comédie des années 1630, tout en étant sensible aux changements dramaturgiques qui s'opèrent au cours de cette décennie. Mais il radicalise aussi l'opposition entre les deux types de passion qu'Alidor et Oronte vouent respectivement à Calirie : l'amour de la beauté physique pour le premier, l'amour de l'âme pour le second. Bien qu'ils soient dans les deux cas comparés à des flammes brûlant les amants de leur ardeur, l'amour qui unit Calirie et Oronte se caractérise par sa constance et sa durée. Fidèle au mythe de l'androgyne, la jeune femme insiste sur le fait que tous deux forment depuis toujours un seul cœur et une seule âme[141]. Leur affection offre le modèle de l'honnête amitié que loue la tradition de l'humanisme dévot, notamment par la voix de saint François de Sales ; contrairement à l'amour-Éros, tourné vers la concupiscence, cette prudente et sage affection lie des êtres qui vivent vertueusement sous le regard de Dieu[142]. Cet amour réciproque, inscrit sous le signe d'Antéros, peut être également rapproché de la *philia* antique, affection douce et mesurée fondée sur la communion des âmes. Conformément à la tradition néo-platonicienne et à sa christianisation, cette conception de l'amour entraîne la suprématie des belles âmes par rapport aux beaux corps[143].

Dans le sillage des éloges antiques de l'amitié – les plus célèbres étant ceux d'Aristote, dans son *Éthique à Nicomaque*, et de Cicéron, dans le *De amicitia* –, les textes marqués par l'humanisme dévot, à la fin du XVIe et au début du XVIIe siècle, valorisent l'amitié aux dépens de l'amour. La tradition aristotélicienne, transmise par saint Thomas d'Aquin, considère ainsi l'amitié comme une valeur supérieure à la passion amoureuse, car jugée plus vertueuse. Fidèle à la richesse sémantique du terme[144], dans notre pièce, l'amitié unissant Calirie

---

141 Voir acte I, sc. 3, v. 106-107.

142 Voir, dans la deuxième partie de *L'Astrée*, le discours sur l'honnête amour que Thamire tient devant Célidée (éd. citée, livre I, p. 66-67).

143 Voir Marsile Ficin, *Discours de l'honnête amour sur le Banquet de Platon*, trad. Guy Le Fèvre de la Boderie, Paris, Jean Macé, 1578. Sur cette tradition, voir André-Jean Festugière, *La Philosophie de l'amour de Marsile Ficin et son influence sur la littérature française du XVIe siècle*, Paris, Vrin, 1949 et Frank Greiner, *Les Amours romanesques de la fin des guerres de Religion au temps de L'Astrée (1585-1628)*, Paris, Classiques Garnier, « Bibliothèque littéraire de la Renaissance », 2008.

144 Richesse dont témoigne le sous-titre de la première partie de *L'Astrée* : *Les Douze Livres d'Astrée, où, par plusieurs Histoires et sous personnes de Bergers et d'autres, sont deduits les divers*

et Oronte, synonyme d'affection amoureuse, apparaît comme un sentiment plus noble que l'amitié passionnelle qu'Oronte éprouve à l'égard d'Alidor. Une comparaison avec un autre récit secondaire de *L'Astrée*, lui aussi nourri de mélancolie érotique, permet de le montrer : « L'histoire de Célion et de Bellinde[145] ». Dans cette histoire, Bellinde, fille du pasteur Philémon, doit se résoudre à sacrifier son amant Célion à son amie Amaranthe, à laquelle elle est liée depuis l'enfance et qui est tombée gravement malade après avoir été éconduite par le berger. C'est en voyant Célion dépérir et après avoir compris qu'il était vain de chercher à se faire aimer de force qu'Amaranthe renonce finalement à séparer les amants et se résout à en épouser un autre. Dans l'histoire de Célidée, Calidon-Alidor ne fait pas preuve de la même force d'âme : frappé par la maladie, il assiste somme toute passivement aux actions que les autres personnages accomplissent pour le sauver. Bien qu'Oronte et Alidor semblent ne former qu'un seul corps androgyne[146], leur amitié est menacée par leur double faiblesse et par leur double incapacité à mener à son terme le sacrifice entrepris l'un pour l'autre. Loin de s'apparenter au sentiment d'amitié loué pour ses vertus pacificatrices, l'affection qui les unit est finalement caractérisée par sa démesure : elle se montre excessive quand Oronte affirme aimer Alidor plus que toute autre créature[147] ; puis elle pèche par manque quand le même Oronte se détourne de son ami pour reconquérir Calirie.

Loin de se soumettre à la générosité, ou encore à la magnanimité, l'amitié passionnelle qui lie Oronte et Alidor, à la manière du couple formé par Achille et Patrocle, évoqué par Platon dans *Le Banquet*, s'oppose donc à l'honnête affection que ressent Calirie pour le vieux berger, modèle de charité et de don de soi. En définitive, si Rayssiguier privilégie dans la pièce l'éloge de l'honnête amour à celui de l'amitié passionnelle, il nous invite surtout, au-delà de ces débats, à tourner notre

---

effects de l'honneste amitié, Paris, Toussaint du Bray, 1607. Voir Delphine Calle et Astrid Van Assche, dir., *L'Amour et l'Amitié au Grand Siècle*, Paris, Classiques Garnier, 2022, ou encore Éric Méchoulan, « Amitié et générosité dans *L'Astrée* d'Honoré d'Urfé et *Francion* de Charles Sorel », *Tangence*, nº 66, 2001, p. 22-35, URL : https://www.erudit.org/fr/revues/tce/2001-n66-tce605/008238ar/, site consulté en février 2024.

145 Voir H. d'Urfé, *L'Astrée. Première partie*, éd. citée, livre X, p. 585, note 54.

146 « Le tigre, cher Oronte, est un autre vous-même » (acte V, sc. 6, v. 1542).

147 « Mais s'il te ressouvient […] / Que je t'ai plus aimé, que tout ce que les Dieux / Ont pu jusqu'à présent faire voir à mes yeux » (acte I, sc. 5, v. 267-270).

regard vers deux personnages de « femmes fortes » : Calirie et Cintille, dont le courage et la détermination sont ici rapprochés, à la faveur du croisement des sources astréennes.

« SA VERTU ME FAICT HORREUR[148] » : CALIRIE, OU LA FEMME FORTE

L'inconstant Hylas ne peut qu'éprouver du dégoût face au sacrifice accompli par Célidée, qui se détourne des plaisirs hédonistes liés à sa beauté en anticipant les ravages que le temps fera nécessairement subir à ses traits. Aux yeux du célèbre amant urféen, ce sacrifice, loin d'être admirable, constitue plutôt un affreux gâchis. Mais le jugement d'Hylas représente bien sûr une exception. Que ce soit dans *L'Astrée* ou dans la pièce de Rayssiguier, le geste de l'héroïne suscite l'admiration générale des personnages, qui y voient un sacrifice exemplaire et digne d'éloges. Au livre XI de la troisième partie du roman, le chevalier Damon louera encore l'action de la jeune fille, « & plus encores en une bergere, puis que ces generositez ne se rencontrent gueres souvent que parmy les courages plus relevez[149] ». À l'acte V de notre pièce, Oronte souligne la dimension exceptionnelle et même inédite du geste accompli – dont on a toutefois vu qu'il s'inscrivait dans une longue tradition :

> Après cette action, quelle vertu pareille
> Nous a jamais produit une telle merveille ? (acte V, sc. 6, v. 1582-1583)

L'automutilation de l'héroïne surpasse tellement l'action des autres personnages qu'elle a le pouvoir de rétablir immédiatement entre eux l'ordre et l'harmonie. La fin de la pièce culmine de ce fait sur un geste éminemment spectaculaire et (presque) universellement estimé à sa juste valeur, comme l'ont bien compris les illustrateurs de *L'Astrée*, qui ont souvent sélectionné la scène[150].

Calirie apparaît donc comme un modèle de constance, de fidélité à soi-même et aux autres, mais aussi de don de soi. De manière en

---

148 H. d'Urfé, *L'Astrée. Troisième partie*, éd. citée, livre IX, p. 623.

149 *Ibid.*, p. 726.

150 *Célidée se défigure avec un diamant* (*L'Astrée*, 1733), gravure de Guélard, URL : https://utpictura18.univ-amu.fr/notice/16241-celidee-se-defigure-diamant-lastree-1733-ii-11-guelard ; anonyme, *Célidée défigurée par un diamant* (*L'Astrée*, 1633, II, 11), URL : https://utpictura18.univ-amu.fr/notice/7009-celidee-defiguree-diamant-lastree-1633-ii-11, pages consultées en septembre 2024.

apparence paradoxale, c'est par une perte volontaire – celle de la beauté de son visage – qu'elle parvient à reprendre le contrôle d'elle-même et à épouser celui qu'elle aime, alors même qu'Oronte avait fait fi de son consentement en la donnant à Alidor malgré elle. Par l'altération de ses traits, elle se libère du joug qu'elle subissait en étant soumise au harcèlement d'un amant indésirable[151].

Par son courage et sa fermeté, Cintille apparaît comme un avatar de l'héroïne : elle n'hésite pas à s'exiler, à traverser la mer et à courir des risques en endossant un habit masculin pour reconquérir son amant, qui l'a lâchement abandonnée. Pourtant, Rayssiguier ne glorifie pas sa conduite dans son épître à Marguerite de Rohan, lorsqu'il prie sa dédicataire « d'excuser les saillies [emportements] et les déguisements de Cintille, puisque l'amour les a fait naître, et que toutes les Dames n'ont pas comme [elle], l'esprit assez fort pour s'en défendre ». Dans le cas de ce personnage, l'action héroïque semble donc se résorber en extravagance, dans la mesure où Cintille met son honneur en péril et joue dangereusement avec les codes de la bienséance. Entre Calirie et Cintille, l'exemplarité privilégiée est donc celle de la femme forte qui sait rester discrète et chaste ; sans s'exposer, elle accomplit son sacrifice dans le secret de sa chambre, avant d'en rendre l'effet public. Il s'agit de faire porter le regard, *a contrario* et par défaut, sur sa perfection et ses vertus intérieures[152]. Loin de choisir l'émancipation masculine, qui conduit Cintille à quitter sa patrie et à s'affranchir de l'autorité de ses parents, Calirie choisit d'effacer ce qui la distingue en renonçant à la partie d'elle-même qui fonde son identité corporelle. Lucrèce plutôt qu'Armide : l'héroïsme féminin de la pièce reste, conformément aux valeurs du temps, marqué par le renoncement à soi, la modestie et le retrait[153]. À ce titre, il peut, comme pour Hylas, nous « faire horreur ».

---

151 Avant ce geste, Calirie avait déjà tenté de se libérer en cessant d'aimer Oronte, après la trahison de celui-ci : « Ainsi me défiant des hommes désormais, / Je vivrai toujours libre, et n'aimerai jamais » (acte III, sc. 1, v. 737-738). *L'Astrée* développait davantage cette résolution de l'héroïne, puisque c'est figée dans cette attitude de rejet qu'elle fait son apparition au début de la deuxième partie du roman (*op. cit.*, livre I, p. 58).

152 Voir le passage correspondant de *L'Astrée* : « Ne dis-tu pas qu'au lieu que chacun m'adoroit belle, chacun me mesprisera laide ? Tant s'en faut, cette action si peu accoustumée me fera admirer, et contraindra chacun de croire qu'il y a quelque perfection cachée en moy, plus puissante que ceste beauté qui se voyoit » (*ibid.*, livre XI, p. 553).

153 Voir Laura Timmermans, *L'Accès des femmes à la culture sous l'Ancien Régime*, Paris, Champion, « Champion classiques », 2005 et Philippe Bousquet, « L'héroïsme féminin au XVIIe siècle

DES AMANTS ILLUSTRES ET MÉMORABLES

Quoi qu'il en soit de leur héroïsme, tous les personnages de la pièce ou presque soulignent le caractère extraordinaire de leur destin amoureux. Alidor et Oronte revendiquent ainsi tous deux le fait de laisser à la postérité l'exemple de l'amant le plus maltraité par le sort. « On n'a jamais parlé de semblable malheur » (v. 549), confie ainsi l'oncle dans son court monologue de l'acte II (sc. 4), avant d'annoncer à son neveu qu'il vient de convaincre Larinthe de lui donner sa fille. Par la suite, lorsque Calirie lui reproche son ingratitude, il réclame les pires supplices

> Afin que languissant, et toujours malheureux,
> Je sois un triste exemple aux lâches amoureux. (acte III, sc. 1, v. 749-750)

Alidor justifie quant à lui son intention de taire son amour à Calirie, outre par fidélité à Oronte, par désir de préserver le caractère extraordinaire de son « infortune[154] ». Les amantes de la pièce ne sont pas en reste. Lorsqu'elle se retire dans sa solitude, Cintille ambitionne de faire des « gazons » qui l'entourent

> Un déplorable temple,
> Où mes longues douleurs, et ma fidélité
> Laissent à la postérité
> De constance et d'amour un mémorable exemple. (acte IV, sc. 5, v. 1248-1251)

Comme en témoigne l'intense circulation de l'histoire de Stratonice et du motif du sacrifice amoureux depuis l'Antiquité, les amours des personnages de Rayssiguier déclenchent toutes les péripéties dignes de les faire entrer dans la légende. La dimension extraordinaire de leurs aventures prime sur leur portée universelle, qui n'est soulignée que par un faible nombre de sentences au cours de la pièce[155]. En homme de théâtre, le poète privilégie aux énoncés gnomiques, détachés du contexte

---

entre admiration païenne et représentations chrétiennes », p. 93-108 dans *Les Femmes au Grand Siècle*, t. II, dir. David Wetsel et Frédéric Canovas, Tübingen, Narr, « Biblio 17 », 2003.

154 « Alidor, que fais-tu ? Pense à ton infortune, / Elle est particulière, et tu la rends commune. » (acte I, sc. 6, v. 347-348)

155 Par exemple, dans le monologue de Calirie (acte V, sc. 3), on ne compte que deux segments sentencieux, qui interviennent dans des passages ancrés dans la situation d'énonciation, et non dans des propositions indépendantes détachées du contexte (v. 1466-1467 et 1470-1471).

de l'énonciation, la forme du dialogue, ou encore, dans les monologues, les adresses – à d'autres personnages absents ou à des figures abstraites – qui dynamisent la parole et ses modes de circulation. Le monologue de Calirie face à son miroir, à la scène 3 de l'acte V, en contient à lui seul sept en l'espace de 72 vers : la jeune femme, qui s'apprête à se blesser, se tourne d'abord vers le « démon » qu'est l'Amour, puis vers son miroir, puis elle s'adresse à Oronte, à Alidor, à ses « tristes yeux », à ses « attraits », et enfin à ses « douleurs ».

Aussi Rayssiguier nous livre-t-il avec *La Célidée* une fable théâtrale susceptible d'être lue de plusieurs manières : comme un hommage rendu à *L'Astrée* et, à travers ce roman, aux traditions médico-culturelles qui ont inspiré Urfé ; comme une intrigue spectaculaire riche en péripéties extraordinaires ; comme un exemple d'héroïsme et de générosité féminine ; comme un combat allégorique entre Éros, Antéros et *philia* ; ou bien encore comme une méditation poétique sur les différentes façons d'aimer, célébrant à la fois l'affection durable et constante et la réciprocité du sentiment amoureux[156].

156 Sur cet « idéal de réciprocité », « trait relativement moderne dans l'histoire du sentiment amoureux », voir *L'Astrée. Première partie*, éd. citée, livre I, p. 120, note 13, et Fr. Greiner, *Les Amours romanesques*, *op. cit.*, p. 50 *sq.*

ÉTABLISSEMENT DU TEXTE

DESCRIPTION DE LA PREMIÈRE ÉDITION DE *LA CÉLIDÉE*

RAYSSIGUIER (Sieur de) – *La Celidee sous le nom de Calirie ou de la generosité d'amour. Dediee A Mademoiselle de Rohan par le sieur de Rayssiguier.* A Paris, Chez Toussainct Quinet, au Palais, dans la petite Salle, sous la montée de la Cour des Aydes. M. DC. XXXV. [1635]. Avec Privilege du Roy. – in-8° par demi-feuille, [24], 123, [1][1].

À propos de la page 101 (N3r), Alain Riffaud note que le texte de la réplique de Cintille est altéré par une répétition incongrue :

> « Je vous prie, envoyons mon homme pour savoir
> Si sans l'importuner, je pourrai l'aller voir
> Vous me suivrez après, et puis tous trois ensemble
> Irons chez Calirie :
> Parce que je voudrais qu'elle, et nous deux ensemble
> Fussions chez Calirie, où je sais qu'on s'assemble :
> La voilà sur sa porte, adieu, venez après. »

Ce pataquès résulte de la conjonction de deux versions différentes. La version A « Vous me suivrez après, et puis tous trois ensemble / Irons chez Calirie, où je sais qu'on s'assemble » est doublée par la version B : « Parce que je voudrais qu'elle, et nous deux ensemble / Fussions chez Calirie, où je sais qu'on s'assemble ». Le compositeur de l'atelier d'Antoine Coulon n'ayant pas compris la correction sur la copie ou l'ayant mal lue à cause de la surcharge, a reproduit les

1 Voir la notice établie par Alain Riffaud dans *Répertoire du théâtre français imprimé entre 1630 et 1660*, Genève, Droz, « Travaux du Grand siècle », 2009, p. 61 ; elle est reproduite en ligne, avec le n° 3517, sur le site https://repertoiretheatreimprime.othone.org/.

vers initiaux et les deux vers ajoutés par l'auteur pour corriger sa première version.

Exemplaires :

Tolbiac : YF-4818 – exemplaire numérisé sur Gallica : NUMM-8712250
Tolbiac : YF-6797
Tolbiac : RES-YF-3662
Tolbiac microfilm : MICROFILM M-2407
Arsenal : 8-BL-10751
Richelieu, arts du spectacle : 8-RF-6801
Mazarine : 8° 65487 : demi reliure en veau brun
Sorbonne, BIS Réserve : RRA 6= 757
Nîmes : 8344/75 – exemplaire numérisé sur Gallica (NUMM-1090288), URL : https://gallica.bnf.fr/ark:/12148/bpt6k1090288p?rk=21459;2
Nîmes, Bibliothèque Carré d'art : La Celidée sous le nom de Calerie. 2e vol. (recueil de pièces) – 8344/75 Lettre 2.
British Library : 242.h.16(5.)

DESCRIPTION DE LA NOUVELLE ÉMISSION

Comme nous l'avons signalé au début de cette introduction, paraît en 1636 une nouvelle émission de la pièce, qui n'est pas une nouvelle édition. Seuls la page de titre et le cahier liminaire ont été modifiés[2].

RAYSSIGUIER (Sieur de) – *Alidor et Oronte. Tragi-Comedie du sieur de R.* A Paris, Chez Toussainct Quinet, au Palais, sous la Montée de la Cour des Aydes. M. DC. XXXVI. [1636]. Avec Privilege du Roy. – in-8° par demi-feuille, [16], 123, [1].

Exemplaires :

Arsenal : 8-BL-12663 (2) [ã2r°-ã3v°, ẽ4r°-ĩ3r° manquent]

2 Voir pour cela la notice 3619 établie par Alain Riffaud, URL : https://repertoiretheatreimprime.othone.org/

Arsenal : GD-1687 (2) [ã2rº-ã3rº, ẽ4, ĩ1-ĩ4, et le cahier F manquent] – Gallica NUMM-1513096

Le Mans, BU Sciences : s.n., s.d., R.4º16

PRINCIPES D'ÉDITION

Notre exemplaire de référence est celui de la BnF : Tolbiac YF-4818.

Conformément aux principes de la collection, nous avons remplacé les italiques par des caractères romains dans l'épître, les stances « Au sieur de Rayssiguier » et dans le corps du texte de la pièce. Nous avons en revanche introduit les italiques dans les didascalies, initialement en romains. Nous avons supprimé les points après les rubriques de personnages, de scènes et d'actes.

Nous avons introduit un retrait au v. 201 (I, 5, p. 15) pour distinguer la réplique d'Oronte. Nous avons développé les abréviations telles que « vo^9 », remplacé par « vous » (v. 220, p. 16).

L'usage des majuscules a été respecté, sauf dans l'épître, à la page 4 (« Et puis » remplacé par « et puis » après point-virgule) et au vers 776, où nous avons remplacé « Françoises » par « françoises ». Au contraire, nous avons ajouté une majuscule à « que » en début de vers (v. 860) et, lorsque nous avons modifié la ponctuation en ajoutant un point d'interrogation ou d'exclamation (voir la section « Modernisation de la ponctuation »), nous avons ajouté une majuscule au mot suivant.

MODERNISATION DE LA GRAPHIE

Selon l'usage de la collection, nous avons modernisé la graphie sauf lorsque cette modernisation aurait enfreint les règles de la versification classique (voir le substantif « pensers », v. 238 et 455 ; et la forme archaïque « cestui-ci », v. 795) ou faussé la rime, comme aux vers 17-18 (« pouvois »/« lois »), 237-238 (« meur »/« humeur »), 775-776 (« courtoises »/« françoises »). Toujours pour préserver la rime, nous avons conservé la licence graphique « [je] le voi », dans la rime « moi »/« voi » (v. 1584-1585), ou encore l'ancienne forme du subjonctif du verbe *dire*, dans les rimes « tu me dies »/« ourdies » (v. 1139-1140) et « je lui die »/« tragédie » (v. 1566-1567).

Pour des raisons de métrique, nous avons conservé les licences poétiques suivantes : « avecque », « doncques », « jusques », « encor ». En revanche, nous avons remplacé la forme « encores » par « encore » car cela n'avait pas d'incidence sur le décompte de syllabes (voir les vers 702, 785, 844, 947, 1279).

Nous avons introduit une soudure graphique dans les formes suivantes : « bien tôt », « lors que » (sauf lorsque *lors* signifie *alors* : voir le glossaire sur ce point), « puis que », « long temps », « si tôt », « quoi que », « aussi tost », « toutes fois » (transformé en « toutefois »), « en fin », « mal traité », « re donne », « prés qu' ».

Le tiret demi-cadratin a été supprimé et une soudure a été introduite pour : « Gentil-homme » (Argument, p. 11), « bien-heureux/-se » (v. 263, 511, 596), « bon-heur » (v. 296, 406, 408, 906, 923, 1336), « mal-heureux/-se » (v. 972, 1058, 1184).

Inversement, la soudure a été supprimée dans « plustost » > « plus tôt » (v. 1313) et « enquoi » > « en quoi » (v. 859).

Nous avons introduit un tiret demi-cadratin dans les cas suivants : « Promets-le moi » > « Promets-le-moi » (v. 273), « là dessus » > « là-dessus » (v. 362), « c'est à dire » > « c'est-à-dire » (v. 826), « as tu » > « as-tu » (v. 1122), « Jurez moi » > « Jurez-moi » (v. 1199), « Dis-le moi » > « Dis-le-moi » (v. 1263).

Les apostrophes ont été supprimées et remplacées par un tiret demi-cadratin, par une soudure graphique ou par la forme non élidée du mot dans : « t'il » > « t-il » (v. 49, 653, 817, 1006, 1264, 1535), « t'elle » > « t-elle » (v. 63), « j' » > « je » (v. 70), « quelqu' » > « quelque » (v. 75, 835 et 1122), « r'asseurez » > « rassurez » (v. 211), « chaqu'un » > « chacun » (v. 315 et 1439), « r'appeler » > « rappeler » (v. 829), « r'allumer » > « rallumer » (v. 1311).

D'autres variantes orthographiques propres à la langue classique ont été modifiées : « Madamoiselle » > « Mademoiselle » (épître dédicatoire), « ha » > « ah » (v. 201, 820, 831, 973, 995, 1069), « fonds » > « fond » (v. 223 et 820), « conte » > « compte » (v. 372, 879 et 1011), « cercher » > « chercher » (v. 949 et 1236).

Nous avons également remplacé « de » par « des » aux vers 148, 159, 306, 395, 460, 503, 630, 640, 641, 756, 909, 952, 1138, 1140, 1359.

LISTE DES COQUILLES

L'édition de référence présentait quelques coquilles que nous avons corrigées. En voici la liste :

- le vers 1525 ne comptait que 11 syllabes : nous avons donc ajouté le mot « [est] » entre crochets.
- La rubrique de la scène 1 de l'acte IV indiquait « Mélissée, Florintor ». Nous avons retiré la mention de Florintor, qui n'entre en scène qu'au vers 1067, c'est-à-dire quatre vers seulement avant le début de la scène 2.
- Substitution d'un mot à un autre ou d'une lettre à une autre : à la page 11 de l'Argument, « croit Mélissée » a été remplacé par « voit Mélissée » ; à la page 13, « tort qu'elle avait fait à Cintille » a été remplacé par « tort qu'il avait fait », le pronom ayant pour référent Alidor ; « les » a été remplacé par « le » au v. 53 ; « celle » par « cela » (v. 124) ; « ne » par « me » (v. 507) ; « est-ce à ce point » par « est à ce point » (v. 691) ; « qne » par « que » (v. 873) ; « Qu'est-ce ci » > « Qu'est ceci » (v. 994) ; « dant » par « dans » (v. 1368) ; « Qu'un » par « Qu'une » (v. 1410) ; « losche » par « lâche » (v. 1532) ; « *levisage* » par « *le visage* » (didascalie de la p. 109) ; « qui » par « que » (v. 4 et 671) et, inversement, « que » par « qui » (v. 1533).
- Conjugaisons : « suivi » a été remplacé par « suivit » (v. 974) ; « Pense-tu » par « Penses-tu » (v. 877) ; « m'empêches » par « m'empêche » (v. 995) ; « presse-tu » par « presses-tu » (v. 1160) ; « m'apporte-tu » par « m'apportes-tu » (v. 1262) ; « feints » par « feins » (v. 1214) ; « vien » par « viens » (v. 977, 979, 984, 985, 1060, 1512). Le mode subjonctif a été remplacé par l'indicatif à la page 13 de l'Argument (« n'eust » > « n'eut ») et l'indicatif par le subjonctif dans les cas suivants : « permit » > « permît » (Argument, p. 14) ; « voyez » > « voyiez » (v. 425) ; « mit » > « mît » (v. 677) ; « sentit » > « sentît » (v. 758) ; « peut » > « pût » (v. 710, 736, 1045, 1309) ; « n'eut » > « n'eût » (v. 1046).
- Accords : « moqué » > « moquée » (v. 1059) ; « servi » > « servie » (v. 1101) ; « indifférent » > « indifférents » (v. 1158).
- La forme « toute » de l'adverbe, devant un mot commençant par une voyelle ou un h muet, a été corrigée en « tout », selon la règle orthographique moderne, dans l'Argument (p. 12), dans les stances

« Au sieur de Rayssiguier » (v. 35) et dans la pièce aux vers 132, 500, 1147, 1550.
– Apostrophes et accents : « l'a » > « la » (v. 64, 852) ; « méme » > « même » (Argument p. 12) ; « auprés » (v. 57, 864, 920) ; « cét » > « cet » (Argument p. 8, v. 24, 37, 297, 381, 468, 525, 642, 657, 695, 741, 767, 873, 897, 955, 1035, 1040, 1093, 1100, 1236, 1259, 1385, 1428) ; « où » > « ou » (v. 626) ; « voila » > « voilà » (v. 274, 351, 651, 887, 1271, 1322) ; « Là voila » > « La voilà » (v. 1376) ; « dés » > « dès » (épître, Argument p. 7, v. 245, 375, 1009, 1157, 1467) ; « extrémement » > « extrêmement » (Argument p. 14) ; « réviez » > « rêviez » (v. 1253) ; « N'augmentés » > « N'augmentez » (v. 1521).

En revanche, nous avons conservé « vous-même » (qui aurait dû être corrigé par « vous-mêmes ») et « tous » (qui aurait pu être remplacé par « tout ») pour respecter la rime des vers 959-960 et 1548-1549.

MODERNISATION DE LA PONCTUATION

Nous avons modernisé la ponctuation quand elle était trop éloignée de nos usages modernes. Nous avons ajouté des guillemets afin de signaler le passage au discours direct aux vers 83-86, 715-716 et 1318-1321. Voici la liste des autres changements de ponctuation effectués :

– épître dédicatoire : p. 3 [maintenant, que] > [maintenant que] ; [portée :] > [portée ?] ; p. 4 [offusque,] > [offusque ;] ; [l'âme :] > [l'âme,] ; p. 5 [épître,] > [épître :] ; [siècle] > [siècle,] ; p. 6 [Princesses,] > [Princesses.] ; [hommes :] > [hommes.]
– Argument : p. 7 [d'elle,] > [d'elle ;] ; [avait, sa] > [avait. Sa] ; [malade,] > [malade :] ; p. 8 [d'Alidor] > [d'Alidor.] ; [malade,] > [malade ;] ; [Calirie, ce] > [Calirie. Ce] ; p. 9 [conclusion,] > [conclusion ;] ; [pied :] > [pied.] ; [divertir,] > [divertir] ; [Alcandre] > [Alcandre,] ; [passion,] > [passion ;] ; p. 10 [Amant, elle] > [Amant. Elle] ; [temps : auparavant] > [temps. Auparavant] ; [Orcan] > [Orcan,] ; p. 11 [tuer,] > [tuer.] ; [Florintor,] > [Florintor.] ; [lui,] > [lui ;] ; p. 12 [contentât,] > [contentât ;] ; [neveu,] > [neveu.] ; [visage,] > [visage ;] ; [s'écrie,] > [s'écrie.] ; [beautés,] > [beautés ;] ; p. 13 [état,] > [état.] ; [seul, toute] > [seul. Toute] ; [sœur,] > [sœur.] ; p. 14 [était,] > [était ;] ; [l'aimer,] > [l'aimer.]
– Stances : v. 80 [perfide,] > [perfide ?] ; v. 85 [moi] > [moi,]

– Acte I : v. 1 [autels !] > [autels,] ; v. 2 [mortels ;] > [mortels !] ; v. 4 [l'envie :] > [l'envie,] ; v. 6 [mains :] > [mains.] ; v. 11 [Dieux !] > [Dieux,] ; [ouvrages.] > [ouvrages] ; v. 12 [avantages ;] > [avantages ?] ; v. 30 [secrets :] > [secrets.] ; v. 42 [savoir,] > [savoir.] ; v. 44 [remédie,] > [remédie :] ; v. 49 [ferai-je,] > [ferai-je ?] ; v. 52 [blessée.] > [blessée ?] ; v. 54 [secourir :] > [secourir.] ; v. 56 [science :] > [science,] ; v. 60 [naître.] > [naître ?] ; v. 61 [Oui] > [Oui,] ; v. 63 [remède.] > [remède ?] ; v. 68 [connue :] > [connue.] ; v. 70 [bien,] > [bien ?] ; v. 72 [vie :] > [vie.] ; v. 73 [tuer,] > [tuer ?] ; v. 80 [Mourant] > [Mourant,] ; [jeunesse :] > [jeunesse,] ; v. 83 [reproche,] > [reproche :] ; v. 84 [proche] > [proche ?] ; v. 86 [plaisirs,] > [plaisirs ?] ; v. 90 [droits,] > [droits ?] ; v. 91 [Oui] > [Oui,] ; v. 92 [m'emporte,] > [m'emporte.] ; v. 93 [contentements,] > [contentements ;] ; v. 94 [Amants :] > [Amants.] ; v. 95 [cède] > [cède,] ; v. 99 [elle :] > [elle.] ; v. 100 [vois] > [vois,] ; [semble] > [semble,] ; v. 101 [m'émeut,] > [m'émeut !] ; v. 109 [puis Calirie] > [puis, Calirie,] ; v. 114 [vain.] > [vain,] ; v. 118 [prit,] > [prit.] ; v. 125 [Oronte] > [Oronte,] ; v. 134 [divertir,] > [divertir.] ; v. 136 [souffrance,] > [souffrance ;] ; v. 138 [tien :] > [tien,] ; v. 139 [meure] > [meure,] ; v. 144 [sensible.] > [sensible :] ; v. 155 [Adieu,] > [Adieu.] ; [blesse,] > [blesse !] ; v. 177 [d'aimer,] > [d'aimer] ; v. 179 [insensible.] > [insensible ?] ; v. 186 [qui] > [qui,] ; [feux] > [feux,] ; v. 192 [arriver,] > [arriver ?] ; v. 196 [vie,] > [vie ?] ; v. 198 [flambeau,] > [flambeau ?] ; v. 199 [âmes] > [âmes,] ; v. 200 [flammes.] > [flammes ?] ; v. 202 [châtiment,] > [châtiment !] ; v. 206 [forfait,] > [forfait.] ; v. 210 [pressent,] > [pressent !] ; v. 226 [yeux,] > [yeux.] ; v. 227 [donc] > [donc,] ; v. 238 [l'humeur :] > [l'humeur ;] ; v. 242 [raison,] > [raison.] ; v. 247 [J'aime] > [J'aime,] ; v. 250 [sauver,] > [sauver.] ; v. 257 [fort :] > [fort ?] ; v. 265 [Alidor] > [Alidor,] ; v. 266 [pas.] > [pas :] ; v. 272 [même,] > [même.] ; v. 273 [moi] > [moi,] ; [refuser,] > [refuser ?] ; v. 274 [satisfait] > [satisfait,] ; v. 278 [illusion.] > [illusion !] ; v. 281 [employés,] > [employés] ; v. 282 [céder,] > [céder !] ; v. 290 [désirer :] > [désirer.] ; v. 298 [malheurs :] [malheurs ;] ; v. 300 [Calirie,] > [Calirie.] ; v. 301 [Oronte] > [Oronte,] ; v. 303 [Alidor] > [Alidor,] ; v. 306 [nouveaux,] > [nouveaux ?] ; v. 309 [Qui] > [Qui,] ; [discours] > [discours,] ; v. 314 [jugement,] > [jugement ?] ; v. 318 [sauvant,] > [sauvant.] ; v. 322 [languissant :] > [languissant ?] ; v. 326 [gaieté,] > [gaieté.] ; v. 340 [misérable,] >

[misérable !] ; v. 346 [osa,] > [osa...] ; v. 347 [Alidor] > [Alidor,] ; [tu,] > [tu ?] ; v. 348 [commune :] > [commune.] ; v. 352 [divertir,] > [divertir.] ; v. 358 [Qui] > [Qui,] ; [guérir] > [guérir,] ; v. 360 [pouvez] > [pouvez,] ; v. 362 [bonté.] > [bonté !] ; v. 364 [paraître.] > [paraître ?] ; v. 368 [malades,] > [malades.] ; v. 374 [ennui :] > [ennui.] ; v. 376 [puissance.] > [puissance ?].

– Acte II : v. 386 [captif,] > [captif ?] ; v. 388 [joie] > [joie,] ; v. 390 [insolent,] > [insolent ?] ; v. 394 [vainqueurs,] > [vainqueurs ?] ; v. 399 [vous,] > [vous ?] ; v. 403 [faire,] > [faire ?] ; v. 412 [peine,] > [peine.] ; v. 421 [voici,] > [voici.] ; v. 427 [Allons-y,] > [Allons-y.] ; v. 436 [Mélissée,] > [Mélissée ?] ; v. 440 [forte,] > [forte.] ; v. 446 [prison,] > [prison.] ; v. 450 [désobligeants,] > [désobligeants ;] ; v. 454 [pris,] > [pris.] ; v. 457 [ressentiments] > [ressentiments,] ; v. 461 [soins,] > [soins.] ; v. 469 [N'importe] > [N'importe,] ; v. 470 [ennui :] > [ennui,] ; v. 476 [galerie :] > [galerie ;] ; v. 490 [jugement,] > [jugement.] ; v. 494 [jamais,] > [jamais ;] ; v. 501 [fort,] > [fort] ; v. 502 [esprits,] > [esprits.] ; v. 509 [bien, bien] > [bien, bien,] ; v. 512 [pensée.] > [pensée !] ; v. 519 [indicible,] > [indicible !] ; v. 532 [mérite,] > [mérite ;] ; v. 538 [déplaisirs,] > [déplaisirs ;] ; v. 541 [bien] > [bien,] ; v. 552 [sage,] > [sage.] ; v. 554 [morts.] > [morts ?] ; v. 556 [précipice,] > [précipice :] ; v. 562 [secourir,] > [secourir ?] ; v. 563 [âme,] > [âme !] ; v. 565 [deux,] > [deux.] ; v. 567 [Calirie,] > [Calirie.] ; v. 569 [père] > [père,] ; v. 570 [plus,] > [plus.] ; v. 573 [rares,] > [rares] ; v. 574 [fait,] > [fait ;] ; v. 576 [glacée,] > [glacée.] ; v. 581 [désespérer,] > [désespérer ?] ; v. 583 [pas,] > [pas.] ; v. 584 [méfiance,] > [méfiance.] ; v. 594 [assez,] > [assez.] ; v. 603 [vie,] > [vie ?] ; v. 607 [fille] > [fille,] ; v. 616 [contente,] > [contente.] ; v. 623 [femme,] > [femme.] ; v. 626 [inconnu :] > [inconnu ?] ; v. 629 [ailleurs,] > [ailleurs.] ; v. 635 [l'inhumain :] > [l'inhumain.] ; v. 636 [comment,] > [comment] ; [vive,] > [vive ?] ; v. 649 [infidélité :] > [infidélité !] ; v. 650 [Mais,] > [Mais] ; [vérité,] > [vérité ?] ; v. 656 [l'adore :] > [l'adore ?] ; v. 658 [sein,] > [sein.] ; v. 666 [brûler,] > [brûler !] ; v. 669 [sent,] > [sent !] ; v. 670 [languissant,] > [languissant !] ; v. 671 [Que] > [Que,] ; v. 675 [Maîtresse,] > [Maîtresse] ; v. 680 [extrême :] > [extrême ;] ; v. 684 [visites,] > [visites.] ; v. 686 [froideur,] > [froideur !] ; v. 690 [contentement :] > [contentement.] ; v. 691 [Adieu,] > [Adieu !] ; v. 692 [retenue,] > [retenue ;] ; v. 693 [aussi] > [aussi.] ; v. 694 [souci.] > [souci !]

– Acte III : v. 699 [Oronte.] > [Oronte ?] ; v. 702 [avéré,] > [avéré.] ; v. 707 [parjure :] > [parjure,] ; v. 708 [injure,] > [injure.] ; v. 715 [moi-même,] > [moi-même :] ; v. 722 [souffrir,] > [souffrir ?] ; v. 730 [sein,] > [sein.] ; v. 734 [lui,] > [lui :] ; v. 740 [roche,] > [roche ;] ; v. 746 [trépas,] > [trépas :] ; v. 753 [devenir,] > [devenir ?] ; [aimé :] > [aimé,] ; v. 754 [désanimé,] > [désanimé ;] ; v. 767 [Nullement] > [Nullement,] ; v. 784 [mélancolie,] > [mélancolie.] ; v. 790 [vainqueur,] > [vainqueur.] ; v. 795 [cestui-ci.] > [cestui-ci ?] ; v. 797 [vous,] > [vous.] ; v. 798 [nous,] > [nous !] ; v. 801 [grâces,] > [grâces] ; v. 810 [allumé,] > [allumé.] ; v. 816 [mienne,] > [mienne !] ; v. 817 [ici,] > [ici ?] ; v. 819 [Mélissée.] > [Mélissée ?] ; v. 820 [pensée.] > [pensée !] ; v. 826 [plaira :] > [plaira.] ; v. 830 [fers :] > [fers.] ; v. 831 [servir] > [servir,] ; v. 842 [contentement,] > [contentement.] ; v. 844 [pense :] > [pense ;] ; v. 847 [mémoire.] > [mémoire ?] ; v. 852 [aimable,] > [aimable.] ; v. 856 [forte,] > [forte ;] ; v. 857 [désobliger] > [désobliger,] ; v. 860 [servir,] > [servir.] ; v. 861 [justement.] > [justement !] ; v. 862 [contentement :] > [contentement.] ; v. 865 [discours,] > [discours ?] ; v. 866 [amours,] > [amours ?] ; v. 867 [Alcandre] > [Alcandre,] ; v. 874 [plaignez,] > [plaignez.] ; v. 876 [songe] > [songe,] ; v. 877 [ainsi,] > [ainsi ?] ; v. 883 [attendre,] > [attendre ?] ; v. 884 [Alcandre,] > [Alcandre.] ; v. 886 [désobligé,] > [désobligé.] ; v. 888 [enfance,] > [enfance ;] ; v. 890 [moi.] > [moi ?] ; v. 894 [cours,] > [cours :] ; v. 906 [l'aimant,] > [l'aimant ;] ; v. 910 [esprits,] > [esprits.] ; v. 914 [plaisirs,] > [plaisirs.] ; v. 918 [feux,] > [feux.] ; v. 924 [joie,] > [joie ?] ; v. 926 [liberté,] > [liberté.] ; v. 930 [yeux,] > [yeux ;] ; v. 940 [refroidie,] > [refroidie.] ; v. 944 [laissée,] > [laissée ;] ; v. 951 [entendu,] > [entendu ?] ; v. 952 [nouvelles,] > [nouvelles.] ; v. 955 [vue :] > [vue,] ; v. 956 [prévue :] > [prévue.] ; v. 957 [nuit,] > [nuit ?] ; v. 958 [suit,] > [suit ?] ; v. 963 [vous] > [vous,] ; v. 968 [apparences,] > [apparences ;] ; v. 969 [toi] > [toi,] ; v. 972 [flamme :] > [flamme.] ; v. 973 [juste,] > [juste !] ; v. 976 [amoureuse,] > [amoureuse.] ; v. 986 [dissipé,] > [dissipé.] ; v. 988 [rage,] > [rage.] ; v. 989 [malheurs.] > [malheurs ?] ; v. 990 [douleurs,] > [douleurs ?] ; v. 994 [transport.] > [transport ?] ; v. 996 [suivie,] > [suivie ;] ; v. 1004 [trempée,] > [trempée.] ; v. 1005 [plaisirs,] > [plaisirs ?] ; v. 1006 [désirs,] > [désirs ?] ; v. 1007 [fâche,] > [fâche ?] ; v. 1008 [Moi-même] > [Moi-même,] ; v. 1017 [cela] >

[cela,] ; v. 1018 [trépas,] > [trépas ;] ; v. 1024 [martyre,] > [martyre.] ; v. 1026 [regrets,] > [regrets ;].

– Acte IV : v. 1038 [dément,] > [dément ;] ; v. 1040 [sensible,] > [sensible ?] ; v. 1042 [d'appas ;] > [d'appas ?] ; v. 1050 [sens,] > [sens.] ; v. 1053 [t'aimer :] > [t'aimer ;] ; v. 1058 [malheureux,] > [malheureux.] ; v. 1064 [suive,] > [suive.] ; v. 1065 [puis] > [puis,] ; v. 1066 [tien,] > [tien.] ; v. 1071 [Mélissée,] > [Mélissée ?] ; v. 1072 [pensée,] > [pensée ?] ; v. 1074 [vous,] > [vous.] ; v. 1082 [mécontentement :] > [mécontentement.] ; v. 1091 [Cruelle] > [Cruelle,] ; v. 1092 [office,] > [office.] ; v. 1094 [changer,] > [changer ;] ; v. 1096 [m'offense,] > [m'offense.] ; v. 1104 [l'absence,] > [l'absence.] ; v. 1110 [beauté ;] > [beauté !] ; v. 1114 [haïr,] > [haïr.] ; v. 1121 [Arrêtez] > [Arrêtez,] ; v. 1122 [trahison,] > [trahison ?] ; v. 1123 [première,] > [première ?] ; v. 1126 [haï.] > [haï ?] ; v. 1128 [traître.] > [traître ?] ; v. 1129 [action,] > [action ?] ; v. 1130 [affection,] > [affection ?] ; v. 1134 [désespoir,] > [désespoir ;] ; v. 1138 [meilleurs :] > [meilleurs ?] ; v. 1143 [abîmes :] > [abîmes ;] ; v. 1154 [secourir,] > [secourir :] ; v. 1156 [funeste,] > [funeste ;] ; v. 1162 [d'autrui.] > [d'autrui ?] ; v. 1163 [Calirie,] > [Calirie :] ; v. 1172 [âme :] > [âme.] ; v. 1178 [action,] > [action.] ; v. 1188 [injure,] > [injure ;] ; v. 1192 [martyre,] > [martyre.] ; v. 1194 [haï :] > [haï,] ; v. 1195 [vie,] > [vie] ; v. 1197 [m'aimez] > [m'aimez,] ; v. 1198 [souci,] > [souci.] ; v. 1200 [entendre,] > [entendre ;] ; v. 1203 [moi] > [moi,] ; v. 1205 [moi] > [moi,] ; v. 1206 [amoureux,] > [amoureux ;] ; v. 1212 [Oronte] > [Oronte,] ; v. 1214 [nuis,] > [nuis.] ; v. 1225 [orage,] > [orage ?] ; v. 1227 [courage :] > [courage ;] ; v. 1234 [peine :] > [peine ;] ; v. 1255 [extrême,] > [extrême.] ; v. 1261 [malheur :] > [malheur.] ; v. 1262 [m'apportes-tu,] > [m'apportes-tu ?] ; v. 1263 [délivre,] > [délivre.] ; v. 1264 [fait,] > [fait ?] ; v. 1265 [haïr,] > [haïr.] ; v. 1267 [changée,] > [changée :] ; v. 1270 [nom] > [nom…] ; v. 1272 [parles] > [parles,] ; v. 1278 [Comment,] > [Comment ?] ; v. 1281 [souci :] > [souci ;] ; v. 1288 [souvent :] > [souvent,] ; v. 1289 [santé :] > [santé.] ; v. 1291 [maladie,] > [maladie ;] ; v. 1294 [l'hyménée,] > [l'hyménée.] ; v. 1295 [étonnée :] > [étonnée,] ; v. 1297 [amour,] > [amour ;] ; v. 1304 [Amour] > [Amour,] ; v. 1309 [pas,] > [pas] ; v. 1315 [froids,] > [froids] ; [roches :] > [roches ;] ; v. 1317 [beauté,] > [beauté :] ; v. 1321 [temps,] > [temps.] ; v. 1325 [excès,] > [excès ;] ; v. 1327 [l'aimer] > [l'aimer,].

– Acte V : v. 1337 [humains,] > [humains !] ; v. 1341 [affection,] > [affection :] ; v. 1345 [Amant,] > [Amant ;] ; v. 1353 [changer :] > [changer.] ; v. 1357 [cœur,] > [cœur ;] ; v. 1363 [fantaisie :] > [fantaisie ;] ; v. 1365 [cœur,] > [cœur.] ; v. 1369 [Ami] > [Ami,] ; v. 1372 [prie] > [prie ;] ; v. 1375 [s'assemble :] > [s'assemble.] ; v. 1377 [regrets,] > [regrets.] ; v. 1381 [ressent :] > [ressent ;] ; v. 1382 [crime,] > [crime.] ; v. 1383 [estime,] > [estime ?] ; v. 1386 [m'abordez-vous,] > [m'abordez-vous ?] ; v. 1387 [naître :] > [naître ?] ; v. 1391 [flamme,] > [flamme.] ; v. 1393 [quitter,] > [quitter ?] ; v. 1395 [sensible :] > [sensible ;] ; v. 1411 [facile :] > [facile ;] ; v. 1419 [honte :] > [honte ;] ; v. 1420 [pas,] > [pas.] ; v. 1430 [Amour] > [Amour,] ; v. 1433 [sein,] > [sein.] ; v. 1439 [m'afflige,] > [m'afflige :] ; v. 1441 [biens,] > [biens.] ; v. 1445 [autels,] > [autels ?] ; v. 1446 [Oronte] > [Oronte,] ; [pensées] > [pensées,] ; v. 1449 [jours,] > [jours ;] ; v. 1455 [assurance,] > [assurance ;] ; v. 1459 [m'engage,] > [m'engage.] ; v. 1463 [limite,] > [limite ;] ; v. 1467 [écloses,] > [écloses ;] ; v. 1471 [l'arène,] > [l'arène.] ; v. 1472 [Alidor] > [Alidor,] ; v. 1477 [sens,] > [sens ;] ; v. 1478 [l'exécute :] > [l'exécute.] ; v. 1480 [pleurer.] > [pleurer] ; v. 1483 [j'adore,] > [j'adore ;] ; v. 1489 [trahison,] > [trahison ?] ; v. 1494 [raison,] > [raison] ; v. 1495 [m'arrive,] > [m'arrive.] ; v. 1496 [Douleurs] > [Douleurs,] ; v. 1497 [passion] > [passion,] ; v. 1501 [parents,] > [parents ;] ; v. 1505 [souci,] > [souci ;] ; v. 1507 [pensée,] > [pensée.] ; v. 1510 [chambre,] > [chambre.] ; v. 1515 [rare,] > [rare ?] ; v. 1517 [inhumain,] > [inhumain.] ; v. 1519 [vu] > [vu,] ; v. 1520 [mère] > [mère,] ; v. 1523 [naître,] > [naître :] ; v. 1534 [capable.] > [capable ?] ; v. 1535 [coupable.] > [coupable ?] ; v. 1537 [savoir :] > [savoir.] ; v. 1538 [l'un,] > [l'un.] ; [Oronte,] > [Oronte.] ; v. 1540 [état,] > [état ?] ; v. 1550 [Alidor,] > [Alidor !] ; v. 1554 [Alidor] > [Alidor,] ; [ceci,] > [ceci ?] ; v. 1561 [vengé,] > [vengé.] ; v. 1565 [pas :] > [pas ;] ; v. 1572 [vous] > [vous,] ; v. 1573 [charmé :] > [charmé.] ; v. 1575 [attente,] > [attente :] ; v. 1578 [vous] > [vous,] ; v. 1579 [haute,] > [haute.] ; v. 1584 [moi,] > [moi !] ; v. 1585 [voi.] > [voi !] ; v. 1593 [yeux,] > [yeux :] ; v. 1599 [éternelle :] > [éternelle.] ; v. 1603 [injure,] > [injure.] ; v. 1609 [mérité,] > [mérité ;] ; v. 1616 [nonpareil,] > [nonpareil !] ; v. 1617 [soleil,] > [soleil !] ; v. 1621 [voici,] > [voici ?] ; v. 1623 [blessée,] > [blessée ?] ; v. 1625 [guérir,] > [guérir.] ; v. 1637 [satisfaits.] > [satisfaits !] ; v. 1638 [Approchez]

> [Approchez,] ; v. 1641 [maux,] > [maux.] ; v. 1646 [aimée :] > [aimée ;] ; v. 1657 [esprits,] > [esprits.] ; v. 1660 [ennuis,] > [ennuis.] ; v. 1661 [suis,] > [suis.]

LA CÉLIDÉE SOUS LE NOM DE CALIRIE
OU DE LA GÉNÉROSITÉ D'AMOUR

Dédiée à Mademoiselle de Rohan
par le Sieur de Rayssiguier

À Paris,
Chez Toussaint Quinet,
au Palais, dans la petite Salle,
sous la Montée de la Cour des Aides.

M. DC. XXXV.
Avec Privilège du Roi.

À MADEMOISELLE DE ROHAN[1]

MADEMOISELLE,

Si dès l'âge de huit à dix ans votre esprit, et votre jugement m'ont donné de l'admiration, que doivent-ils faire maintenant que fortifiés par le temps, et par la parfaite connaissance des plus belles choses, ils ne trouvent rien qui les arrête, et qui ne soit au-dessous de leur portée ? Pour moi je confesse que je ne sais point de termes qui le[2] puissent exprimer, et que depuis quatre ou cinq ans que j'ai mis au jour quelques-uns de mes ouvrages[3], j'ai toujours eu le dessein de les y mettre sous votre protection, sans avoir eu pourtant la hardiesse de le faire. Nous osons [4] bien regarder le Soleil naissant, mais lorsqu'il s'avance sur notre horizon, l'éclat de sa lumière nous offusque[4] ; il m'en est arrivé de même en votre endroit, j'ai osé durant vos premières années me donner l'honneur de vous voir, et vous me l'avez permis, je vous ai donné quelques-uns de mes vers, et vous m'avez fait la faveur de les recevoir, mais aujourd'hui qu'une grande lumière vous environne, que votre esprit est éclairé des plus belles connaissances, et que la beauté et la vertu ont assemblé en vous toutes les perfections du corps et de l'âme, c'est avec raison que je n'ai pas osé me donner l'honneur de vous aller faire la révérence, et que j'ai craint d'être blâmé si j'avais entrepris de faire voir votre nom au front de quelqu'une de mes œuvres. J'aurais été toute ma vie dans cette crainte respectueuse, si je n'eusse considéré qu'il y a des hardiesses qui sont honnêtes, et

1 Il s'agit de Marguerite de Rohan (1617-1684), duchesse de Rohan, dame de Soubise et dame du duché de Frontenay, qui fut l'héritière du duché de Rohan. En 1641, Georges de Scudéry lui dédiera à son tour son roman héroïque *Ibrahim ou l'illustre Bassa*.

2 Le pronom neutre « le », lorsqu'il est anaphorique, peut renvoyer de manière très large au cotexte de gauche (Spillebout, p. 153).

3 En 1635, Rayssiguier est déjà l'auteur de la *Tragi-comédie pastorale. Où les Amours d'Astrée et de Céladon, sont mêlées à celles de Diane, de Silvandre et de Paris, avec les inconstances d'Hylas* (1630), de *L'Aminte* (1632), adaptation du Tasse, de *La Bourgeoise, ou la promenade de S. Cloud* (1633), et de *Palinice Circeine et Florice* (1634). Voir le premier tome de son *Théâtre complet*, paru en 2021.

4 « Il signifie aussi quelquefois, Eblouïr. *Le Soleil m'offusque les yeux. une trop grande clarté offusque* » (*Dictionnaire de l'Académie française*, 1694).

que c'est plutôt faillir de ne les avoir pas[5] que de les avoir ; et puis je sais bien que vous n'êtes pas de l'humeur de ces grands qui méprisent tout ce qui est au des-[ã iij ; 5]sous d'eux, vous recevez d'aussi bon œil les vœux des malheureux, que de ceux[6] que la fortune favorise. C'est pourquoi j'espère, Mademoiselle, que vous recevrez favorablement les miens, et le présent que je vous fais de ma Calirie, de qui[7] la généreuse action[8] vous plaira d'autant plus que votre affection ne s'attache point aux choses de la terre, que ses objets sont plus relevés, et moins capables de changement. Il me serait inutile de toucher à vos louanges dans cette épître : il n'y a point d'homme pour si éloigné qu'il soit de notre climat qui ne sache bien que vous en méritez plus que tous les meilleurs esprits ne vous en sauraient donner, et qu'on ne peut toucher à des choses si délicates sans les gâter, plutôt que de[9] les embellir ; que s'il[10] y en avait de si ignorants et de si barbares qui n'eussent pas cette connaissance, il est impossible qu'il y en ait qui, au seul nom de Monseigneur le Duc votre père, et de Madame votre mère[11], ne confessent que de si grands personnages, les merveilles de l'un et de l'autre sexe, et l'honneur de notre siècle, ne peu-[6]vent vous avoir donné l'être[12], et vous avoir élevée sans que vous ayez toutes les perfections que l'on désire aux plus grandes Princesses[13]. Je me contenterai donc d'admirer en vous tous ces grands avantages que les

---

5 « Avec un infinitif négatif, deux constructions sont en concurrence au XVIIe siècle : *ne le savoir pas* [...] et *ne pas le savoir* [...]. La construction moderne *ne pas le savoir* est rare » (Fournier, § 116, p. 85). En effet, on trouve fréquemment la première construction dans la pièce.

6 Comprendre : que les vœux de ceux que la fortune favorise.

7 *De qui* signifie « dont ».

8 Rayssiguier rappelle ici le sous-titre de la pièce (*ou de la générosité d'amour*), mais reprend surtout ce que Lycidas déclare à Léonide, dans le passage de *L'Astrée* qui sert de source au dramaturge : « A ces mots, ô Dieu, Madame, quelle estrange & genereuse action vous vay-je raconter : A ces mots dis-je Celidée, met la pointe du Diamant à son front, & d'une main genereuse se l'enfonça dans la peau » (*L'Astrée. Deuxième partie*, éd. citée, livre XI, p. 553-554). Toutes les citations de *L'Astrée* proviennent des volumes de l'édition Champion dirigée par Delphine Denis, comme indiqué dans notre introduction.

9 Haase rappelle que Thomas Corneille « réclame la préposition *de* après les termes de comparaison *moins*, *plus*, *plutôt*, *mieux*, *si*, *tant*, *tel*, etc., suivi de *que* » (§ 88, p. 205).

10 « *Que si* est un latinisme, transcription de *quod si* » ; il s'agit d'une « formule oratoire » (Spillebout, p. 334), qui équivaut à « et si ».

11 Les parents de Marguerite de Rohan sont le duc Henri II de Rohan (1579-1638) et Marguerite de Béthune-Sully (1595-1660), fille de Maximilien de Béthune, duc de Sully.

12 Comprendre : vous avoir donné naissance.

13 Marguerite de Rohan porte également le titre de Princesse de Léon.

anciens et les modernes n'ont jamais trouvé que séparés en plusieurs, et je vous supplierai cependant de prendre en votre protection cette généreuse Amante, et d'excuser les saillies et les déguisements de Cintille, puisque l'amour les a fait naître, et que toutes les Dames n'ont pas comme vous, l'esprit assez fort pour s'en défendre, et je vous assurerai que si vous trouvez quelque divertissement en la lecture de leurs traverses, je serai plus heureux que le reste des hommes. Aussi suis-je

MADEMOISELLE,

Le plus humble, le plus affectionné, et le plus obéissant de tous vos serviteurs

DE RAYSSIGUIER.

ARGUMENT [7]

Oronte aimait Calirie dès le berceau, également aimé d'elle ; durant la force de leur affection Alidor son neveu revient d'Angleterre, où il avait été longtemps, et d'abord qu'il voit Calirie en[14] devient amoureux, sans se souvenir, ni de l'amitié que son oncle lui portait, ni des obligations[15] qu'il lui avait. Sa passion vint à tel point, que ne l'osant découvrir, de peur d'offenser son oncle, son mal caché se rendant plus violent, il tombe malade[16] : Oronte qui aimait ce neveu, comme si c'eût été son fils, emploie toute la médecine pour sa guérison, et voyant que c'était inutilement, il en parle à un Médecin de ses amis, avec de si gran-[8]des marques de son déplaisir, que l'autre s'oblige à découvrir le sujet du mal d'Alidor. À cet effet, il se tient deux ou trois jours auprès du malade, et faisant des observations particulières de l'extraordinaire mouvement du pouls, et des changements du visage d'Alidor, lorsque Calirie entrait dans sa chambre[17], il crut que l'amour de Calirie le rendait malade ; cette croyance l'oblige de dire à Oronte, que s'il voulait conserver son neveu, il lui fallait donner Calirie. Ce discours étonne Oronte, et toutefois l'amitié qu'il avait pour son neveu le fait passer par-dessus toutes les considérations de l'amour de Calirie, et se résout[18] de lui sauver la vie, en se privant de ce qu'il avait de plus cher[19], et pour n'y[20] perdre point de temps, il voit Calirie, la prie

14 Comprendre : devient amoureux d'elle. Comme *y*, le pronom adverbial *en* peut renvoyer à l'humain en français classique (Spillebout, p. 154).

15 *Obligations* : il s'agit des devoirs qu'Alidor a envers Oronte, qui a pris soin de lui comme s'il était son fils.

16 Tout ce qui vient d'être résumé ici se déroule avant le début de la pièce, tandis qu'Oronte développe dans son monologue liminaire les éléments contenus dans la suite de cette phrase.

17 Rayssiguier synthétise davantage dans ce segment le passage de *L'Astrée* sur lequel il s'appuie (éd. citée, IIe partie, livre I, p. 74) que l'intrigue de sa propre pièce, la réplique du Médecin, à la scène 2 de l'acte I, ne développant pas de symptômes médicaux (voir les vers 64-70, résumés dans le passage suivant : « cette croyance [...] donner Calirie »).

18 Comprendre : et il se résout. Sur l'omission du sujet clitique, qui se pratique de moins en moins à partir de la fin du XVIe siècle, voir Fournier, § 3-4, p. 21-22.

19 Ce passage (« ce discours étonne Oronte [...] cher ») résume le monologue d'Oronte de la fin de la scène 2 de l'acte I (v. 70-102).

20 Comprendre : pour ne point perdre de temps. Sur les emplois pléonastiques de *y*, voir Spillebout, p. 155.

de visiter souvent son neveu, et de le caresser[21], et cependant il va chez Larinthe, lui propose les avantages du mariage de son neveu et de sa fille, et [ẽ ; 9] passe jusqu'à la conclusion ; il porte ces nouvelles à Alidor, qui visité souvent de Calirie, commençait à se remettre, ce qui le remit tout à fait sur pied[22]. Durant que cela se passe, Cintille qui aimait Alidor, et qui en avait été aimée en Angleterre, pressée de sa passion, et aidée de la ressemblance qu'elle avait à son frère Alcandre[23], avait pris des habits d'homme, et était venue en France, où ne pouvant voir Alidor, à cause de son mal, elle fit connaissance avec un jeune Gentilhomme Français nommé Florintor, amoureux de Mélissée, et qui pour divertir le feint Alcandre, l'avait souvent conduit chez sa Maîtresse Mélissée[24], qui n'ayant pu résister à la force des yeux de cette fille déguisée en devient amoureuse, la croyant Alcandre[25], et pour l'obliger, parce qu'elle l'en avait priée, fait bonne mine à Florintor, non pas sans donner des témoignages à Cintille de sa passion ; mais cette fille qui n'avait que l'a-[10] mour d'Alidor dans l'esprit se feint[26], attendant l'occasion de voir son Amant[27]. Elle le voit enfin, mais en est reçue, comme si véritablement elle eût été son frère Alcandre, sans que parmi leurs discours Alidor nommât jamais Cintille, ce qui la piqua si fort, qu'elle le quitte tout en colère, et prend résolution de retourner dans une solitude[28] où elle avait été quelque temps. Auparavant que de partir elle donne charge à Orcan, vieux Gentilhomme qu'elle avait emmené, de savoir ce qui pouvait obliger Alidor à la traiter de la

21 Cette rencontre entre Oronte et Calirie a lieu à la scène 3 de l'acte I.

22 Ce passage ne résume pas tout à fait fidèlement l'intrigue de la pièce : Oronte annonce d'abord à Alidor qu'il lui cède Calirie par amitié (I, 5), puis Calirie, fidèle à la promesse donnée à Oronte, rend visite à Alidor afin de le guérir (I, 6). C'est lorsqu'Alidor lui déclare que Calirie se montre plus froide à son égard et menace de retomber malade qu'Oronte lui dit être allé chez Larinthe afin de lui proposer l'union de sa fille et de son neveu (II, 4, la visite rendue par Oronte à la mère de Calirie ayant eu lieu hors scène).

23 Comprendre : avec son frère Alcandre.

24 Ce passage est résumé par Cintille et Orcan dans la première scène de l'acte II.

25 C'est ce que Mélissée déclare dans son monologue de la scène 2 de l'acte II.

26 Comprendre : feint de ne pas s'en apercevoir.

27 Ce passage (« et pour l'obliger [...] son Amant ») correspond à la scène 3 de l'acte II.

28 La « solitude », au sens de « lieu désert », n'est pas uniquement un motif de la littérature pastorale ; elle devient dans la première moitié du XVIIe siècle un « genre littéraire de monologue poétique et méditatif, le plus souvent nourri de motifs pastoraux », inspiré de la *soledad* de la poésie espagnole (voir Luis de Góngora), et adapté en France en particulier par Théophile de Viau et Saint-Amant. Voir *L'Astrée. Première partie*, éd. citée, livre III, p. 243, note 91 et Bernard Beugnot, *Le Discours de la retraite au* XVIIe siècle, Paris, PUF, « Perspectives littéraires », 1996.

sorte[29], Orcan prend ce soin avec affection, et fait si bien qu'il apprend que Calirie était l'objet des passions d'Alidor, que son oncle avait traité leur mariage avec la mère de la fille, et que toutefois Oronte ayant vu que son neveu sans mourir avait souffert le refus de Calirie, faisait son possible pour se remettre bien avec elle[30], et que lorsqu'il était sur le [ẽ ij ; 11] point d'obtenir le pardon de sa faute, Alidor était survenu, qui se voyant maltraité de sa Maîtresse, et trompé par son oncle, fit quelques reproches à tous les deux, et fait effort de se tuer. Calirie l'en empêche, et promet à l'un et à l'autre de les contenter le lendemain[31], ce qu'Orcan ayant rapporté à Cintille[32], elle se résout de quitter sa solitude, revient à la Cour, voit Mélissée, qui lui découvre ouvertement son amour, qu'elle rejette le plus honnêtement[33] qu'elle peut, s'excusant[34] sur l'affection qu'elle avait pour Doris[35], et lui parle pour Florintor[36]. Mélissée fâchée la quitte, rencontre Florintor, et le traite plus mal qu'elle n'avait jamais fait, lui disant[37] qu'elle ne l'avait souffert que pour obliger Alcandre, et non lui[38] ; Florintor tout étonné se retire, et va faire ce discours à Cintille, qui lui confesse qu'il était vrai que Mélissée lui avait témoigné de l'amour, mais que cela ne le devait pas trou-[12] bler, puisqu'il était impossible qu'elle la contentât ; Florintor aucunement satisfait, laisse Cintille, qui le prie pourtant de la suivre bientôt chez Mélissée où elle allait, et que de là tous trois ensemble se rendraient chez Calirie, où se devait vider ce jour-là la querelle[39] de l'oncle et du neveu[40]. Calirie cependant qui n'avait point reposé, songeant aux moyens de contenter Oronte sans fâcher Alidor, prend une étrange résolution, et d'une pointe de diamant gâte tous les beaux traits de son

29 Cintille raconte la visite qu'elle a faite à Alidor, qui a eu lieu hors scène, et charge Orcan de cette mission à la scène 2 de l'acte III.

30 Oronte entreprend de se réconcilier avec Calirie à la scène 3 de l'acte IV.

31 Cette scène entre Oronte, Calirie et Alidor est la scène 4 de l'acte IV.

32 À la scène 6 de l'acte IV.

33 *Honnêtement* : conformément aux principes de la civilité, de la vertu et de l'honneur.

34 Comprendre : en s'excusant. Au XVIIe siècle, la distinction entre participe présent et gérondif n'est pas toujours nette (Spillebout, p. 230). La présence de la préposition *en* est rendue obligatoire par l'Académie française en 1679.

35 La maîtresse imaginaire qu'invente le faux Alcandre s'appelle en fait Cloris dans la pièce (voir les vers 827, 862, 868 et 1348).

36 Cette conversation entre le faux Alcandre et Mélissée correspond à la scène 4 de l'acte III.

37 Comprendre : en lui disant.

38 Il s'agit de la scène 2 de l'acte IV.

39 *Vider une querelle* signifie la terminer, la régler.

40 La rencontre entre Florintor et Cintille-Alcandre a lieu dans la première scène de l'acte V.

visage[41] ; sa mère arriva sur ce point, qui la voyant tout en sang s'écrie[42]. Cintille, Mélissée, et Florintor surviennent, qui étonnés d'un accident si cruel s'informent du nom du barbare qui avait osé ruiner tant de beautés ; Calirie sans s'émouvoir leur dit, que ç'avait été Oronte et Alidor[43], Oronte arrive là-dessus, et faisant la même demande que les autres, apprend par la bouche de Calirie, que c'était lui et son [ẽ iij ; 13] neveu qui l'avait mise en si mauvais état. Alidor qui avait eu la nouvelle de l'accident de Calirie, vient tout en fureur, protestant[44] d'ôter la vie à celui qui avait osé mettre la main sur sa Maîtresse, mais il n'eut pas plus tôt vu ce visage tout en sang, qu'il détourne ailleurs sa vue, ce que Calirie ayant aperçu, prend occasion de lui dire qu'elle avait toujours cru qu'il n'avait aimé que sa beauté extérieure, que pour cette raison elle l'avait voulu perdre, et que sans doute Oronte l'en aimerait davantage, puisqu'elle ne l'avait perdue que pour se conserver à lui seul. Toute l'assistance admire cette action généreuse[45], et lorsqu'Alidor se veut jeter à genoux pour leur demander pardon, il est interrompu par Cintille, qu'il croit toujours être Alcandre, ce qui le fait ressouvenir du tort qu'il avait fait à Cintille, c'est pourquoi il la prie de le vouloir remettre en grâce auprès de sa sœur. Cintille qui le voit re-[14] pentant, lui fait perdre cette croyance, et se fait connaître pour ce qu'elle était ; ce nouvel accident donne autant d'étonnement à toute la compagnie, que l'action de Calirie leur avait donné de l'admiration, et principalement à Mélissée, qui honteuse d'avoir aimé une fille, et pressée par elle-même de reconnaître l'amour de Florintor, promet de l'aimer. Cintille pardonne à Alidor, Calirie est extrêmement contente d'être au seul Oronte, et de voir Alidor satisfait, la mère qui craignait que le mal de sa fille ne s'envenimât, les oblige de se retirer, et prie Cintille et Mélissée de prendre sa maison[46], en attendant que la guérison de sa fille leur permît de recevoir les plaisirs qu'elles attendaient de leur amour, par le mariage de toutes trois, avec les personnes aimées.

---

41 Voir le monologue de Calirie qui constitue la scène 3 de l'acte V.

42 Il s'agit de la scène 4 de l'acte V.

43 Il s'agit de la scène 5 de l'acte V. Toute la fin de l'Argument, à partir de « Oronte arrive là-dessus », résume de manière détaillée la scène finale de la pièce (V, 6).

44 Comprendre : en protestant. Voir *supra* note 34.

45 Sur la mention de cette « action généreuse », voir la note de « généreuse action » dans l'épître dédicatoire.

46 Comprendre : de séjourner dans sa maison. Larinthe dit ainsi au vers 1669 : « Mélissée, et Cintille arrêteront ici ».

[15]

AU SIEUR DE RAYSSIGUIER
STANCES[47]

Cher ami tu n'espères pas,
Que par les vers que je te donne
Je veuille sur ta tête affermir la Couronne,
Qui sauve les noms du trépas,
Quelque amitié que je te porte,
Je n'ai pas la voix assez forte
Pour parler dignement de toi,
Ainsi n'est-ce pas ma pensée,
Je ne veux parler que de moi,
Et des traits amoureux dont mon âme est blessée.

Tu sais déjà que mes douleurs
Ne me donnent point de relâche[48], [16]
Que tout autre que moi serait devenu lâche
Au milieu de tant de malheurs,
Mon âme toutefois s'obstine
À la passion qui la mine,
Et malgré tous les accidents
Qui depuis quatre ans me poursuivent,
Mes désirs sont encor ardents,
Je brûle pour Aminte[49], et mes feux toujours vivent.

---

47 « Le mot de *Stance* vient de l'Italien, *Stanza*, qui signifie *demeure* ; parce qu'à la fin de chaque Stance il y doit necessairement avoir un sens complet » (Pierre Richelet, *La Versification françoise, ou l'Art de bien faire et de bien tourner les vers*, Paris, Étienne Loyson, 1671, chap. XL, p. 230). Les stances désignent un genre de poème strophique, le plus souvent hétérométrique. Il faut distinguer ces stances de celles que l'on trouve à deux reprises dans le corps de la pièce (I, 4 et IV, 5) et qui sont spécifiques au théâtre des années 1630 (voir notre introduction, « Le genre en question »). Ce sont ici des dizains composés de huit octosyllabes et de deux alexandrins (vers 3 et 10 de chaque strophe). Le schéma des rimes est le suivant : à deux rimes embrassées, succèdent une rime suivie et deux rimes croisées.

48 *Relâche* : répit.

49 Aminte est un nom typique de la pastorale, qui évoque bien sûr *L'Aminta* du Tasse (1573), adaptée par Rayssiguier en 1632.

L'on a traversé notre ardeur
Par de si damnables malices,
Que je ne sais comment leurs traîtres artifices
Ne m'ont donné de la froideur[50],
Tout le monde m'a voulu nuire,
Et ses parents pour me détruire
Ont recherché tous les moyens
Qu'en saurait trouver la puissance
Qui n'épargne crédit, ni biens
À rendre criminelle une faible innocence. [17]

Mon âme incapable de peur,
Se moquait de leur sourde guerre,
Et j'espérais de[51] voir réduire leur tonnerre
En une légère vapeur,
Quand mon Aminte tout en larmes
Me vint conjurer par ses charmes
De m'absenter de ses yeux,
Et par un exil volontaire,
De fuir les conseils vicieux,
Et les mauvais desseins d'une femme en colère ?

Je le fis de peur de faillir
Aux commandements de ma belle,
Mais hélas ! aussitôt que je m'éloigne d'elle
Mille ennuis vinrent m'assaillir :
Je reconnais à mon dommage
Que de quitter[52] un beau visage,
Qui nous aime parfaitement [18]

50 Bien qu'on puisse aussi les comprendre comme la reprise de *topoï*, les circonstances biographiques de cette passion amoureuse restent obscures, l'auteur de ces stances n'ayant pas été identifié.

51 La construction *espérer de* + infinitif sera toujours en concurrence avec la construction transitive directe du verbe dans la seconde moitié du siècle (Fournier, § 83, p. 67). N. Fournier précise que les prépositions *à* et *de* conservent, en français classique, « quelque chose de leur valeur de base (approche, visée *vs* éloignement, origine) » ; dans la construction *espérer de* + infinitif, « le procès à l'infinitif est vu comme le stimulus du procès principal » (§ 92, p. 74).

52 En position de sujet syntaxique, l'infinitif est régulièrement précédé de l'indice *de* en français classique (Fournier, § 400, p. 280).

Est un mal plus insupportable
À la constance d'un Amant,
Que tout ce que la mort a de plus effroyable.

J'ai couru de divers côtés
Dans le Piémont, dans la Lorraine,
Et dans ces lieux pourtant j'ai ressenti la peine,
D'avoir éloigné[53] ses beautés,
Partout mon âme est tourmentée
Du regret de l'avoir quittée,
Pour contenter mes ennemis,
J'ai pesté contre cette absence,
Et comme d'un crime commis,
Je me suis repentie de mon obéissance.

Mais l'absence ne serait rien,
Si par un malheur plus étrange
On ne m'empêchait pas d'écrire à mon bel Ange,
Pour charmer son mal et le mien, [i ij 19]
Elle est toujours environnée
De cette race destinée,
À traverser nos passions,
Mille Argus[54] veillent autour d'elle
Qui censurent ses actions,
Et taxent son esprit de m'être trop fidèle.

Juge de l'état où je suis,
Et si je dois haïr ma vie,
Voyant qu'à mon sujet Aminte est poursuivie :
À toute heure de tant d'ennuis
N'aurais-je pas raison de craindre,
Qu'enfin on l'aura pu contraindre

53 Comprendre : de m'être éloigné de ses beautés. Sur la construction non pronominale (transitive directe) ou pronominale (la construction indirecte *s'éloigner de*) du verbe *éloigner*, voir Haase, § 61, p. 145.

54 Dans la mythologie gréco-romaine, Argus est un géant aux cent yeux, à qui Héra confie la garde de Io, afin d'empêcher ses amours avec Jupiter. Par antonomase, Argus est le nom donné au gardien qui veille à ce qu'un couple d'amants ne puisse se retrouver.

De se porter au changement,
Et qu'oubliant son cher Alcide[55],
Elle aura fait un autre Amant,
Et sera dans sa flamme ou trop lâche, ou perfide ?

Non, non, cher ami, j'aurais tort [20]
Si j'avais cette folle crainte :
Le trait dont mon Aminte a sa belle âme atteinte
La doit blesser jusqu'à la mort,
Et moi, quelque chose qu'agissent[56]
Ceux dont les plaisirs se nourrissent
De nos soupirs, et de nos pleurs,
Je veux conserver dans mon âme,
Malgré l'effort de mes douleurs,
Jusques au monument une si belle flamme.

Et j'espère que quelque jour
Le Ciel lasse[57] de nous poursuivre,
Changeant nos ennemis, nous permettra de vivre,
Et de jouir de notre amour.
Une navire[58] vagabonde
N'éprouve pas toujours sur l'onde,
Neptune, et les vents courroucés,
Elle y trouve quelque bonace[59],
Et la Fortune en ses excès, [21]
Fait le mal bien souvent moindre que la menace.

Ton Oronte, et ton Alidor,
Ta Cintille, et ta Calirie,
Ont ressenti d'amour la mortelle furie[60],

55 Alcide est le premier nom donné à Héraclès (ou Hercule) dans la mythologie gréco-romaine.

56 Comprendre : quoi que fassent… Dans ce type de tour, *quelque chose* n'est pas systématiquement employé comme locution pronominale indéfinie figée au début du XVIIe siècle.

57 Nous conservons cet accord incorrect au féminin pour des raisons métriques.

58 Le mot *navire* est de genre masculin ou féminin au XVIe siècle et encore au début du siècle suivant. Voir le *Dictionnaire du Moyen Français* : http://www.atilf.fr/dmf/definition/navire (consulté le 22/07/2024).

59 *Bonace* : « Calme, tranquillité. Il se dit proprement de la mer, & quelquefois des grands lacs, & autres eaux sujettes à de violentes agitations » (*Dictionnaire de l'Académie française*, 1694).

60 *Furie* : emportement, passion violente.

Et la ressentirait[61] encor,
Si le Ciel pour eux pitoyable,
Lorsqu'il semblait plus incroyable[62],
N'eût secouru tous ces Amants,
Et changé leurs peines cruelles
Aux extrêmes contentements,
Que l'on goûte parmi des flammes mutuelles.

Par A.I.D.M[63].

---

61 On attendrait « ressentiraient ».

62 Comprendre : le plus incroyable. Le superlatif relatif peut encore se construire sans article dans la première moitié du siècle (Spillebout, p. 37).

63 Ces initiales n'ont pas été identifiées.

AU LECTEUR[64].

Si quelques-uns trouvent mauvais que j'aie mêlé[65] quelques autres amours[66] dans l'histoire de Célidée, de Tamire, et de Célidon[67], et que je ne l'aie pas traitée de même qu'elle est dans Monsieur d'Urfé, je les prie auparavant que de me blâmer de considérer qu'elle était de soi trop nue[68] pour le théâtre, que l'embellissement[69] que je lui donne n'est point désagréable, et ne rend pas le sujet moins intelligible, que la conduite[70] en est si judicieuse, que les honnêtes gens qui l'ont vue représenter l'ont estimée, que c'est la seule satisfaction que j'en attendais, et que j'attends de ceux qui prendront la peine de la lire[71].

Adieu.

---

64 Sur cet avis « Au Lecteur », voir notre introduction, « Une matière “trop nue pour le théâtre” ? ».

65 *Mêler* : « Broüiller ensemble plusieurs choses » (*Dictionnaire de l'Académie française*, 1694).

66 Il s'agit de l'intrigue secondaire des amours de Cintille, Florintor et Mélissée, adaptée de l'« Histoire de Lydias & de Mélandre » dans *L'Astrée*. Sur les sources de la pièce, voir notre introduction, « La double matière urféenne ».

67 Célidée, Thamire et Calidon, personnages de *L'Astrée*, sont respectivement nommés Calirie, Oronte et Alidor dans la pièce.

68 *Nue* : dépouillée.

69 *Embellissement* : ornement.

70 Rayssiguier évoque ici la *dispositio* de la pièce, qui relie soigneusement les deux histoires adaptées. Cintille, maîtresse d'Alidor en Angleterre, l'a suivi sous un déguisement masculin lorsqu'il l'a fuie pour rentrer en France. Mélissée s'éprend d'elle sous le nom d'Alcandre et délaisse, jusqu'au dénouement de la pièce où elle sera désabusée, son amant Florintor. La chaîne des amours contrariées trouve alors sa résolution, Alidor se détournant de Calirie pour se réconcilier avec Cintille.

71 Rayssiguier s'exprime ici en auteur de tragi-comédies irrégulières et s'adresse à un public amateur de tels spectacles, comme l'indique le lexique qu'il utilise (« mêlé », « trop nue », « embellissement », « point désagréable »). Plutôt que le respect des règles, il préfère souligner la profusion des péripéties qui caractérise sa pièce, source de divertissement. Sur ce point, voir notre introduction, « Le genre en question ».

LES ACTEURS

ORONTE, oncle d'Alidor, amoureux de Calirie.
LE MÉDECIN[72].
CALIRIE amoureuse d'Oronte.
ALIDOR amoureux de Calirie.
CINTILLE toujours sous le nom et l'habit d'Alcandre son frère, amoureuse d'Alidor.
ORCAN Gentilhomme de Cintille.
FLORINTOR amoureux de Mélissée.
MÉLISSÉE amoureuse de Cintille, la croyant Alcandre.
PAGE de Mélissée.
LARINTHE mère de Calirie.

72 Avant d'être un personnage fréquent des comédies de Molière, le médecin apparaît dans d'autres pièces de la première moitié du XVIIe siècle, comme dans *La Généreuse Allemande* de Mareschal (1630) et dans *La Folie du Sage* de Tristan L'Hermite (1644). Sur ce personnage, voir notre introduction, « Mélancolie érotique et maladie d'amour ».

[A; 1]

LA CALIRIE
OU LA GÉNÉROSITÉ D'AMOUR

ACTE PREMIER

Scène I

ORONTE *seul*[73].

Dieux, de qui[74] tous les jours j'approche les autels,
Que je suis malheureux entre tous les mortels !
J'ai fait ce que j'ai pu, pour conserver ma vie
Exempte des ennuis que nous cause l'envie, [2]
Et l'on n'a point connu parmi tous les humains
Un seul qui pût reprendre[75], ou mes mœurs, ou mes mains[76].
Le crime que l'on peut me reprocher au monde
Est que ma passion se trouve sans seconde[77] ;
Que j'aime Calirie, et que j'aimerais mieux
Perdre l'objet du jour que celui de ses yeux.
Mais est-ce un crime, ô Dieux, que d'aimer vos ouvrages
Et d'adorer en eux vos divins avantages[78] ?
Non, je sais que le Ciel, et toutes ses clartés
Qui de nuit et de jour nous montrent leurs beautés
Sont œuvres de vos mains, pour notre seul service,
Et que de les aimer[79] ne fut jamais un vice,

73 Le monologue est une scène d'exposition topique de la pastorale dramatique, ou encore de la tragi-comédie pastorale. Voir par exemple la *Tragi-comédie pastorale* de Rayssiguier (1630) et *La Clorise* de Baro (1632).

74 Sur *de qui*, voir la note correspondante de l'épître dédicatoire.

75 *Reprendre* : blâmer.

76 « Mes mains » renvoient, par synecdoque, à la conduite d'Oronte.

77 *Sans seconde* : sans égale, sans pareille. Le *Dictionnaire de l'Académie française* (1694) signale que l'expression « n'a guere d'usage qu'en vers. »

78 *Avantage* signifie ici « qualité » (Richelet, *Dictionnaire françois*, 1680 : « Qualité de la nature, ou de la fortune »).

79 *De les aimer* : sur l'emploi de *de* indice de l'infinitif en position de sujet syntaxique, voir la note du vers 46 des stances « Au sieur de Rayssiguier ».

Et pour cette raison, j'ai cru que je pouvois[80]
Soumettre mon esprit aux amoureuses lois,
Que[81] sans vous offenser, j'avais rendu les armes
À l'ouvrage divin, dont j'adore les charmes[82].
Cependant aujourd'hui je ne suis malheureux
Que pour être pressé d'un désir amoureux.
S'il faut que mon Amour vous soit désagréable, [Aij ; 3]
Punissez de la mort cet Amant misérable :
Car la vie aussi bien en l'état où je suis
A fait mourir ma joie, et nourrit mes ennuis.
Je me travaille en vain, les Dieux sont sans oreilles,
Et ne s'émeuvent point pour des choses pareilles,
Lorsque leur providence a donné ses décrets,
Il nous est défendu d'en savoir les secrets[83].
Je n'ai pas toutefois grand sujet de me plaindre,
Calirie aime Oronte, et je ne dois rien craindre[84],
Elle m'a témoigné que son bel œil vainqueur
Ne me promettait rien qu'elle n'eût dans le cœur,
Et depuis le long temps[85] que j'adore sa grâce,
J'ai trouvé de l'ardeur, les autres de la glace.
Mais durant cet amour j'appréhende un malheur,
Alidor en mourant me cache sa douleur.

---

80 Nous conservons cette forme pour préserver la rime avec « lois ». Pierre de La Noue valide ce type de rimes dans son *Grand dictionnaire des rimes françoises* [1623], Genève, Slatkine Reprints, 1972, p. 420.

81 Comprendre : Et que. La conjonction est de nouveau régie par le verbe *croire*.

82 Oronte reprend dans ces vers le *topos* de la *militia amoris*, caractéristique de la poésie amoureuse depuis les élégiaques latins (voir en particulier *Les Amours* d'Ovide, I, 9 : *Militat omnis amans*). L'« ouvrage divin » désigne bien sûr Calirie, selon la conception néo-platonicienne de l'amour qui voit cette passion élever l'âme de l'amant vers le Ciel (voir Marsile Ficin, *Discours de l'honneste amour sur le Banquet de Platon*, trad. Guy Le Fèvre de la Boderie, Paris, Jean Macé, 1578).

83 Oronte évoque ici le motif des *arcana dei*, inaccessibles aux simples mortels.

84 L'originalité de cette scène d'exposition est que, contrairement au monologue liminaire de Céladon dans la *Tragi-comédie pastorale*, Oronte y dévoile un obstacle interne. Rien ne s'oppose à son union avec Calirie, si ce n'est Oronte lui-même, écartelé entre amour et amitié. Sur ce point, voir notre introduction, « Éros et Antéros : le tragique de la fidélité ».

85 *Le long temps* : Oronte place d'emblée sa passion sous le signe de la durée, comme le fera également Calirie à la scène 3 (v. 106) et à la fin de l'acte I (v. 375-376). Cet amour, qui s'inscrit dans le temps long, s'oppose à la passion, aussi fulgurante que soudaine, d'Alidor, qui n'aime la jeune fille que « depuis deux mois » (v. 957).

Les soins des Médecins n'est[86] que peine perdue,
Sa guérison n'est plus de leurs mains attendue,
C'est en vain tous les jours qu'ils viennent pour le voir,
La grandeur de son mal surpasse leur savoir.
Je me doute pourtant d'où vient sa maladie, [4]
Et qu'il mourra bientôt si je n'y remédie :
Ses soupirs si fréquents, et ses transports d'esprit,
Alors que Calirie approche de son lit
Me font juger qu'il aime, et qu'il cache dans l'âme,
De peur de m'offenser son amoureuse flamme[87].
Que ferai-je ? Alidor mourra-t-il sans secours,
Parce qu'il tient secret l'objet de ses amours ?
Que[88] sa discrétion retient dans sa pensée
Le nom de sa beauté[89] dont son âme est blessée ?
Non, non, auparavant que de le voir mourir,
Aux dépens de ma flamme il le faut secourir.
Mais voici notre ami de qui l'expérience[90]
Des plus grands Médecins surpasse la science,
Qui depuis quelques jours[91] se tient auprès de lui,
Pour savoir le sujet de son cruel ennui.
Eh bien, qu'avez-vous fait, avez-vous pu connaître,
D'où sa mélancolie, et son mal peuvent naître ?

---

86 « Quand le sujet et l'attribut du verbe *être* sont des substantifs, dont l'un est au singulier et l'autre au pluriel, le verbe s'accorde tantôt avec le sujet, tantôt avec l'attribut, suivant que l'idée porte sur l'un ou sur l'autre » (Haase, § 63, Remarque I). L'accord se fait ici avec l'attribut « peine perdue ».

87 Contrairement à Thamire dans *L'Astrée*, c'est ici Oronte qui diagnostique la mélancolie érotique dont souffre Alidor, avant même que le médecin ne le confirme à la scène suivante. Sur l'humeur noire et ses symptômes, voir notre introduction, « Sous l'ombre de Saturne : les blessures de la mélancolie ».

88 « Que » reprend « Parce que ».

89 « L'ancienne langue employait souvent par pléonasme le possessif dans des phrases où la langue actuelle se contente de l'article défini. Il en était encore ainsi au XVIIe siècle » (Haase, § 15).

90 On note la liaison de présence et de discours entre les deux scènes. Voir Marc Douguet, *Composition dramatique et liaison des scènes dans le théâtre français du XVIIe siècle*, Genève, Droz, « Travaux du Grand siècle », 2023, p. 106 *sq.* – Sur *de qui* au sens de « dont », voir la note correspondante de l'épître dédicatoire.

91 L'Argument précise : « à cet effet, il se tient deux ou trois jours auprès du malade [...] ».

[Aiij ; 5]

Scène II

LE MÉDECIN, ORONTE[92]

LE MÉDECIN

Oui, je l'ai reconnu, on le peut soulager[93],
Pourvu que Calirie en ôte le danger.

ORONTE

Et comment Calirie a-t-elle son remède[94] ?

LE MÉDECIN

Si on veut le sauver, il faut qu'il la possède,
Son mal est dans l'esprit, cette jeune beauté,
Par ses divins appas altère sa santé,
Il l'aime, et son amour a quelque retenue,
Qui difficilement me peut être connue[95]. [6]
Elle l'allègera de son seul entretien[96].
Adieu.

ORONTE *seul*[97].

T'ai-je employé pour m'arracher mon bien ?
Tu guéris Alidor, et contre ton envie
Tu m'annonces la mort en lui donnant la vie.

---

92 Cette scène transpose le court dialogue entre Thamire et le Mire, dans *L'Astrée. Deuxième partie*, éd. citée, livre I, p. 74.

93 Tandis que le premier pronom « l' » anaphorise « sa mélancolie » ou « son mal » au vers 60, le second pronom (« on le peut soulager ») renvoie à Alidor, comme l'indique la réplique suivante du Médecin : « Si on veut le sauver [...] » (v. 64).

94 Le *topos* de la maladie d'amour n'est donc pas seulement une image dans cette scène. Sur ce point, voir notre introduction, « Mélancolie érotique et maladie d'amour ».

95 Le Médecin signifie par là qu'il a eu quelque peine à reconnaître la mélancolie érotique dont souffre Alidor, dans la mesure où celui-ci la dissimule. La « retenue » de l'amour du mélancolique, qui souffre de frustration, est la principale cause de son mal.

96 La prescription du Mire, dans *L'Astrée*, correspondait davantage au sens du vers 64 : « Il sera bien tost remis, dit-il, pourveu que vous fassiez en sorte que cette fille luy donne quelque cognoissance d'amitié, & cependant vous pourrez parler à Cleontine, qui estant sage & cognoissant l'avantage de la Bergere n'a garde de refuser ce parti » (*loc. cit.*).

97 Bien qu'Oronte soit seul, les vers 70-73 sont encore adressés au Médecin.

Tu m'ôtes Calirie, est-ce pas[98] me tuer ?
Mon amitié pourtant le doit effectuer,
Quelque amour que mon âme ait encore pour elle,
Il ne doit pas mourir pour aimer cette belle[99] :
Je veux que mon amour cède à mon amitié,
Qu'en sa faveur je sois contre moi sans pitié.
Son père[100], à qui le mien pressé de la vieillesse,
Mourant, laissa le soin de régir ma jeunesse,
Qui m'a seul élevé, qui me dit à sa mort
Qu'il me laissait son fils, que j'étais son support,
Me pourrait justement faire un jour ce reproche :
« Qu'as-tu fait de mon fils, et d'un parent si proche ?
Ai-je voulu jamais[101] traverser tes désirs,
Ou te laisser mourir pour des lâches plaisirs[102] ? »
Non, il avait un soin si grand de me complaire[103], [7]
Que j'en reçus toujours des offices de père,
Et je veux contester maintenant si je dois
Céder sur Calirie à son fils, tous mes droits ?

---

98 À propos de « *N'ont-ils pas fait, & ont-ils pas fait.* », Vaugelas juge le tour sans « la negative *ne* » plus élégant (*Remarques sur la langue française*, p. 210).

99 Comprendre : Alidor ne doit pas mourir parce qu'il aime Calirie. La préposition *pour*, suivie d'un infinitif, peut avoir une valeur causale (Fournier, § 414, p. 283).

100 Oronte rappelle les liens très forts, à la fois fraternels et filiaux, qui l'unissent à Alidor, puisqu'il a été élevé par le père de celui-ci, qui lui a à son tour confié son fils à sa mort. Dans le passage correspondant de *L'Astrée*, c'est une allégorie de l'Amitié qui fait parler le père de Calidon, pour rappeler à Thamire la promesse qu'il lui a faite : « Est-ce ainsi, Thamire, que tu maintiens la promesse que tu me fis lors qu'avec mon dernier souspir te tenant la main entre les miennes, pour marquer nostre amitié, je te recommanday cet enfant dans le berceau, & que tu juras que tu l'aurois toute ta vie aussi cher que s'il estoit sorty de ton corps, tant pour la recommandation que je t'en faisois, que pour la memoire des bons offices que tu avois receus de moy lors que ton pere jeune en mourant, te laissa encore jeune entre mes mains ? » (éd. citée, IIe partie, livre I, p. 75). Oronte reviendra à plusieurs reprises sur ces liens dans la suite de la pièce, afin de justifier sa décision de sacrifier son amour (v. 249, 267-273, 1175-1178). L'Argument précise d'ailleurs : « Oronte qui aimait ce neveu, comme si c'eût été son fils [...] ».

101 *Jamais* a ici le sens positif de « un jour », ce qui explique l'absence du discordentiel *ne*.

102 Devant un groupe nominal à adjectif antéposé, l'emploi de la forme réduite *de* (*de lâches plaisirs*) ne s'applique pas toujours, malgré les prescriptions de Maupas et de Vaugelas (Fournier, § 233, p. 162).

103 *Complaire* : « S'accommoder, se conformer au sentiment, au goust, à l'humeur de quelqu'un pour luy plaire, acquiescer à ce qu'il souhaite » (*Dictionnaire de l'Académie française*, 1694).

Oui, je le[104] dois céder, et ma raison plus forte[105]
Doit faire quitter prise à l'ardeur qui m'emporte.
Je veux perdre aujourd'hui tous mes contentements ;
Que je sois mis au rang des malheureux Amants.
Je te cède, Alidor, la belle Calirie,
Reprends ton embonpoint[106], laisse ta rêverie,
Il faut que tous les soins que pour elle j'ai pris,
Servent à soulager tes amoureux esprits,
Et que ce soit pour toi ce que j'ai fait pour elle[107].
Mais je vois, ce me semble[108], approcher cette belle[109].
Que son objet m'émeut ! Je ne sais plus comment
Lui tenir un discours que ma flamme dément.

[8]

Scène III

CALIRIE, ORONTE

CALIRIE

Tes yeux grossis de pleurs, et ton visage blême,
Oronte, sont témoins d'une douleur extrême,
Tu ne dois pas pourtant être triste sans moi,
Nous avons trop longtemps vécu sous cette loi,
Pour maintenant la rompre, et me cacher ton âme[110],
Je ne la puis souffrir[111] sans reproche, ou sans blâme.

---

104 *Le*, pronom neutre, anaphorise l'ensemble des compléments de *céder* au vers précédent : « tous mes droits sur Calirie à son fils ». Sur cette référence large du pronom, voir la note portant sur « qui le puissent exprimer » dans l'épître dédicatoire.

105 Comprendre : qui est la plus forte. Sur la construction du superlatif relatif, voir la note du vers 106 des stances « Au sieur de Rayssiguier ».

106 *Embonpoint* : « L'état où se trouve une personne qui est en bonne santé, & qui est grosse & grasse » (Richelet, *Dictionnaire français*, 1680).

107 Comprendre : Et que ce que j'ai fait pour elle soit pour toi.

108 Dans ce tour, le pronom démonstratif neutre *ce* a été remplacé par l'impersonnel *il* (Spillebout, p. 70).

109 Nouvelle liaison de présence et de discours entre les deux scènes (voir la note du vers 55).

110 Comprendre : Pour que tu la [cette loi] rompes maintenant et que tu me caches ton âme. Calirie reprend ici un *topos* de la littérature amoureuse, celui des cœurs accordés des amants, qui battent à l'unisson. Voir également, un peu plus bas, les vers 126-128 et 153-154.

111 Le pronom *la* anaphorise sans doute « douleur extrême » (v. 104).

ORONTE

Je ne puis, Calirie, être jamais content,
S'il faut que mon neveu meure comme il prétend. [B ; 9]

CALIRIE

On dirait à t'ouïr qu'Alidor ait[112] envie
De perdre de son gré les plaisirs de la vie[113].

ORONTE

Je ne sais qu'en juger, mais il est bien certain,
Que pour le secourir nous travaillons en vain,
Que l'on ne connaît rien au mal qui le tourmente,
Qu'il soupire toujours, que sans cesse il lamente[114],
Qu'une douleur secrète, attachée à l'esprit,
L'a poursuivi depuis que ce grand mal le prit.
Pour lui les Médecins manquent d'expérience.

CALIRIE

Il faut vaincre son mal avec la patience,
Et trouver le moyen en le divertissant
De surmonter l'ennui que son âme ressent[115].

ORONTE

Il est vrai qu'on[116] m'a dit que c'est le seul remède,
Mais nous avons besoin en cela de ton aide.

---

112 L'emploi du subjonctif s'explique par la présence du verbe *dire* dans la principale, qui, au conditionnel, signifie ici « croire, s'imaginer à tort ». Sur l'emploi du subjonctif après un verbe d'opinion, voir Spillebout, p. 223.

113 Il s'agit de la première allusion au motif du suicide de l'amant désespéré, *topos* de la pastorale. Sur ce point, voir notre introduction, « Le genre en question ».

114 La construction non pronominale du verbe transitif, en emploi absolu, est attestée en français classique : « Il se met aussi absolument. *Vous avez beau pleurer & lamenter* » (*Dictionnaire de l'Académie française*, 1694).

115 Calirie propose un mode de traitement préconisé par les mélancologues, qui consiste à divertir le malade. Voir notre introduction, « Mélancolie érotique et maladie d'amour ».

116 Oronte fait référence aux vers 64-69 prononcés à la scène précédente par le Médecin. Mais il ne déclare que progressivement à Calirie le remède que celui-ci a véritablement prescrit.

CALIRIE

Oronte, tu fais tort à mon affection,
Tu sais bien que ta peine est mon affliction, [10]
Et que je ne puis voir ton âme inquiétée[117],
Que de tes déplaisirs je ne sois agitée[118].
Dis-moi donc, cher Amant, ce que je puis pour lui,
Je n'épargnerai rien pour guérir son ennui.

ORONTE

Ma fille, sachez[119] donc que la mélancolie
Où l'âme d'Alidor est tout ensevelie,
Lui donnera la mort, si pour le garantir[120]
Ton entretien souvent ne le va divertir.
C'est en toi seulement que j'ai quelque espérance
De voir finir bientôt son mal, et ma souffrance ;
C'est pourquoi si jamais[121] tu m'as voulu du bien,
Si jamais mon amour a mérité le tien,
Si tu veux empêcher que mon neveu ne meure,
Ne me refuse point de le voir à toute heure,
Et de vivre avec lui de même qu'avec moi,
Apportant[122] à son mal ce qui dépend de toi[123].

---

117 *Inquiétée* : troublée, en proie aux tourments.

118 « Que » a ici le sens restrictif de « sans que » (Spillebout, p. 309-310).

119 Par l'appellatif « ma fille », que Larinthe emploie également en s'adressant à Calirie (voir les vers 607, 1516 et 1529), Oronte souligne leur grande différence d'âge. Dans *L'Astrée*, Thamire précise avoir environ trente ans de plus que Célidée, c'est-à-dire qu'une génération les sépare (éd. citée, IIe partie, livre I, p. 63, note 86). – Cet éphémère passage au vouvoiement, qui est peut-être une coquille, introduit un décrochage étrange dans un dialogue où les deux amants se tutoient, ce qui est le signe de leur douce familiarité, avant que leur désunion, dans la suite de la pièce, ne pousse Oronte à utiliser le vouvoiement (IV, 3). Sur l'usage du vouvoiement et du tutoiement dans le théâtre classique, voir Jean-Yves Vialleton, *Poésie dramatique et prose du monde. Le comportement des personnages dans la tragédie en France au* XVIIe *siècle*, Paris, Champion, « Lumière classique », 2004, chap. IV (« Les *vous* et les *tu* »).

120 *Garantir* : préserver, protéger.

121 Sur l'emploi positif de *jamais*, voir la note du vers 85.

122 Comprendre : en apportant. Sur l'absence de préposition devant le gérondif, voir la note portant sur « s'excusant » dans l'Argument.

123 Dans *L'Astrée*, sachant bien que Célidée n'est pas disposée à aimer Calidon, Thamire lui présente sa requête à mots plus couverts que ne le fait Oronte : « [...] je la conjurois par toute nostre amitié, de le voir le plus souvent qu'elle pourroit, & de jouër & passer le

CALIRIE

Pour le voir bien souvent j'y[124] ferai mon possible,
Plutôt à ta douleur, qu'à la sienne sensible.
Mais de vivre avec lui comme tu me prescris[125], [Bij ; 11]
J'aurais bien de la peine à forcer mes esprits,
Encor que mon amour en rompant ces obstacles,
À ton occasion[126] peut faire des miracles,
Et tiens pour assuré, que si mon entretien
Peut alléger son mal, il se portera bien.
Adieu, vis plus content après cette promesse,
Et ne m'afflige plus avecque ta tristesse,
L'amour qui nous unit nous doit également
Partager[127] la douleur et le contentement.

ORONTE *seul.*

Adieu. Que son discours mortellement me blesse !
Son amitié m'assure, et[128] je crains sa faiblesse,
Je crains que mon neveu dedans son entretien
N'engage Calirie à lui vouloir du bien.
Mais je fais des discours qui sont déraisonnables,
Ces appréhensions ne sont point pardonnables,
C'est ce que je désire, et que j'ai résolu,
Puisque pour mon malheur le destin l'a voulu,
La santé d'Alidor doit être préférable
Au bien que j'attendais d'un amour si durable[129].

---

temps avec luy, à fin de le divertir de cette melancolie qui le faisoit mourir » (éd. citée, IIe partie, livre I, p. 76).

124 Sur les emplois pléonastiques de *y*, voir la note de « pour n'y perdre point de temps » dans l'Argument.

125 Le verbe *prescrire* n'a pas encore de sens médical au XVIIe siècle (« Ordonner, marquer precisement ce qu'on veut qui soit fait », *Dictionnaire de l'Académie française*, 1694).

126 *À ton occasion* : pour toi, à ton sujet.

127 *Partager* : donner en partage.

128 La conjonction a ici le sens adversatif de « mais ».

129 Sur l'importance de la durée de cet amour, voir la note du vers 35.

[12]

Scène IV

ALIDOR *seul dans le lit*[130].

Jamais dans l'empire amoureux
Amant ne fut plus malheureux,
Jamais il n'eut tant de traverses.
J'aime sans espérer, et l'objet que je sers
Voit mes peines diverses,
Et pourtant ne sait pas que je sois[131] dans ses fers.

Je meurs, et je n'ose parler
Du feu dont je me sens brûler,
Avecque tant de violence :
Mon ardeur criminelle appréhende le jour,
Et m'oblige au silence [Biij ; 13]
De peur d'être blâmé d'un indiscret amour.

Hélas ! est-ce un crime d'aimer
Des yeux, qui pourraient animer
Le rocher le plus insensible[132] ?
Non, non, je crois plutôt qu'en voyant leurs appas,
Il doit être impossible
D'avoir quelque raison, et de n'en brûler pas[133].

Mais c'est un crime d'y penser,
Je ne le puis sans offenser

130 Sur cette première scène de stances, voir notre introduction, « Le genre en question ». Au livre XI de la deuxième partie de *L'Astrée*, Calidon prononce un madrigal sur ses souffrances amoureuses, alors que les noces de Thamire et Célidée sont sur le point d'être célébrées (éd. citée, p. 540-541). On note une rupture dans la liaison des scènes, puisque nous nous situons à présent dans la chambre d'Alidor, et non plus à l'extérieur.

131 Après le verbe *savoir* accompagné de la négation, selon Ménage, il est plus correct d'employer le subjonctif, même si l'indicatif est possible (Haase, § 80, Remarque II, p. 189).

132 L'image est un *adynaton* topique de la rhétorique amoureuse. En témoigne ce passage emprunté à l'« Histoire de Celion et Bellinde », au livre X de la première partie de *L'Astrée* : « Le Berger luy respondit avec les mesmes paroles que Philemon luy avoit dites, y adjoustant tant de plaintes, & tant de desesperez regrets, qu'elle eust esté un rocher, si elle ne se fust esmeuë [...] » (éd. citée, p. 591).

133 Sur l'infinitif négatif, voir la note portant sur « ne les avoir pas » dans l'épître dédicatoire.

Oronte qui me sert de père[134] :
Et qui, sachant mes feux, mourra de déplaisir,
Si la juste colère,
En me faisant mourir ne prévient mon désir[135].

Fasse le Ciel ce qui voudra[136],
Ma résolution tiendra
Dans les termes que je l'ai prise.
Qu'en peut-il arriver ? Suivons les lois du sort,
Puisqu'en mon entreprise [14]
Le moindre de mes maux sera toujours la mort.

Scène V

ORONTE, ALIDOR

ORONTE

Et bien, cher Alidor, avez-vous donc envie,
En vous laissant mourir de me priver de vie ?
Aurai-je le malheur de vous voir au tombeau,
Devant que vous brûliez de l'amoureux flambeau[137] ?
Devant que le démon, qui seul unit les âmes,
Vous ait fait soupirer sous l'effort de ses flammes ?

[15]

ALIDOR

Ah ! pitoyable Oronte.

ORONTE

Achevez hardiment.

ALIDOR

Que mon crime mérite un cruel châtiment !

---

134 À son tour, Alidor rappelle les liens de filiation très forts qui l'unissent à Oronte. Voir la note du vers 79.

135 Comprendre : Si la juste colère [du Ciel, évoqué au vers 189], en me faisant mourir, ne devance mon désir d'être mort.

136 *Ce qui voudra* : ce qu'il voudra.

137 *Amoureux flambeau* : Oronte file dans cette réplique la métaphore topique des flammes de l'amour, le flambeau pouvant aussi renvoyer au mariage, comme au vers 1020.

C'est trop peu que la mort, il faut que je l'avoue,
Vous me devriez punir d'une éternelle roue[138],
J'ai moi-mêmes[139] horreur du crime que j'ai fait,
Et mon ingratitude est mon moindre forfait.
Laissez-moi donc mourir, si vous n'aimez ma peine,
Votre compassion, Oronte, est inhumaine,
Vous plaignez le coupable, et foulez[140] l'innocent.

ORONTE *tout bas*[141].

Hélas ! que ce discours est pour moi bien pressant[142] !
Rassurez vos esprits, et perdez cette crainte,
Il ne faut plus couvrir votre amour d'une feinte,
Je sais que vous aimez, que l'objet de vos feux
Est l'objet qui reçoit de bon cœur tous mes vœux,
Calirie en un mot tient nos âmes captives[143],
Mais n'importe, je veux, Alidor, que tu vives[144],
Ne te tourmente plus, recouvre ta santé, [16]
Et tu posséderas cette rare beauté.

---

138 « Devriez » ne compte que deux syllabes, du fait de la synérèse, régulière dans la langue versifiée de la première moitié du siècle. Voir Éric Tourrette, « *Ouvrier, bouclier* : diérèse ou synérèse ? », *Littératures classiques*, n° 88, 2015, p. 187-199. – « ROUE, se dit aussi d'un supplice qu'on fait souffrir à de grands criminels, à qui on brise les os avec une barre de fer sur un eschaffaut, & puis on les expose, & on les laisse expirer sur une *rouë*. On condamne à la *rouë* les parricides, les assassins, les voleurs de grand chemin » (Furetière).

139 Le texte donne « mesmes » pour éviter l'élision du e caduc devant le h muet de « horreur ».

140 *Fouler* : piétiner, maltraiter.

141 Seul le premier vers de cette réplique est prononcé « tout bas ».

142 L'édition originelle donne l'orthographe concurrente « pressent », ce qui enrichit la rime graphique avec « innocent ».

143 Le motif de la prison d'amour est un *topos* bien connu de la littérature sentimentale. Voir, entre autres, *La Prison d'amour* de Baudouin de Condé (2de moitié du XIIIe siècle) et ces vers insérés dans le premier livre de la troisième partie de *L'Astrée* : « *Ce n'est donc sans raison, si dénouant mes chaines, / Je sorts de la prison où j'ay langui pour vous* » (éd. citée, p. 75).

144 *N'importe* : « On dit aussi absolument, pour montrer qu'on ne se soucie pas de quelque chose qu'on dit ou qu'on fait, *N'importe, que m'importe, qu'importe-il ? cet homme nous a quittez, qu'importe ? qu'il vienne, ou qu'il ne vienne pas, n'importe.* » (*Dictionnaire de l'Académie française*, 1694.) – Jusqu'à ce vers, les deux hommes se vouvoient, ce qui apparaît comme une marque civile de respect, tout autant que d'amitié égalitaire entre eux. À partir de cette réplique, Oronte tutoie Alidor, qui continue de le vouvoyer. Ce tutoiement non réciproque souligne moins ici l'autorité que l'oncle exerce sur le neveu, comme ce sera le cas à la scène 4 de l'acte II (voir la note du vers 569), que la familiarité complice qu'Oronte souhaite afficher, en tant que « rival ami » d'Alidor, disposé à lui sacrifier son amour. Sur ce point, voir J.-Y. Vialleton, *Poésie dramatique et prose du monde*, *op. cit.*

ALIDOR

Que le Ciel, et l'Amour me rendent misérable,
Puisque malgré mes soins vous me savez coupable !
J'espérais de[145] mourir, et de pouvoir cacher
Le coup que j'ai reçu de ce fatal Archer[146] :
Mais les Dieux qui vont voir le fond de nos pensées,
Qui savent l'avenir, et les choses passées,
Font voir que mon amour leur est bien odieux,
Puisqu'ils l'ont exposé clairement à vos yeux.
Punissez donc, Oronte, un ingrat, un parjure,
Qui vous a voulu faire une si lâche injure :
Autrement on croira que votre lâcheté
Vous fait souffrir en moi cette méchanceté.

ORONTE

Ôte de ton esprit ces passions sauvages,
Cette faute[147] est commune aux hommes les plus sages.
Au moins si c'est faillir que d'aimer ardemment,
Deux beaux yeux où l'amour commande absolument[148],
Qui maîtrisent les cœurs avec un tel empire,
Que l'on croit sans raison, qui pour eux ne soupire[149]. [C; 17]
Je l'ai bien approuvé, moi dont l'âge plus meur[150]

---

145 Sur la construction *espérer de* + infinitif, voir la note du vers 33 des stances « Au sieur de Rayssiguier ».

146 Le dieu Amour, traditionnellement représenté avec un arc et des flèches, dont il perce le cœur des amants.

147 *Cette faute* : le fait d'aimer.

148 Dans la rhétorique amoureuse néo-platonicienne, le dieu Amour loge dans les yeux de la dame, d'où il décoche ses traits dans le cœur des amants. Voir par exemple le sonnet LXI des *Amours de Cassandre* de Ronsard : « De son regard ma raison fut malade, / […] tel amas de douleurs / En ma franchise imprima son œillade » (*Les Amours* [1552], éd. Françoise Joukovsky, Paris, NRF, « Poésie/Gallimard », 1974, p. 53). Rayssiguier emploie fréquemment ce type d'image dans son théâtre. Voir entre autres ce que dit Cérinte aux vers 491-493 de *Palinice Circeine et Florice* : « Le trait que vos beaux yeux ont poussé là-dedans / A laissé dans mon cœur des désirs trop ardents / Pour le pouvoir ouïr sans mourir tout à l'heure » (éd. Marc Douguet, p. 531 dans Rayssiguier, *Théâtre complet*, éd. citée, t. I, II, 2).

149 Comprendre : « […] avec un tel empire, / Que celui qui ne soupire pas pour eux est cru sans raison ».

150 Nous conservons l'orthographe de l'édition originale afin de préserver la rime avec « humeur ». Sur cette rime permise par l'état de langue du XVIIe siècle, qui ne distinguait pas encore les sons [œ] et [y], en particulier devant la consonne r, voir la note 61

Devrait avoir changé les pensers et l'humeur ;
Mais puisqu'un même amour violente ton âme,
Que ton cœur est touché d'une pareille flamme,
Je te veux témoigner que pour ta guérison,
Si j'ai beaucoup d'amour, j'ai bien plus de raison[151].
Je ne saurais jamais avoir l'âme contente,
Si dans le désespoir la tienne était constante :
Change doncques d'humeur, espère tout d'amour,
Et tu seras bientôt éclairé d'un beau jour.
J'aime, cher Alidor, trop chèrement ta vie,
Pour souffrir qu'à ma faute[152] elle te soit ravie,
Je suis tant obligé de te la conserver[153],
Que je me voudrais perdre, afin de te sauver.
Je viendrai bien à bout de ce que je médite,
Je sais que Calirie estime ton mérite,
Je viens de l'engager à te voir plus souvent,
Et tu la connaîtras autre qu'auparavant,
Remets-toi seulement.

[18]

ALIDOR

Ô Dieux ! quelle injustice,
Me voulez-vous sauver pour vous mettre au supplice,
Moi, dis-je, dont l'amour vous offense si fort ?
Non, non, Oronte, non, j'aime bien mieux la mort,
Au moins je n'aurai plus l'horreur de vous déplaire,
Laissez-moi donc mourir, je n'ai qu'un pas à faire.
Mon esprit abattu des maux que je ressens
Est prêt d'abandonner ces membres languissants :
Possédez Calirie, ô bienheureux Oronte,
Et souffrez que la mort vienne couvrir ma honte.

---

du vers 266 de *L'Aminte du Tasse*, éditée par Jean-Yves Vialleton dans le premier tome du *Théâtre complet* de Rayssiguier (éd. citée, p. 254).

151 Rappel des vers 91-92 : « Oui je le dois céder, et ma raison plus forte / Doit faire quitter prise à l'ardeur qui m'emporte ».

152 *À ma faute* : par ma faute.

153 Oronte rappelle à nouveau la promesse faite au père d'Alidor. Voir la note du vers 79.

ORONTE

Alidor, si tu veux avancer mon trépas,
Tu n'as qu'à persister à ne m'obéir pas[154].
Mais s'il te ressouvient avec quelle tendresse,
J'ai longtemps pris le soin d'élever ta jeunesse[155],
Que je t'ai plus aimé, que tout ce que les Dieux
Ont pu jusqu'à présent faire voir à mes yeux,
Tu prendras le souci de sauver ce que j'aime[156],
Puisque de ta santé dépend ma santé même. [Cij ; 19]
Promets-le-moi, mon fils.

ALIDOR

Vous puis-je refuser[157] ?

ORONTE

Me voilà satisfait, tâche de reposer.

ALIDOR *seul.*

Que je suis combattu de diverses pensées,
Dont les unes étant des autres effacées[158],
Forment en mon esprit tant de confusion,
Que tout ce qu'il m'a dit me semble illusion !
Quelle apparence aussi qu'après tant de services,
Tant de soins, tant d'amour, et tant de bons offices,
Qu'il n'a pas employés que pour la posséder[159],

---

154 Sur l'infinitif négatif, voir la note portant sur « ne les avoir pas » dans l'épître dédicatoire.

155 Sur les liens qui unissent Oronte et Alidor, voir la note du vers 79. Ces derniers justifient l'appellatif dont Oronte se sert au vers 273 (« mon fils »).

156 « *Ce qui* et *ce que* se rapportent couramment à des personnes (au lieu de *celui*, *celle*, *qui*, *que*), non seulement au XVIIe siècle, mais encore dans la langue classique du XVIIIe siècle » (Haase, § 35, Remarque II).

157 Le *Dictionnaire de l'Académie française* (1694) enregistre cette construction de *refuser* : « [...] *ne vous hazardez pas à luy demander cela, il vous refusera. vous serez refusé tout net, tout à plat.* »

158 Comprendre : Dont les unes étant effacées par les autres. Le complément d'agent est régulièrement introduit par *de* en français classique.

159 Nathalie Fournier rappelle que la corrélation *ne...pas...que*, condamnée par Vaugelas, « est cependant très usuelle ». L'uniceptif *que* est dans ce cas glosable par *sinon* (§ 366, p. 241).

Lors qu'il en est au point[160], il la veuille céder !
Non, non, c'est un effet de notre rêverie,
Calirie aime Oronte, Oronte Calirie,
Et l'on pourra plutôt allumer des glaçons,
Et rendre les rochers fertiles en moissons[161],
Que de pouvoir[162] jamais éteindre cette flamme,
Qu'un amour mutuel entretient dans leur âme :
Mourons doncques, mourons, et cessons d'espérer [20]
Ce que je ne dois pas seulement désirer.
Toutefois l'amitié qu'Oronte me témoigne[163]
Semble m'offrir le port, lorsque je m'en éloigne[164],
Je vois qu'il est touché si fort de mon ennui,
Que je ne parais pas si malade que lui,
Et je serais ingrat à cette amitié forte[165],
Si je ne recevais le bonheur qu'il m'apporte.
Mais voici cet objet[166], auteur de mes douleurs,
Voici ces yeux vainqueurs cause de mes malheurs ;
Adorons-la pourtant, c'est sans idolâtrie[167],
La Majesté des Dieux se trouve en Calirie[168].

---

160 « POINT, se dit aussi de la designation d'un certain endroit, d'un certain terme. L'homme ne peut arriver au dernier *point* de perfection en quelque chose que ce soit. Cet homme est heureux au dernier *point*, il est parvenu au plus haut *point* des honneurs & des dignitez [...] » (Furetière).

161 Alidor recourt une nouvelle fois à des *adynata* topiques de la littérature amoureuse. Sur l'image du rocher, voir la note du vers 179.

162 Comprendre : Qu'on ne pourra... Sur la construction *plutôt que de*, voir la note correspondante de l'épître dédicatoire.

163 Les deux constructions *témoigner N / de N* sont concurrentes au XVIIe siècle (Fournier, § 73, p. 62).

164 La métaphore du port comme lieu de repos après les tempêtes et les naufrages de la vie est topique dans la littérature depuis l'Antiquité, mais elle est particulièrement présente dans le roman sentimental du début du XVIIe siècle comme image du bonheur amoureux enfin atteint (voir *L'Astrée. Première partie*, éd. citée, livre VI, p. 383, note 41).

165 Comprendre : Je me montrerais ingrat envers cette amitié forte. Haase signale la construction *ingrat à* (§ 125, p. 336).

166 Sur la liaison de présence et de discours entre deux scènes, voir la note du vers 55.

167 *Idolâtrie* : « Adoration des idoles, culte des faux Dieux. *Ces peuples estoient encore dans l'idolatrie, adonnez à l'idolatrie.* / Il signifie aussi fig. Amour excessif. *Il aime cette femme jusqu'à l'idolatrie.* » (*Dictionnaire de l'Académie française*, 1694.)

168 Alidor reprend dans ces deux vers l'idée néo-platonicienne que la beauté de Calirie est l'incarnation sur terre de la Beauté céleste. Cette conception apparaît déjà dans le monologue liminaire d'Oronte (voir en particulier le vers 20 et la note correspondante).

Oronte, je vois bien que c'est sans fiction
Que tu me veux aider en mon affection.

[Ciij ; 21]

Scène VI

CALIRIE, ALIDOR

CALIRIE

Alidor, voulez-vous[169] être toujours malade,
Durant cette saison propre à la promenade,
Que[170] tout se réjouit, que les champs sont si beaux,
Que les arbres ont pris des visages nouveaux[171] ?
Vous à qui la jeunesse, et la beauté promettent[172]
Tous les plus doux plaisirs[173] que les Dieux nous permettent,
Qui, vertueux, courtois, prudent en vos discours,
Aux meilleurs entretiens devez passer vos jours,
Voulez-vous donc laisser votre âme ensevelie [22]
Dans les noires vapeurs de la mélancolie,
Et pour quelque chagrin[174] conçu légèrement,
Ruiner[175] votre estime, et votre jugement ?

---

169 Contrairement à Oronte et Calirie, les deux personnages se vouvoient, ce qui marque la distance qui les sépare et leur absence de familiarité. Sur ce point, voir J.-Y. Vialleton, *Poésie dramatique et prose du monde*, *op. cit.*

170 Les trois occurrences de *que* aux vers 305-306 sont l'équivalent de l'adverbe relatif *où* (Spillebout, p. 158).

171 Ces vers fournissent une indication temporelle : l'intrigue de la pièce se déroule au printemps, saison de l'amour et de la reverdie. De même, l'incipit de *L'Astrée* s'ouvre au mois de mars (*L'Astrée. Première partie*, éd. citée, livre I, p. 123, note 29).

172 Thamire souligne lui aussi la beauté et les qualités morales de Calidon lorsqu'il revient, âgé de dix-huit ans, de la province des Boyens : « Il estoit grand plus que l'ordinaire de son aage, il avoit la taille belle, le visage des plus agreables pour un teint clair brun, au reste le discours bon, & la façon plus relevée que sa condition peut estre ne requeroit pas, mais toutesfois nullement glorieuse ny meslée de mépris » (*ibid.*, IIe partie, livre I, p. 68). La jeunesse d'Alidor s'oppose à l'âge mûr d'Oronte, que celui-ci a rappelé au vers 237.

173 Haase précise : « *Tout* s'employait aussi pour donner plus de force à l'expression, tour rare aujourd'hui ». Il mentionne la construction *tout* + superlatif (§ 46, Remarque II, p. 100-101).

174 *Chagrin* : le mot, qui a un sens fort en français classique, est synonyme de *mélancolie*. Sur l'humeur noire, voir notre introduction, « Sous l'ombre de Saturne : les blessures de la mélancolie ».

175 Dans un texte versifié, *ruiner*, formé à partir de *ruine*, se prononce en trois syllabes, avec une diérèse : [Ryine]. Voir Georges Lote, *Histoire du vers français*, Aix-en-Provence,

Chacun est étonné de votre maladie,
Voyant qu'elle s'accroît lorsqu'on y remédie,
Votre oncle qui n'est plus qu'un corps demi-vivant,
Ne se peut conserver, sinon en vous sauvant.
On dit publiquement, que ce n'est que tristesse,
Que quelque déplaisir dedans l'âme vous presse,
Faut-il qu'un déplaisir soit en vous si puissant
Qu'il vous porte au désir de vous voir languissant ?
Non, non, brave Alidor, forcez cette manie,
Chassez les mouvements d'un si triste génie,
Et recouvrant bientôt la force et la santé,
Reprenez votre humeur, et votre gaieté[176].
Que si[177] vous persistez en votre humeur farouche,
On vous laissera seul languir dans votre couche,
Personne ne voudra vous voir, ni vous ouïr,
Ne parlez doncques plus que de vous réjouir.

[23]

ALIDOR

Parfaite Calirie, adorable merveille,
Dont le prudent discours, tout d'un coup me réveille,
Et tire mes esprits d'un assoupissement,
Qui n'eût jamais fini que dans le monument,
Quelque juste tristesse où mon âme se plonge,
Et de quelque souci dont mon esprit se ronge,
Que je me trouve heureux parmi tous mes ennuis,
Puisque vous me plaignez en l'état où je suis,
Et que votre pitié pour moi trop favorable,
Prend part aux déplaisirs d'un homme misérable !
Si vous saviez pourtant quelle juste raison
Me fait chercher ma mort, et non ma guérison[178],
Vous diriez qu'Alidor est digne du tonnerre,

Université de Provence, 1991, t. VI, Livre 6, chap. III, accessible en ligne, URL : https://books.openedition.org/pup/1362?lang=fr (consulté le 22/07/2024).

176 Le mot « gaieté » compte trois syllabes, comme le montre l'orthographe de l'édition originale, « gayeté ».

177 *Que si* : voir la note portant sur « que s'il y en avait de si ignorants » dans l'épître dédicatoire.

178 Sur l'emploi pléonastique du déterminant possessif, voir la note du vers 52.

Qu'il ne mérite pas de marcher sur la terre,
Et qu'il devait[179] mourir dès le premier moment
Qu'il osa…

CALIRIE

Poursuivez, ne craignez nullement.

ALIDOR[180]

Alidor, que fais-tu ? Pense à ton infortune,
Elle est particulière, et tu la rends commune[181]. [24]
Beauté qui pouvez tout, accordez-moi ce point,
Que s'il est commencé, je ne l'achève point[182].

CALIRIE

Vous voilà retombé dans votre rêverie,
Il vous faut divertir[183].

ALIDOR

Aimable Calirie,
L'honneur de vous parler, de vous voir seulement,
Surpasse le plaisir du divertissement,
Un regard de vos yeux, un mot de votre bouche
Me peuvent relever de cette triste couche,
Vous seule pouvez plus que tous les Médecins,
Qui, nous voulant guérir, deviennent assassins[184].

179 « Devait » a ici la valeur modale du conditionnel passé « aurait dû », « glose qui explicite la non-réalisation du procès à l'infinitif » (Fournier, § 382, p. 266).

180 Les deux premiers vers de cette réplique sont prononcés en aparté.

181 Alidor entend ici qu'en acceptant de divulguer son « infortune », il en fait un malheur ordinaire, et non plus exceptionnel.

182 Richelet relève que la rime entre deux homonymes n'est pas interdite : « Un mesme mot rime avec soi-mesme, lors qu'il est dans une signification diferente » (*La Versification françoise*, *op. cit.*, chap. XXXVII, p. 212).

183 Calirie répète ici ce qu'elle a dit à Oronte aux vers 120-122, mais aussi le commandement que celui-ci lui a donné aux vers 133-134.

184 Sur cette satire traditionnelle des médecins, absente dans le passage de *L'Astrée* qui sert de source à Rayssiguier, voir Patrick Dandrey, *La Médecine et la maladie dans le théâtre de Molière*, Paris, Klincksieck, « Bibliothèque française et romane. Série C », 1998, 2 vol.

CALIRIE

Si par mon entretien, et si par mes visites
Vous pouvez, Alidor, guérir comme vous dites,
J'espère en peu de temps de[185] vous voir en santé :
Reposez là-dessus.

ALIDOR *lorsqu'on cache le lit.*

Ô Ciel ! que de bonté !
Oronte, quel moyen de pouvoir reconnaître [D ; 25]
Cette extrême amitié que tu me fais paraître ?

CALIRIE *seule.*

Ou je me trompe fort, ou j'ai bien reconnu
La nature du mal dont il est détenu[186],
Tous ces bégaiements, ces transports, ces œillades[187]
Ne sont pas accidents communs aux corps malades[188].
Mais quoi qu'il en puisse être, il faut continuer
Jusqu'à ce que son mal vienne à diminuer,
Alors ayant parfait[189] ce que demande Oronte,
Je lui témoignerai qu'il a mal fait son compte[190],
Et que sans l'amitié que son oncle a pour lui,
J'aurais sans me fâcher supporté son ennui.
Mais que ne peut Oronte, à qui dès mon enfance
J'ai sur mes volontés donné toute puissance[191] ?

---

185 Sur la construction *espérer de* + infinitif, voir la note du vers 33 des stances « Au sieur de Rayssiguier ».

186 *Détenu* : arrêté, retenu au lit.

187 Le mot « bégaiements » compte quatre syllabes, comme le montre l'orthographe de l'édition originale, « begayemens ». – *Œillade* : regard, coup d'œil.

188 Calirie décrit ici, dans des vers qui se lisent comme des didascalies internes, les symptômes de la mélancolie érotique qui frappe Alidor. Sur ce point, voir notre introduction, « Sous l'ombre de Saturne : les blessures de la mélancolie ».

189 *Parfaire* : achever, accomplir.

190 « On dit aussi fig. *Faire son compte. trouver son compte*, pour dire, Trouver du profit & de l'avantage. *Il a bien fait son compte dans cette recepte. il a bien fait son petit compte dans ce traitté. il y a trouvé son compte. ne choquez pas cet homme-là, vous n'y trouverez pas vostre compte* » (*Dictionnaire de l'Académie française*, 1694). On trouve, dans l'édition originale, l'orthographe « conte », qui enrichit graphiquement la rime avec « Oronte ». Les graphies *conte* et *compte* sont encore concurrentes dans la première moitié du siècle.

191 L'amour né dans l'enfance est un lieu commun de la littérature pastorale, au moins depuis le roman grec *Daphnis et Chloé*. On le trouve évoqué à de nombreuses reprises

[26]

ACTE II

Scène I

CINTILLE *sous le nom d'Alcandre*, ORCAN,
vieux gentilhomme qui l'accompagne

CINTILLE

J'ai bien changé de lieu, mais le même souci
Qui me troublait chez moi, m'afflige encore ici.
J'ai bien changé d'habit, mais non pas de fortune,
Puisque la même ardeur encore m'importune,
Que j'ai dedans le sein, cet ennemi cruel[192] [Dij ; 27]
Qui me rend en tous lieux le mal continuel.
Dieu dont la providence entretient toutes choses,
Qui des biens et des maux à ton plaisir disposes,
As-tu fait notre sexe ainsi faible et craintif,
Pour le tenir toujours injustement captif ?
L'as-tu fait sans défense, afin qu'il soit la proie
De ces monstres cruels qui nous privent de joie,
De ces hommes ingrats, dont l'affront violent
S'est acquis dessus nous un empire insolent ?
Et bien si tu l'as fait, avec quelle justice
Es-tu notre ennemi, pour leur être propice[193],
Et pourquoi souffres-tu que nos yeux, et nos cœurs
Se liguent contre nous pour suivre ces vainqueurs[194] ?

---

dans *L'Astrée*, en particulier lorsque la naissance de l'amour entre Astrée et Céladon est racontée (éd. citée, Ire partie, livre IV, p. 260 *sq.*), mais aussi dans *L'Aminta* du Tasse. Voir Jean-Pierre van Elslande, *L'Âge des enfants (XVIe-XVIIe siècles)*, Genève, Droz, « Les seuils de la modernité », 2019. « Dans la littérature romanesque de l'âge baroque, la supériorité morale de ces jeunes amours ne tient pas à leur naïveté, mais au fait qu'elles se conjuguent plus aisément avec une éducation du désir » (*L'Astrée*, éd. citée, Ire partie, livre VII, p. 419, note 25).

192 Cette périphrase désigne le dieu Amour, comme le montre le fait que Cintille l'apostrophe à partir du vers 383. Le terme « ennemi » est d'ailleurs répété au vers 392.

193 Sur la valeur causale de *pour*, voir la note du vers 76.

194 Le *topos* de la *militia amoris* a déjà été développé par Oronte dans son monologue liminaire (voir le vers 20 et la note correspondante).

Nous trouvons des douceurs en ces tyrans infâmes,
Et nommons nos amis les bourreaux de nos âmes,
Nous les aimons alors qu'ils nous peuvent haïr,
Et nous fions[195] en ceux qui nous veulent trahir.

ORCAN

Madame, où pensez-vous[196] ? Finissez vos saillies,
Les Dieux n'ont point de part en toutes vos folies, [28]
Leur providence est grande agissant[197] dessus nous,
Pour un homme trompeur[198] ne les blâmez pas tous.

CINTILLE

Orcan, que puis-je faire ? Alidor m'a séduite,
J'ai quitté mon pays pour arrêter sa fuite,
J'ai laissé mes parents, oublié mon devoir,
Pour avoir le bonheur encore de le voir[199] :
Un mois s'est écoulé depuis notre arrivée[200],
Et je me vois pourtant de ce bonheur privée.

ORCAN

Une mélancolie, à ce que l'on m'a dit,
Le tient depuis longtemps malade dans un lit,
Sans qu'on puisse donner une cause certaine
Du cruel déplaisir, dont s'entretient sa peine.
Peut-être le remords que son âme ressent

195 Comprendre : Et nous nous fions. Comme devant « nommons », le pronom sujet n'est pas répété. Sur l'omission du sujet clitique, voir la note portant sur « et se résout » dans l'Argument.

196 Comprendre : À quoi pensez-vous ? N. Fournier rappelle la très grande liberté d'emploi de *où* en français classique : « *Où* a tous les emplois des morphèmes en *qu-* [...] » (§ 312, p. 211 ; voir aussi le § 313, avec une attestation du même tour chez Malherbe).

197 Comprendre : en agissant, « lorsqu'ils agissent ». Sur l'absence de préposition devant le gérondif, voir la note portant sur « s'excusant » dans l'Argument.

198 Comprendre : Parce qu'il existe un seul homme trompeur.

199 Ces vers, de même que les deux premiers de la scène, sont un rappel de l'épisode de *L'Astrée* qui sert ici de source à Rayssiguier, l'« Histoire de Lydias & de Mélandre » (Ire partie, livre XII). Mélandre, originaire de Bretagne, a quitté Londres après avoir été séduite puis abandonnée par Alidor. Sur les sources de la pièce, voir notre introduction, « La double matière urféenne ».

200 Cette précision donne une indication temporelle sur les événements qui ont précédé l'ouverture de la pièce. Au vers 957 (III, 5), on apprendra qu'Alidor n'aime Calirie que depuis « deux mois ».

D'avoir quitté vos yeux le rend si languissant,
Et l'on le[201] peut juger avec quelque apparence.

CINTILLE

Ah ! ne me flatte point d'une telle espérance.

[Diij ; 29]

ORCAN

Il faut voir Florintor, qui m'a déjà promis,
Qu'il vous le ferait voir sitôt qu'il soit remis[202].

CINTILLE

Mais il est amoureux si fort de Mélissée,
Qu'il porte rarement autre part sa pensée.

ORCAN

Le voici[203].

CINTILLE

Florintor.

FLORINTOR

Je vous allais chercher,
Alidor aujourd'hui commence de marcher[204],
Je le viens de quitter fort satisfait d'apprendre,
Qu'il était cher encor au souvenir d'Alcandre,
Et ne tiendra qu'à vous que vous ne le voyiez[205].

---

201 Sur la référence large du pronom neutre « le », voir la note portant sur « qui le puissent exprimer » dans l'épître dédicatoire.

202 Après *sitôt que*, c'est d'ordinaire le mode indicatif qui est employé, comme en français d'aujourd'hui (Fournier, § 527, p. 356 et Haase, § 65).

203 Si les théoriciens du théâtre (l'abbé d'Aubignac, le P. Lamy, Morvan de Bellegarde…) notent qu'il doit y avoir changement de scène dès qu'un nouveau personnage entre sur le plateau ou en sort, Jacques Scherer rappelle qu'il y a de nombreuses exceptions dans le découpage des scènes, surtout dans la première moitié du siècle (*La Dramaturgie classique en France* [1950], Paris, Armand Colin, 2014, p. 313-314).

204 Cette précision montre qu'il ne s'est écoulé que très peu de temps depuis la fin de l'acte I, Alidor ayant quitté son lit dans la dernière scène de celui-ci. Sur le respect de l'unité de temps dans la pièce, voir notre introduction, « Le genre en question ».

205 Comprendre : Et il ne tiendra qu'à vous que vous ne le voyiez. L'ellipse du pronom sujet devant un verbe impersonnel est un archaïsme (Spillebout, p. 198-199). L'édition originale donne l'indicatif « voyez ». Nous corrigeons. Dans ce type de tour, c'est le mode

CINTILLE

J'estime maintenant vos soins bien employés.
Allons-y.

FLORINTOR

Vous voyez auparavant la belle[206],
Qui depuis si longtemps se montre si cruelle, [30]
Et nous visiterons Alidor sur le soir,
Aussi bien[207] ne peut-on à cette heure le voir.

CINTILLE

Allons si vous croyez que je vous sois utile[208].

FLORINTOR

Je crois que vos discours me la rendront facile[209].

---

subjonctif que l'on trouve dans la complétive, en français classique comme en français d'aujourd'hui. « On dit, qu'*Il ne tient pas à quelqu'un, qu'une chose ne se fasse*, pour dire, que *Ce n'est pas luy qui y apporte de l'obstacle*, ou pour dire, qu'*Il y contribuë autant qu'il peut. Il ne tient pas à moy qu'il n'ait satisfaction, ce n'est pas moy qui en empesche.* [...] » (*Dictionnaire de l'Académie française*, 1694.)

206 Comprendre : « Vous verrez auparavant Mélissée », qui apparaît à la scène suivante. On observe une rupture de la liaison des scènes, la scène suivante ayant lieu dans la galerie de la demeure de Mélissée, comme on l'apprendra au vers 476 de la scène 3.

207 « *Aussi-bien.* Sert encore à rendre raison de la proposition qui a precedé. *Je n'iray point, aussi-bien il est trop tard. je n'ay que faire de l'en prier, aussi-bien il n'en fera rien, aussi-bien n'en fera-t-il rien.* » (*Dictionnaire de l'Académie française*, 1694.) Ce connecteur adverbial entraîne la postposition du sujet.

208 Après *croire*, verbe d'opinion, l'indicatif et le subjonctif sont tous les deux possibles dans la première moitié du siècle. Ce n'est qu'à la fin du siècle que l'indicatif a tendance à s'imposer, *croire* étant rapproché de verbes de connaissance comme *savoir* (Fournier, § 501, p. 344). Le choix du mode est d'ordre énonciatif : le subjonctif « a pour fonction de marquer la réticence du sujet énonciateur à asserter le contenu de la complétive [...] » ; il est « le signe que l'opinion du sujet énonciateur, qui refuse d'assumer l'assertion de la complétive, est en discordance avec l'opinion du sujet énoncé, qui devrait normalement l'asserter » (*ibid.*, § 503, p. 345). Ici, tandis que Cintille exprime, par le choix de ce mode, ses doutes quant à ses capacités de pouvoir rendre Mélissée favorable à Florintor, celui-ci s'en déclare persuadé, comme il l'indique au vers suivant en choisissant au contraire l'indicatif (« rendront »).

209 *Facile* signifie ici « indulgente, favorable, douce ».

[31]

Scène II

MÉLISSÉE *seule.*

Une secrète ardeur se glisse dans mes os,
Qui me gâte l'esprit, et m'ôte le repos.
Que fais-tu, ma raison, serais-tu bien lassée
De régler les transports qui troublent Mélissée ?
Non, non, viens empêcher que ce lâche vainqueur[210]
Te chassant de chez moi ne me gagne le cœur,
Que dis-je qu'il ne gagne, il le tient, il l'emporte,
Et pour lui résister tu n'es pas assez forte.
Cette jeune beauté, cette aimable douceur,
Que fait voir à mes yeux ce nouveau ravisseur[211],
Ce teint pareil aux fleurs que l'on n'a point touchées,
Et mille autres beautés en son esprit cachées, [32]
Me ravissent les sens, et forcent ma raison
D'adorer son vainqueur, et d'aimer ma prison[212].
Reprends, reprends tes sens, force cette manie,
Rejette les conseils d'un si mauvais génie,
Mets-toi devant les yeux l'humeur des jeunes gens,
Qui se voyant aimés sont plus désobligeants[213] ;
Ce n'est qu'un étranger de qui[214] la vaine gloire
Méprisera peut-être une telle victoire,
Et s'il est engagé, son insolent mépris
Lui fera négliger le cœur qu'il aura pris.
Inutiles pensers, images effacées
Par celles que l'amour a dans mon cœur tracées[215],

210 La périphrase désigne Cintille, que Mélissée aime sous la fausse identité d'Alcandre. Sur le *topos* de la *militia amoris*, voir la note du vers 20.

211 Mélissée désigne toujours ici Cintille-Alcandre, qui a « emport[é] » son cœur (v. 439 ; voir aussi le vers 454). Elle joue sur le sens propre de *ravisseur* (« Qui ravit, qui enleve avec violence une femme, une fille ») et sur le sens figuré de *ravir*, au vers 445 (« Enlever l'esprit par un transport d'admiration, de joye, &c. », *Dictionnaire de l'Académie française*, 1694).

212 Sur le *topos* de la prison d'amour, voir la note du vers 215.

213 *Désobligeants* : incivils, impolis.

214 Sur *de qui* au sens de « dont », voir la note correspondante de l'épître dédicatoire.

215 Dans la tradition néo-platonicienne, le dieu Amour, en décochant ses flèches depuis les yeux de l'objet aimé, « engrave » le portrait de celui-ci dans le cœur de l'amant (voir

Faibles ressentiments, ne me résistez plus,
Votre désir est vain, vos efforts superflus.
L'adorable sujet de mon inquiétude
A des perfections, qui sont tout mon étude[216],
Qui sont tout mon bonheur, ma raison et mes soins.
Insensibles objets[217], vous en êtes témoins,
Je ne l'ai dit qu'à vous, car mon ardeur secrète
N'a point les mouvements de ma flamme indiscrète. [E ; 33]
Ô Dieux ! je suis surprise, assurons nos esprits,
Et les forçons[218] à feindre encore qu'ils soient pris,
J'ois venir quelques-uns[219], l'agréable visite,
Si cet autre importun[220] n'était pas de sa suite,
N'importe[221], je feindrai d'avoir pitié de lui,
Et d'être résolue à finir son ennui,
Mais de façon pourtant que le divin Alcandre,
S'il ne manque d'esprit, me pourra bien entendre[222].

[34]

Scène III

FLORINTOR, CINTILLE, MÉLISSÉE

FLORINTOR

Madame, pardonnez cette incivilité[223],

M. Ficin, *Discours de l'honneste amour*, *op. cit.*).

216 Le genre du mot *étude* n'est pas encore fixé en moyen français : http://www.atilf.fr/dmf/definition/étude (consulté le 22/07/2024). Vaugelas le déclare féminin, au singulier comme au pluriel (*Remarques sur la langue françoise*, p. 181).

217 Mélissée s'adresse aux entités abstraites qu'elle vient d'énumérer aux vers 460-461 : son « étude », son « bonheur », sa « raison » et ses « soins ».

218 Sur la place du clitique dans les séquences avec impératifs affirmatifs coordonnés, voir la note du vers 859.

219 La forme conjuguée « ois » est l'indicatif présent du verbe *ouïr*. Ce verbe est encore couramment employé dans la première moitié du XVIIe siècle (Spillebout, p. 183). – Spillebout signale l'emploi de l'indéfini *quelques-uns* au pluriel (p. 109), là où le français d'aujourd'hui préfère le singulier, ou bien un groupe nominal de sens indéfini (*des gens, des personnes*…).

220 Mélissée désigne ainsi Florintor.

221 Sur cette interjection, voir la note du vers 216.

222 C'est en effet la conduite que Mélissée va adopter dans la scène suivante, notamment aux vers 507-510.

223 « *Incivilité*, s. f. Action contraire à la civilité » (Richelet, *Dictionnaire français*, 1680). Florintor désigne par ce terme le fait de rompre la solitude de Mélissée sans qu'Alcandre

Puisqu'elle ne nous vient que de votre beauté.
Nous avons diverti l'aimable rêverie,
Qui vous entretenait dans cette galerie[224] ;
Mais l'amour dans mon sein est pour vous si puissant,
Que loin de vos beaux yeux je meurs en languissant,
Et pour cette raison, je me croirais coupable [Eij ; 35]
Des crimes dont jamais un homme fût capable,
Si je laissais passer la moindre occasion
De montrer quelque effet de mon affection ;
Quoique depuis deux ans que ma passion dure[225],
Vous ayez ri toujours des tourments que j'endure,
Que votre cruauté ne m'ait point fait de jour
Pour donner quelque espoir à mon fidèle amour.

MÉLISSÉE

Les hommes, Florintor, ont certaine science
À feindre leurs transports, et leur impatience
Que[226] nos faibles esprits peuvent malaisément
Asseoir sur leurs discours un faible jugement.
C'est pourquoi, Florintor, de peur d'être surprise
Je ris de vos discours, et de votre entreprise,
Et si vous me voulez obliger désormais,
Lorsque vous me verrez ne m'en parlez jamais ;

---

et lui aient été annoncés. Sur l'incivilité, voir les travaux du séminaire *(In)civilités : langue, discours, société*, dirigé par Delphine Denis, Sorbonne Université, 2021-2024, dont les actes sont à paraître aux éditions Brepols.

224 *Galerie* : « Lieu couvert d'une maison qui est ordinairement sur les ailes, où on se promène » (Furetière). Il s'agit d'un espace d'agrément, qui peut accueillir des tableaux, très prisé dans les riches demeures à partir de la Renaissance, sur le modèle de l'architecture italienne. Sur les différents lieux de la pièce, voir notre introduction, « Le genre en question ».

225 Marc Douguet, dans son édition de *Palinice Circeine et Florice* (Rayssiguier, *Théâtre complet*, éd. citée, t. I, note 201 du vers 986, p. 558), rappelle que : « "Deux ou trois ans" est la durée habituelle pendant laquelle l'amant fait sa cour sans obtenir aucune faveur de sa maîtresse, comme, par exemple, Aminte amoureux de Sylvie [dans *L'Aminte* de Rayssiguier, I, 2, v. 391-393], Florintor de Mélissée [...] ou Alidor de Clorise (Baro, *La Clorise*, Paris, François Pomeray, 1629, II, 1, p. 31 : "Depuis plus de deux ans sa peine m'est connue"). » Le faux Alcandre mentionne également cette durée topique du sentiment amoureux, signe de constance, au vers 501.

226 Comprendre : si bien que.

C'est trop m'importuner de vos chimères[227] vaines,
Trop me rompre l'esprit[228] de vos maux, de vos chaînes.

CINTILLE

Mélissée, ah ! c'est trop, rétractez, rétractez,
En faveur d'un Amant ces grandes cruautés, [36]
Ne désespérez point un homme dont la flamme
Est toute de respect, tout exempte de blâme,
Qui vous aime si fort que deux ans de mépris
N'ont encore changé ses amoureux esprits.
Il a des qualités si belles, et si rares,
Qu'il se ferait aimer des âmes plus barbares[229],
Et si le Ciel m'avait fait fille comme vous[230],
Je vous disputerais un entretien si doux.

MÉLISSÉE

Vous me le faites voir avecques tant de charmes,
Qu'enfin vous me pourriez faire rendre les armes,
Et bien, bien, Florintor, espérez en vos feux,
Puisqu'un second[231] si fort se vient joindre à vos vœux.

FLORINTOR

Ô bienheureux Amant, pourvu que Mélissée,
Avec ce peu de mots explique sa pensée !

---

227 *Chimères* : imaginations sans fondement.

228 *Rompre l'esprit* : importuner (« On dit fig. & prov. *Rompre la teste à quelqu'un*, pour dire, Luy faire trop de bruit, ou l'importuner par des discours hors de temps, hors de saison. On dit dans le mesme sens, *Rompre les oreilles. vous nous rompez à tous momens les oreilles de la mesme chose* », *Dictionnaire de l'Académie française*, 1694).

229 Comprendre : les plus barbares. Sur la construction du superlatif relatif, voir la note du vers 106 des stances « Au sieur de Rayssiguier ».

230 Ce vers joue sur la double énonciation théâtrale, l'ironie de la situation n'étant perçue que du spectateur.

231 « SECOND, au substantif signifie aussi, Celuy qui aide à un autre, qui le sert. Ce Prelat a un bon *second*, en parlant d'un Vicaire ou d'un Coadjuteur. [...] Les *seconds* dans les duels sont d'une invention diabolique » (Furetière). Mélissée emploie ici ce terme en relation avec l'univers du duel, puisqu'elle vient de faire allusion à ses armes (sur le *topos* de la *militia amoris*, voir la note du vers 20).

MÉLISSÉE

Mais vous, dont les discours montrent à découvert,
Que d'un trait amoureux votre cœur est ouvert[232],
Je crois que la beauté, qui de vous est servie,
Passe en vos entretiens une fort douce vie, [Eiij ; 37]
Et que d'un même coup tous vos deux cœurs blessés[233]
D'un réciproque amour se sont récompensés.

CINTILLE

Que vous renouvelez une plaie indicible !
La cruelle, au contraire, est du tout insensible,
Elle me fait[234] ainsi qu'un cruel ennemi,
Et ne m'a point encor écouté qu'à demi,
C'est elle qui m'a fait errer sans espérance,
Et dont les cruautés m'ont fait venir en France,
Mais, Madame, laissons cet entretien fâcheux.

MÉLISSÉE

Les hommes plus aimés[235] se feignent malheureux ;
Et quoi que vous disiez vous avez quelque grâce
Capable d'échauffer les marbres et la glace,
Et c'est trop affecter cette sévérité,
Que de[236] vouloir parler contre la vérité,
Et n'imaginez pas que je vous tienne quitte,
Lorsque vous m'aurez dit son nom, et son mérite ;
Si vous êtes courtois, vous nous direz encor[237]
Quel est l'heureux pays qui garde ce trésor. [38]

---

232 Sur les flèches de l'amour fichées dans le cœur de l'amant, voir la note du vers 222.

233 Sur l'emploi de *tout* comme renforcement, voir la note du vers 308. Haase mentionne le tour *tous* + *les deux* + substantif, disparu en français moderne, dont on trouve une variante ici (§ 46, Remarque II, p. 100-101).

234 Comprendre : Elle agit avec moi.

235 Comprendre : les plus aimés. Sur la construction du superlatif relatif, voir la note du vers 106 des stances « Au sieur de Rayssiguier ».

236 Dans ce tour avec présentatif focalisant, l'infinitif peut être précédé de l'indice *de* en française classique. N. Fournier donne un exemple, emprunté à La Fontaine, d'infinitif construit en prolepse que l'on peut rapprocher de notre passage : « De raconter quel sort les avait assemblés [...] / C'est un récit de longue haleine » (§ 401, p. 280).

237 La graphie « encor » permet ici d'assurer la rime masculine avec « trésor ».

CINTILLE

Madame, excusez-moi, si je vous le[238] refuse.

FLORINTOR

Non, non, Alcandre, non, ne cherchez point d'excuse,
Accordez, s'il vous plaît, à nos justes désirs
Le récit de vos maux, et de vos déplaisirs ;
Vous en êtes prié d'une bouche si belle,
Qu'un refus deviendrait une offense mortelle.

CINTILLE

Et bien, quand je devrais souffrir mille tourments
Au récit malheureux de mes feux véhéments,
Je vous ferai savoir quelle fut leur naissance,
Et qui sont les beaux yeux dont je sens la puissance.

MÉLISSÉE

Nous serons dans ma chambre avec plus de repos,
Personne n'y viendra rompre notre propos.

CINTILLE *tout bas.*

Il sera bien aisé d'inventer quelque songe,
Et de couvrir mes feux de l'ombre du mensonge[239].

---

238 « Le », pronom neutre, anaphorise le contenu des vers 532-534 (à savoir : dire le nom, le mérite et l'heureux pays de celle qu'est supposé aimer le faux Alcandre). Sur cette référence large du pronom, voir la note portant sur « qui le puissent exprimer » dans l'épître dédicatoire.

239 Sur la fortune de la rime « songe »/« mensonge » dans la littérature versifiée, notamment dans le roman médiéval, voir Renate Blumenfeld, « Remarques sur Songe/Mensonge », *Romania*, t. 101, n° 403, 1980, p. 385-390. *Songe* a ici le sens d'« invention produite par l'imagination ».

[39]

Scène IV

ORONTE, ALIDOR[240]

ORONTE *seul.*

On n'a jamais parlé de semblable malheur,
Je travaille moi-même à nourrir ma douleur,
Je suis ingénieux à chercher mon dommage,
Et fais des coups de fou pour me montrer trop sage[241].
N'est-ce pas être fou de faire des efforts
De[242] conserver autrui pour souffrir mille morts ?
Car de quelque façon que mon soin réussisse,
Je vois toujours ouvert pour moi le précipice :
Si Calirie l'aime, et finit son tourment, [40]
Je ne souffrirai pas une mort seulement,
Que si[243] cette amitié qu'elle m'a tant jurée,
Au malheur d'Alidor la rendait conjurée[244],
Que deviendrais-je, ô Dieux ! si je voyais périr
Celui que de mon sang[245] je voudrais secourir ?
Que de confusion met l'amour dans mon âme !
Je voudrais conserver Alidor, et ma flamme,
Et je me vois contraint de perdre l'un des deux.
Je puis sauver pourtant en moi-même mes feux,
Encore qu'Alidor épouse Calirie.
Le voici tout plongé dedans sa rêverie.

---

240 On note une nouvelle rupture dans la liaison des scènes (sur ce point, votre notre introduction, « Le genre en question »). Alidor entre en scène au vers 568, comme l'indique la didascalie interne.

241 Sur la valeur causale de *pour*, voir la note du vers 76.

242 La préposition *de* construit ici un complément de but (« faire des efforts / Pour conserver autrui »). Voir Spillebout, p. 329.

243 Sur *que si*, voir la note portant sur « que s'il y en avait de si ignorants » dans l'épître dédicatoire.

244 Le verbe *conjurer* se construit la plupart du temps de manière transitive directe (*conjurer le malheur de quelqu'un*) ou avec la préposition *contre* (*conjurer contre quelqu'un*). Ici, en l'absence de la préposition, on peut comprendre : « si cette amitié [...] la rendait hostile, pour le malheur d'Alidor ».

245 Comprendre : par/au moyen de mon sang.

ALIDOR

Mon père[246], je vois bien que vos soins superflus,
Selon votre désir ne me secourent plus.
Depuis que Calirie a vu que la tristesse
Abandonnait mon âme, et mon corps sa faiblesse[247],
Ses visites soudain rares ou sans effet,
M'ont fait espérer peu de tout ce qu'elle a fait ;
L'amour qu'elle a pour vous occupe sa pensée,
Et la rend à mes feux entièrement glacée.
Elle a quelque raison, mais vous n'en avez pas [F ; 41]
De m'avoir éloigné du repos du trépas,
Je serais hors de peine, et mon âme contente
Jouirait des plaisirs de sa dernière attente.

ORONTE

N'es-tu pas résolu de me désespérer ?
J'ai plus fait que ton cœur n'eût osé désirer.

ALIDOR

Ah ! je n'en doute pas.

ORONTE

Donne-toi patience,
Et ne m'afflige plus avec ta méfiance.
Je viens de chez Larinthe, à qui j'ai fait savoir
Qu'un affaire[248] pressant m'obligeait de la voir,
Soudain elle a laissé toute la compagnie,

---

246 Cet appellatif marque les liens de filiation très forts qui unissent les deux hommes et que rappelle Oronte dans la deuxième scène de l'acte I (v. 79 *sq.*). Si l'on n'en trouve qu'une seule occurrence dans la pièce, Alidor souligne à plusieurs reprises qu'Oronte a joué le rôle de père adoptif auprès de lui (v. 185 et 1212). L'appellatif peut expliquer le vouvoiement dont use Alidor pour s'adresser à Oronte qui, quant à lui, le tutoie, ce tutoiement non réciproque marquant l'autorité que l'oncle exerce sur son neveu. Rappelons qu'au vers 273, Oronte appelle Alidor « Mon fils » (I, 5).

247 Comprendre : et que mon corps abandonnait sa faiblesse.

248 Vaugelas invite à privilégier le féminin *une affaire*, usité « à la Cour, & dans les bons Autheurs » ; mais il reconnaît que le mot est régulièrement employé au masculin « sur les despesches du Roy » et au Palais (*Remarques sur la langue française*, « Affaires », p. 246-247). Le féminin ne s'impose qu'à la fin du XVIIe siècle.

Avec des mouvements d'une joie infinie,
Et moi sans perdre temps j'ai touché le discours
De ce qui s'est passé dans toutes tes amours[249],
Que ton mal procédait des beautés de sa fille,
Qu'elle savait assez quelle est notre famille,
Et qu'outre tous les biens que ton père a laissés,
Je joindrais tous les miens, si ce n'était assez. [42]
La proposition étant avantageuse,
Pour rendre désormais sa fille bienheureuse,
L'a fait bientôt résoudre à ce que j'ai voulu,
Et votre mariage[250] est ainsi résolu :
Calirie[251] qui veut tout ce que veut sa mère
N'oserait refuser, de peur de lui déplaire,
Et dis[252] que tu n'as pas sujet d'être content.

ALIDOR

Que ferai-je pour vous, vous qui m'obligez tant,
Qui me donnez vos biens pour me sauver la vie ?
Ces effets d'amitié surpassent mon envie.

ORONTE

Laisse à part tous ces soins, et songe seulement
À préparer ton âme à ce contentement.

---

249 Au pluriel, *amour* « est tousjours feminin » (*Dictionnaire de l'Académie française*, 1694). Au singulier, le mot est attesté au masculin comme au féminin. On trouve les deux genres dans la pièce.

250 *Mariage*, dérivé de *marier*, du latin *maritare*, compte trois syllabes en texte versifié, avec une diérèse : [maRiaʒ].

251 Placé après une voyelle en fin de mot, tandis que le mot suivant commence par une consonne, le e caduc compte ici dans la syllabation. Le nom de l'héroïne compte donc ici quatre syllabes : [kaliRiə]. Sur les débats portant sur la séquence « voyelle + *e* + consonne ou mot non jonctif », voir Guillaume Peureux, *La Fabrique du vers*, Paris, Seuil, « Poétique », 2009, p. 66 *sq.*

252 Comprendre : Et ose dire.

[Fij ; 43]

Scène V

LARINTHE, CALIRIE[253]

LARINTHE

Ma fille, ce nom seul si cher à la nature,
Et les soins que j'ai pris après ta nourriture[254]
Sont assez suffisants pour me persuader
Que ton bon naturel me peut tout accorder.

CALIRIE

Vos volontés, Madame[255], ont toujours la puissance
Que vous donne sur moi les droits de la naissance,
Commandez seulement, et si je n'obéis[256],
Que je sois le mépris des Dieux, et du pays. [44]

LARINTHE

C'est parler sagement, et selon mon attente,
Je prends aussi le soin de te rendre contente.
Un homme fort bien fait, riche, et vertueux,
Qui n'a rien, en un mot, qui soit défectueux[257],
T'aime avec tant d'ardeur, qu'il en fait sa fortune,
Que tout autre discours que de toi[258] l'importune,
Qui désire de[259] vivre, et de mourir en toi,

---

253 On note la rupture dans la liaison des scènes, qui correspond à un changement de lieu. Voir notre introduction, « Le genre en question ».

254 *Nourriture* a ici le sens d'*éducation*.

255 Dans cette scène, Calirie s'adresse à sa mère par le titre d'honneur de « Madame », manière de reconnaître en elle la maîtresse de la maison, qui a toute autorité sur elle. Ce titre s'accorde avec l'usage du vouvoiement.

256 Spillebout note que dans les subordonnées de condition introduites par *si*, l'omission du forclusif est « liée à la syntaxe, mais occasionnelle » (p. 371).

257 *Défectueux* : « Il ne se dit guere qu'en termes de Pratique, & en parlant des actes de Notaire, & de Justice. Et signifie, Qui manque de quelqu'une des formalitez & des conditions requises » (*Dictionnaire de l'Académie française*, 1694). Larinthe emploie également le terme *défaut* au vers 626.

258 On peut comprendre « de toi » au double sens de « portant sur toi » (« à ton sujet ») et de « tenu par toi ».

259 N. Fournier signale que l'infinitif peut être ou non précédé de l'indice *de* lorsqu'il est COD de *désirer* (§ 404, p. 281). On peut aussi analyser « de vivre » comme le COI de *désirer*,

Qui n'a point autre Dieu, qui n'a point autre loi :
Le parfait Alidor te demande pour femme.
Il semble qu'à ce nom tu doives rendre l'âme,
Votre[260] esprit serait-il d'un autre prévenu,
Ou s'il a de défaut, qu'il me soit inconnu[261] ?
Le dernier ne peut être, il est né d'une race[262],
Dont l'éclat glorieux tous les autres efface,
Et vous ne devez pas être engagée ailleurs.
Prenez donc sur le champ des mouvements meilleurs,
Et pour votre repos ne faites point la folle,
Oronte en a porté lui-même la parole,
Oronte, qui touché de son cruel ennui,
Jure qu'il n'aura point d'autre héritier que lui[263]. [Fiij ; 45]

CALIRIE *tout bas.*

Oronte, ah ! l'inhumain.

LARINTHE

Vous faites la rétive.

CALIRIE

Et comment voulez-vous que loin de vous je vive ?
Madame, je ne puis songer à vous quitter,
Qu'un cruel déplaisir[264] ne me vienne attrister.

---

cette construction transitive indirecte étant présentée par le *Dictionnaire de l'Académie française* (1694) comme concurrente à la construction transitive directe.

260 Après avoir tutoyé sa fille, Larinthe passe subitement au vouvoiement, ce que l'on peut interpréter comme une variation du régime affectif. Surprise par la réaction de sa fille, Larinthe marque soudainement de la distance avec elle. Voir J.-Y. Vialleton, *Poésie dramatique et prose du monde*, *op. cit.*, chap. IV.

261 Comprendre : Ou bien a-t-il un défaut qui me serait inconnu ?

262 *Le dernier* : comprendre « la seconde et dernière hypothèse », à savoir qu'Alidor ait un défaut inconnu de Larinthe. – Dans *L'Astrée*, Thamire précise que Calidon et lui sont tous deux issus du peuple des Boyens (éd. citée, IIe partie, livre I, p. 61-62). Sur les origines des personnages, voir notre introduction, « La double matière urféenne ».

263 « Son » et « lui » ont pour référent Alidor. Comme il l'a rapporté à Alidor à la scène précédente (v. 593-594), Oronte a effectivement promis à Larinthe de laisser ses biens à son neveu. Ces considérations financières rattachent la pièce à l'univers de la comédie.

264 Comprendre : sans qu'un cruel déplaisir. Voir la note du vers 128.

LARINTHE

Votre bon naturel cause cette tendresse,
Ce sont des mouvements communs à la jeunesse,
Qu'il faut perdre pourtant, et songer au bonheur[265]
Qu'Oronte, et qu'Alidor nous font par cet honneur.

CALIRIE

Au moins auparavant que cet hymen se fasse,
Accordez-moi, Madame, une petite grâce,
Donnez-moi quelques jours pour porter[266] mon esprit
Au cruel changement que vous m'avez prescrit.

LARINTHE

Et bien, je vous l'accorde, une fille est surprise
Par les premiers discours, mais elle se ravise. [46]

CALIRIE *seule*[267].

Ah ! que viens-je d'ouïr, quelle infidélité !
Mais dois-je croire encor à cette vérité ?
S'il est vrai, me voilà mortellement haïe,
Et dans tous ses discours Oronte m'a trahie :
Ah ! l'ingrat, le perfide, a-t-il bien eu le cœur
De me vouloir traiter avec tant de rigueur,
Me mettre entre les mains d'un homme que j'abhorre,
Et me vouloir quitter[268] parce que je l'adore ?
Non, je renverserai cet injuste dessein,
Et m'ouvrirai plutôt avec un fer le sein[269].

---

265 Comprendre : et il faut songer au bonheur.

266 *Porter* a ici le sens de *disposer*, *préparer à souffrir*, *endurer*.

267 Par rapport à sa source, Rayssiguier introduit la demande d'un délai par Calirie, ainsi que le monologue qui termine la scène : « Cette Bergere, Madame, vous pourroit dire mieux que je [c'est Thamire qui parle] ne sçaurois faire, quel sursaut elle receut de ces paroles, & mesme quand elle sçeut que cette proposition venoit de moy, tant y a que ce fut tout ce qu'elle peut que de celer sa colere en presence de Cleontine, à laquelle ayant répondu fort modestement, & toutesfois au plus loin de sa pensée, elle remit cette resolution à son jugement, & à la volonté de sa mere, à laquelle elle ne contreviendroit jamais, puis se retira en son apart, où je croy qu'elle ne parla pas mal à moy » (*L'Astrée*, éd. citée, IIe partie, livre I, p. 78).

268 Comprendre : « le cœur [...] / De me mettre [...] / Et de me vouloir quitter [...] ».

269 À son tour, Calirie évoque la perspective du suicide, *topos* pastoral déjà convoqué à propos d'Alidor au vers 112 (voir la note correspondante).

Allons trouver le traître, écoutons sa défense,
S'il en peut inventer pour une telle offense,
Après je ferai voir quelle est ma passion,
Et jusques où s'en va ma résolution.

[47]

Scène VI

MÉLISSÉE, FLORINTOR, CINTILLE

MÉLISSÉE

Jamais je n'ai reçu durant une journée,
De plaisir plus parfait que cette après-dînée[270] :
Ah ! quel contentement de vous ouïr parler
Des premières ardeurs, dont on vous vit brûler !
Qu'il[271] a fort bien décrit ces divines lumières
Qui l'ont fait tant languir dans ces chaînes premières,
Et qu'il a bonne grâce à dire ce qu'il sent !
Qu'il a bien fait le triste, et bien le languissant !
Que, parlant des rigueurs de sa belle Maîtresse, [48]
Il a bien pris son temps de nous louer sa tresse[272],
Sa bouche, son esprit, et mille autres appas
Qu'il a fait concevoir, bien qu'il n'en parlât pas.

FLORINTOR

Il est vrai, sa Maîtresse et vous seriez parfaites,
Si vous vous faisiez voir plus douces que vous n'êtes,
Et que votre rigueur ne mît au désespoir
Ceux dont les volontés sont en votre pouvoir.

---

270 *Après-dînée* : « L'espace du temps qui est depuis le disner jusqu'au soir » (*Dictionnaire de l'Académie française*, 1694). Le dîner correspond à ce que nous appelons le déjeuner.

271 Après s'être adressée au faux Alcandre, Mélissée se tourne vers Florintor.

272 *De nous louer* : sur *de* introduisant un complément de but, voir la note du vers 554. – *Tresse* : cette coiffure renvoie poétiquement, par métonymie, aux cheveux dans la rhétorique amoureuse conventionnelle, la tresse pouvant symboliser l'entrelacement des chaînes de l'amour. On la rencontre également à deux reprises dans l'adaptation par Rayssiguier de *L'Aminte* du Tasse (éd. citée, v. 574 et 734, p. 269 et 275). Voir également le Sonnet XXIII de Louise Labé : « Las ! que me sert, que si parfaitement / Loua jadis et ma tresse dorée […] » (*Œuvres*, éd. Michèle Clément et Michel Jourde, Paris, Flammarion, « GF », 2022, « Sonnets », p. 207).

CINTILLE

Tu dis vrai, Florintor, que l'ingrate que j'aime
Se sert en mon endroit d'une rigueur extrême ;
Mais vous êtes encor en ce point plus heureux,
Qu'on permet de vous dire en tous lieux amoureux[273],
Et que reconnaissant vos feux, et vos mérites,
On souffre vos discours, on reçoit vos visites.
Fasse l'amour encor que la puissante ardeur
Qui vous brûle le sein, ruine[274] sa froideur !
Je lis dedans ses yeux qu'aujourd'hui plus humaine,
Elle est dans le dessein de finir votre peine. [G ; 49]

MÉLISSÉE

Pensez à mettre fin à vos maux seulement,
Sans vous travailler plus de son contentement[275].
Adieu ! Ma flamme, hélas ! est à ce point venue,
Qu'elle ne saurait plus avoir de retenue ;
J'espère tout, et crains encore tout aussi[276].
Que ce nouvel amour me donne de souci !

---

273 Comprendre : Qu'on [Mélissée] vous permet de vous déclarer amoureux en tous lieux.

274 Sur la diérèse de *ruiner*, voir la note du vers 314.

275 Ces vers sont adressés à Cintille-Alcandre, tandis que les quatre vers qui referment l'acte, après « Adieu ! », sont prononcés en aparté.

276 Cette antithèse est typique de la rhétorique amoureuse telle qu'on la trouve notamment dans la poésie pétrarquiste. On pense au célèbre poème de Ronsard, « J'espère et crains, je me tais et supplie », dans les *Amours de Cassandre* (Sonnet XII, éd. citée, p. 29).

[50]

ACTE III

Scène I

CALIRIE, ORONTE

CALIRIE *seule.*

J'ai mandé cet ingrat, ce traître abominable :
Mais il ne viendra pas puisqu'il se croit coupable,
Le voici toutefois qui fait bien l'affligé,
On dirait à le voir qu'il en soit[277] tout changé.

ORONTE

Que veut ma belle fille[278] à son fidèle Oronte ?

[Gij ; 51]

CALIRIE

Voir si sa trahison lui donne quelque honte ;
Mais je vois bien que non, il est trop assuré,
Encore que le crime en soit tout avéré.
Tu n'étais pas content de m'avoir abusée,
Lorsqu'un gage innocent me rendait moins rusée[279],
Tu m'as voulu montrer, que me fiant à toi,
Tu prendrais bien le temps de te moquer de moi,
Tu l'as fait, âme ingrate, âme noire, et parjure,
Mais tu ne m'as pas fait une petite injure.
Au moins si tu pouvais me dire une raison
Qui pût faire excuser ta lâche trahison,
Si j'étais criminelle en ton endroit, infâme,
Si j'avais méprisé ton mérite, ou ta flamme,
Si je t'avais haï, si j'avais fait effort,

277 Sur l'emploi du subjonctif après un verbe d'opinion, voir la note du vers 111.

278 Sur l'emploi de cette périphrase, par laquelle Oronte désigne Calirie, voir la note du vers 131.

279 Dans *L'Astrée*, Thamire évoque en ces termes les gages qu'il obtient de Célidée : « Je continuay cette vie plus d'un an, durant lequel quelquefois je luy desrobois quelque baiser, quelquefois je luy mettois la main dans le sein feignant de me joüer, à fin que cette coustume me servist à l'avenir presque comme d'une possession » (éd. citée, IIe partie, livre I, p. 65).

En feignant de t'aimer, et te donner la mort[280],
Je dirais en moi-même : « Oronte se retire
Avecques des raisons que je n'oserais dire » ;
Mais si ma passion a suivi tes désirs,
Si j'ai participé dans[281] tous tes déplaisirs,
Si je n'ai rien aimé que toi dans la nature,
Si j'ai cru ton amour, ma plus grande aventure[282], [52]
N'es-tu pas bien méchant de me vouloir offrir
En victime à celui que je ne puis souffrir ?
Tu sais depuis longtemps que son entretien même
Me donnait tous les jours un déplaisir extrême,
Et qu'étant avec lui, quelque grâce qu'il eût,
Je n'y trouvai jamais action qui me plût[283] ;
Toutefois ennemi du repos de mon âme,
Tu fais ce que tu peux pour me rendre sa femme.
Non, non, que[284] tous les Dieux secondent ton dessein,
Alidor n'entrera jamais dedans mon sein.
Et toi dont les discours ont trahi ma franchise,
Dont la fausse amitié m'a lâchement surprise,
Sache que tu m'as plus obligée aujourd'hui
Que tu n'as cru me nuire en me donnant à lui :
Mon esprit détrompé ne sera plus capable
De croire rien en moi qui me pût rendre aimable[285],
Ainsi me défiant des hommes désormais,
Je vivrai toujours libre, et n'aimerai jamais.

---

280 Comprendre : Si je m'étais efforcée de feindre de t'aimer pour te donner la mort.

281 Cette construction du verbe *participer*, employé avec *dans*, n'est pas attestée en français classique. *Participer* se construit de manière transitive directe, ou bien avec les prépositions à et *de* (Haase, § 59 et 105, Remarque I).

282 Calirie emploie ici « aventure » au sens romanesque du terme (« ADVENTURE, se dit aussi de ces accidens & extraordinaires qui arrivent quelquefois dans le monde, & qui sont souvent de pures imaginations », Furetière). Voir Michèle Rosellini et Pierre Ronzeaud, dir., *L'Aventure au* XVIIe *siècle : itinéraires d'une notion*, *Littératures classiques*, n° 100, 2019/3.

283 Calirie a déjà évoqué son inimitié pour Alidor à la fin de l'acte I (sc. 6, v. 373-374) et elle la rappellera encore à Oronte à la scène 3 de l'acte IV (voir les vers 1131-1134 et la note du vers 1133).

284 *Que* a ici le sens concessif de « même si ».

285 Comprendre : De croire que quelque chose en moi pourrait me rendre aimable.

ORONTE *demeure seul.*

Tu t'en vas, Calirie, après un tel reproche,
Et laisses ton Oronte aussi froid qu'une roche[286] ; [Giij ; 53]
Va, fuis, fuis cet ingrat, tu le fuis justement,
J'ai trahi ton amour, et mon contentement,
Fuis, fuis ce malheureux qui ne te peut répondre,
Mon seul ressentiment suffit à me confondre,
Je suis plus criminel que tu ne me fais pas[287],
Et pour me bien punir, c'est peu que le trépas :
Il me faut inventer des tortures nouvelles,
Qui me faisant souffrir ne me soient pas mortelles,
Afin que languissant, et toujours malheureux,
Je sois un triste exemple aux lâches amoureux[288].

[54]

Scène II

CINTILLE *sous le nom d'Alcandre*,
ORCAN *son confident*, PAGE DE MÉLISSÉE[289]

CINTILLE

Toi qui sais les secrets de toute ma disgrâce,
Qui connais mon amour, qui sais ce qui se passe,
Que dois-je devenir ? J'ai vu l'objet aimé,
Mais plus froid mille fois qu'un corps désanimé ;
Il a quitté le lit, et sa mélancolie
Le porte bien souvent à des traits de folie, [55]
Il m'a fait un accueil assez extravagant,
Bien qu'il ne m'ait rien dit qui sentît l'arrogant,
Non pas que me croyant toujours être mon frère,

---

286 Sur la métaphore du rocher ou de la roche comme image de l'insensibilité ou de la froideur, voir la note du vers 179.

287 Dans la subordonnée comparative, « [a]u début du XVIIe siècle on rencontre encore dans la subordonnée *ne pas*, tournure qui était fréquente au XVIe siècle » (Spillebout, p. 371).

288 Sur la dimension exemplaire de l'amour des personnages de la pièce, voir notre introduction, « "De la générosité" : l'exemplarité amoureuse ».

289 Il y a ici nouvelle rupture de la liaison des scènes, causée par le changement de lieu. Le Page de Mélissée n'entre en scène qu'au vers 795.

Il n'ait de compliments voulu me satisfaire[290],
Quoiqu'il fût bien souvent surpris d'étonnement,
Et restât quelquefois sans voix, ni mouvement,
Qu'après[291] se remettant il fit voir sa pensée
Être diversement dessus moi balancée[292].

ORCAN

Il vous a reconnue, et se trouvant surpris,
Votre vue a sans doute étonné ses esprits.

CINTILLE

Nullement, cet habit contraire à mon visage,
La taille de mon frère, et les traits du visage[293]
L'ont aisément trompé parmi l'obscurité[294].

ORCAN

Vous avez, toutefois, un éclat de beauté,
Qui devait[295] aussitôt vous faire reconnaître.

CINTILLE

Oui, s'il n'avait pas eu l'âme, et les yeux d'un traître,
S'il n'avait point perdu la mémoire, et l'amour [56]
Dès l'heure qu'il laissa nos ports, et notre Cour[296] :
Car sache que parmi les paroles courtoises,

---

290 Les compliments sont « certaines ceremonies que la biensceance semble avoir fait passer en necessité & qui font paroistre un homme accomply », selon François de Grenaille (*La Mode, ou Charactere de la religion, de la vie, de la conversation, de la solitude, des compliments, des habits, et du style du temps*, Paris, Nicolas Gassé, 1642, p. 260-261). Cintille désigne par ce terme les formules de civilité qu'Alidor lui a adressées en l'accueillant chez lui. Elle parle par la suite de « paroles courtoises » (v. 775).

291 *Que*, conjonction vicariante, reprend *quoique*.

292 *Balancée* : en suspens, irrésolue, hésitante.

293 Rayssiguier ne s'interdit pas la rime à l'identique, pourtant proscrite par la tradition métrique dès la seconde moitié du XVIe siècle (voir Yves-Charles Morin, « La rime d'après le *Dictionnaire des rimes* de Lanoue (1596) », *Langue française*, n° 99, 1993, p. 107-123, spéc. p. 108). « Un mesme mot ne rime jamais avec soi-mesme », écrit Richelet (*La Versification françoise*, *op. cit.*, p. 212).

294 L'Argument précise en effet : « aidée de la ressemblance qu'elle avait à son frère Alcandre [...] ».

295 Sur la valeur modale de « devait », glosable par « aurait dû », voir la note du vers 345.

296 Cintille a déjà rappelé ces événements lors de sa première entrée en scène (II, 1, v. 403-406 ; sur les sources de la pièce, voir la note du vers 406).

Qui ne manquent jamais dans les bouches françoises[297],
Et parmi l'amitié qu'il témoignait d'avoir
Pour mon cher frère absent, et qu'il croyait devoir,
Il n'eut jamais le nom de Cintille à la bouche,
Bien qu'à ses compliments je parusse une souche[298].

ORCAN

Il est donc attaché de quelque autre lien.

CINTILLE

Hélas ! mon cher Orcan, c'est ce que je vois bien[299].

ORCAN

Il faut donc oublier l'ingrat qui vous oublie,
Et le laisser périr dans sa mélancolie.
L'amour est un Dieu juste, encore qu'il soit lent,
Et vengera[300] bientôt son mépris insolent.

CINTILLE

Ma résolution est presque ta pensée,
Je le veux oublier, puisqu'il m'a délaissée,
Je veux savoir devant ce qu'il a sur le cœur[301], [H ; 57]
Et connaître l'objet qu'il tient pour son vainqueur.
Tu me peux soulager dans cette inquiétude,
Cependant que j'irai revoir ma solitude[302].

---

297 Nous conservons l'orthographe de l'édition originale afin de préserver la rime avec « courtoises ». Cintille, qui vient d'Angleterre, reprend ici la satire traditionnelle des courtisans français, qui récitent de beaux compliments par « devoir », et non par sincérité de cœur.

298 À partir de la deuxième édition du *Dictionnaire de l'Académie française* (1718), on trouve ce sens figuré du mot *souche* : « On dit, qu'*Un homme est une souche, une vraye souche*, pour dire, qu'Il est stupide & sans esprit. »

299 La rime « lien »/« bien » est une rime pauvre, puisque « lien » se prononce en deux syllabes, avec une diérèse, tandis que « bien » ne compte qu'une syllabe (synérèse).

300 Devant un prédicat coordonné, la non-reprise par un pronom clitique du groupe nominal sujet est particulièrement fréquente dans la première moitié du XVIIe siècle (Fournier, § 6, p. 22-23). Orcan signifie ici que la mélancolie érotique va tuer Alidor à la manière d'un lent poison.

301 Comprendre : Mais avant cela je veux savoir…

302 L'Argument précise en effet : « Elle le voit enfin, mais en est reçue, comme si véritablement elle eût été son frère Alcandre, sans que parmi leurs discours Alidor nommât jamais Cintille, ce qui la piqua si fort, qu'elle le quitte tout en colère, et prend résolution de

ORCAN

Je suis trop honoré de ce commandement,
Pour n'aller pas veiller à votre allègement[303].
Mais que veut cestui-ci[304] ?

PAGE

Monsieur[305], c'est Mélissée
Qui voudrait vous parler pour affaire pressée.

CINTILLE

Je m'en vais la trouver tout à l'heure après vous[306].
Que l'amour en ce point se moque bien de nous !
Cette Dame en amour est si fort malheureuse,
Que me croyant Alcandre, elle en est amoureuse[307],
Et qu'elle trouve en moi de grâces et d'appas[308],
Que tu vois qu'Alidor l'ingrat n'y trouve pas[309].
Juge si son malheur n'égale pas le nôtre.

ORCAN

Son infortune encore est pire que la vôtre.

---

retourner dans une solitude où elle avait été quelque temps ». Le monologue de Cintille, dans la scène 5 de l'acte IV, aura lieu dans cette « solitude ». Sur ce lieu, voir la note correspondante de l'Argument.

303 *Pour n'aller pas* : sur l'infinitif négatif, voir la note portant sur « ne les avoir pas » dans l'épître dédicatoire. – *Allègement* : soulagement.

304 Spillebout signale que cette forme archaïque survit dans le premier tiers du XVIIe siècle (p. 68).

305 Le Page s'adresse à Cintille, trompé par son déguisement masculin. On peut imaginer qu'il quitte le plateau pour rejoindre Mélissée dès le vers 797 ; ainsi, il n'entend pas la révélation que fait ensuite Cintille de son véritable sexe.

306 Comprendre : juste après vous, immédiatement après vous.

307 Comprendre : elle est amoureuse de lui. Sur l'emploi du pronom *en* pour renvoyer à l'humain, voir la note portant sur « en devient amoureux » dans l'Argument.

308 Nous ne corrigeons pas les formes réduites de l'article *de* en *des* afin de préserver la symétrie du vers et le nombre de syllabes qui composent l'alexandrin (voir la section « Établissement du texte » de notre introduction).

309 Comprendre : elle trouve en moi des grâces et des appas qu'Alidor l'ingrat ne trouve pas, comme tu le vois. Sur l'emploi pléonastique de *y*, voir la note de « pour n'y perdre point de temps » dans l'Argument.

[58]

Scène III

MÉLISSÉE, PAGE[310]

MÉLISSÉE

Inutile pudeur, faible appréhension,
Qui me rendez muette en mon affection,
Qui voulez retenir un feu dans la contrainte,
Sachez que mon amour est désormais sans crainte,
Que ces respects qui l'ont si longtemps enfermé,
Au lieu de l'amortir l'ont plus fort allumé.
Alcandre prévenu de sa première flamme,
Ne voit point dans mes yeux le feu que j'ai dans l'âme,
Il l'en faut assurer par des termes pressants, [Hij ; 59]
Qui lui prennent le cœur, par le moyen des sens[311].
Ô Dieux ! que de plaisir, quoique je le prévienne,
S'il voulait égaler son ardeur à la mienne !
T'a-t-il dit qu'il serait en peu de temps ici ?

PAGE

Presque aussitôt que moi, Madame, le voici[312].

[60]

Scène IV

CINTILLE, MÉLISSÉE

CINTILLE

En quoi puis-je servir l'aimable Mélissée ?

MÉLISSÉE *tout bas.*

Ah ! que ne suis-je telle au fond de ta pensée[313] !

---

310 Il y a rupture de la liaison des scènes, du fait du changement de lieu. On peut imaginer que le Page la rejoint à la fin de la scène, à partir du vers 817.

311 L'édition originale donne la graphie « pressans »/« sens », ce qui permet de souligner la rime pour l'œil. On peut faire l'hypothèse que le [s] final était prononcé dans les années 1630. Sur la rime et sa prononciation, voir G. Peureux, *op. cit.*, p. 248 *sq.*

312 Sur la liaison de présence et de discours entre deux scènes, voir la note du vers 55.

313 Dans ce type de tour figé, *que* interroge sur la cause et a le sens de « pourquoi » (Spillebout, p. 385).

CINTILLE

Je n'en excepte rien[314] pourvu que mon pouvoir
Seconde heureusement mes soins, et mon devoir.

MÉLISSÉE

Alcandre connaissant mon défaut[315] de mérite,
D'abord à me servir[316] a mis une limite,
Il ne me veut servir qu'autant qu'il le pourra, [Hiij ; 61]
C'est-à-dire en un mot autant qu'il lui plaira.
Mais si j'étais Cloris[317] tout lui serait possible,
Il pourrait animer une roche insensible[318],
Il pourrait rappeler tous les morts des enfers,
Et rompre des Titans les prisons, et les fers[319].
Ah ! ce n'est pas ainsi qu'il faut servir, Alcandre,
Celle qui de son sang voudrait bien vous défendre[320],
Vous aimez une ingrate, une âme sans pitié,
Qui rit de votre ardeur, et de votre amitié,
Qui maintenant, sans doute, à quelque autre engagée,
Se moque avecques lui de votre âme affligée,
Qui lorsque vous pleurez contente ses désirs,
Et relâche[321] son âme au milieu des plaisirs.

---

314 Comprendre : Je n'exclus rien qui puisse vous servir…

315 *Défaut* a ici le sens de *manque*.

316 Mélissée reprend le verbe *servir*, prononcé par Cintille-Alcandre, dans une figure d'antanaclase. Tandis que le faux Alcandre lui propose, au vers 819, de lui « rendre de bons offices », de « l'aider, l'assister », Mélissée fait quant à elle référence au service amoureux : « On dit poëtiq. Servir une Dame, pour dire, Rendre des soins, des services à une fille, à une femme pour qui on a de l'amour » (*Dictionnaire de l'Académie française*, 1694). Aux vers 863-864, Alcandre fera encore une fois semblant de ne pas avoir compris quel type de « service » Mélissée aimerait qu'il lui rende.

317 Cloris, appelée Doris dans l'Argument, est le nom attribué par Cintille à sa supposée maîtresse, comme nous l'apprenons ici (voir les vers 547-548 de la scène 3 de l'acte II : « Il sera bien aisé d'inventer quelque songe, / Et de couvrir mes feux de l'ombre du mensonge »).

318 Sur cet *adynaton* conventionnel, voir la note du vers 179.

319 Après leur défaite contre Zeus, à l'issue de la Titanomachie, les Titans sont prisonniers du Tartare. Les images des vers 829 et 830 constituent elles aussi des *adynata*.

320 Cette résolution évoque le combat de Mélandre contre Lypandas pour délivrer Lydias de prison, narré au douzième livre de la première partie de *L'Astrée* (bien que Mélandre soit transposée sous les traits de Cintille dans la pièce de Rayssiguier). Sur les sources de la pièce, voir notre introduction, « La double matière urféenne ».

321 *Relâcher* : détendre, reposer, délasser.

CINTILLE

Voyez jusqu'à quel point Alcandre est misérable,
Puisque dans ses mépris je la trouve adorable,
Et que je me croirais trop heureux seulement,
Si mon mal lui donnait quelque contentement.
Elle ne songe à moi qu'avec indifférence,
S'il est encore vrai que cette ingrate y pense[322] ;
Mais je sais bien que non, et son mépris est tel, [62]
Que mon nom seulement lui semble un nom mortel[323].

MÉLISSÉE

Pourquoi donc l'avez-vous toujours dans la mémoire ?

CINTILLE

Parce qu'à l'adorer je mets toute ma gloire.

MÉLISSÉE

Quelque beauté qu'elle ait, quelques charmes puissants,
Qui soient absolument maîtres de tous vos sens[324],
Elle s'en rend indigne, et vous êtes blâmable,
Si vous traitant si mal vous la trouvez aimable[325].
Faites comme elle fait, vous trouverez ici
D'aussi grandes beautés avec moins de souci.

CINTILLE

C'est me donner la mort de parler de la sorte,
L'amour que j'ai pour elle en mon âme est trop forte[326] ;
Si vous n'avez dessein de me désobliger,
Par de pareils discours cessez de m'affliger,

---

322 Comprendre : pense à moi. Comme *en*, le pronom adverbial *y* peut en effet renvoyer à l'humain en français classique (Spillebout, p. 154).

323 Le faux Alcandre entend par là que l'imaginaire Cloris ne l'aime pas assez pour diviniser son nom et qu'elle l'a même oublié.

324 Sur la prononciation de cette rime, voir la note du vers 814.

325 Comprendre : Si vous la trouvez aimable, bien qu'elle vous traite si mal. La liberté d'incidence du participe présent apposé, qui ne se rattache pas forcément au sujet du verbe conjugué, est forte dans la première moitié du siècle (Fournier, § 443, p. 304-305) : ici, « traitant » est incident au pronom attribut « la ».

326 Sur le genre du mot *amour*, voir la note du vers 590.

Et me dites[327] en quoi vous me trouvez capable
De vous pouvoir servir. [63]

MÉLISSÉE

Que vous êtes coupable,
Et que vous méritez vos ennuis justement !

CINTILLE

Puisque Cloris[328] le veut, c'est mon contentement.
Mais laissant ce discours, dites-moi quel affaire[329]
M'appelle auprès de vous, et ce que je puis faire.

MÉLISSÉE

Quoi ? vous ne l'avez point compris en mes discours ?
Faut-il plus clairement découvrir mes amours ?
Alcandre, je vous aime, et cette aimable grâce,
Pour qui Cloris n'a rien que mépris, et que glace,
Allume dans mon sein, malgré votre froideur,
Un feu qui me consomme avecque son ardeur.

CINTILLE

Si vous saviez au vrai l'état de ma fortune,
Ma présence déjà vous serait importune,
Et pendant cet amour que vous me témoignez[330],
Vous plaindriez[331] mon malheur lorsque vous vous plaignez.
Songez à Florintor, reconnaissez sa flamme. [64]

327 Dans les séquences avec impératifs affirmatifs coordonnés, c'est le schéma du moyen français qui est conservé : « quand l'énoncé commençait par un adverbe, quel qu'il fût (y compris le discordantiel *ne*), le pronom était atone et antéposé à l'impératif » (Fournier, § 115, p. 84).

328 Sur ce prénom, également mentionné au vers 868, voir la note du vers 827.

329 Sur le genre masculin du mot « affaire », voir la note du vers 586.

330 Comprendre : Et pendant que vous me témoignez cet amour. Sur la construction *témoigner + N*, voir la note du vers 291.

331 Sur la synérèse (« plaindriez » compte deux syllabes), voir la note du vers 204.

MÉLISSÉE

Mais toi[332], songe, imposteur, à ton mépris infâme,
Penses-tu donc, ingrat, de[333] m'abuser ainsi ?
Ta feinte à mon endroit n'a pas bien réussi,
Sache que Florintor est bien loin de son compte[334],
Je veux venger sur lui tes mépris, et ma honte,
Et tu ne seras pas exempt de mon courroux,
Il faut que mon dépit vous enveloppe tous[335].

CINTILLE *seule.*

Qu'elle me fait pitié ! mais que peut-elle attendre ?
Je ne suis que de nom, et d'habit son Alcandre.
Je te plains, Florintor, et suis bien affligé
De voir qu'en te servant je t'ai désobligé.
Voilà comme l'amour rit de notre prudence,
Ce n'est point la raison qui régit son enfance[336] ;
Je cause les mépris qu'elle montre pour toi,
Et tu croyais d'avoir[337] quelque support de moi ?
Mais pensons à nous-mêmes, et laissons là les autres,
Leurs plus grandes douleurs n'allègent point les nôtres.
Retirons-nous d'ici, je sais qu'en peu de jours[338] [I ; 65]
Les maux que je leur cause auront un autre cours :
Aussitôt que l'ingrat, dont je me crois haïe,

332 On note l'énallage de personne, Mélissée abandonnant le vouvoiement pour le tutoiement, dans un mouvement de colère. Sur ce point, voir J.-Y. Vialleton, *Poésie dramatique et prose du monde*, *op. cit.*, chap. IV.

333 La construction *penser de* est attestée par Spillebout (p. 257).

334 L'édition de référence donne l'orthographe « conte », ce qui enrichit la rime graphique avec « honte ». Voir la note du vers 372.

335 La règle de la rime pour l'œil rend possible le rapprochement des graphies -x et -s, comme dans « courroux » et « tous » (G. Peureux, *op. cit.*, p. 251). « La proximité de ces lettres entre elles rend les rimes possibles, sans que l'œil ne soit pleinement satisfait. En effet, en quelque région que ce soit, ces lettres induisaient, au voisement près, la même émission sonore » (*ibid.*, p. 253).

336 L'Amour, sous les traits du dieu mythologique Cupidon, est généralement représenté comme un enfant.

337 Cette construction transitive indirecte de *croire* (*croire de*) est attestée par Spillebout, qui donne deux exemples antérieurs à 1620 (p. 260).

338 De manière plus précise, Cintille annoncera par la suite la révélation de son identité pour le lendemain (v. 1366-1367), le rythme de l'action se précipitant au fur et à mesure qu'approche le dénouement.

Fera voir que ma flamme est tout à fait trahie,
Je lèverai le masque, et vengeant[339] cet affront,
Je lui peindrai la honte, ou la mort sur le front[340],
Ou bien si sa valeur qui donne de l'envie
À tous les plus vaillants[341] qui connaissent sa vie,
Me porte dans le sein la pointe de son fer,
Et le fait doublement de mon cœur triompher[342],
La mort me sera douce, et bénirai[343] les armes
Qui m'auront fait verser le sang au lieu de larmes[344].

[66]

Scène V

LARINTHE, ALIDOR, CALIRIE[345]

LARINTHE

Elle[346], et moi recevons avec contentement
Le bonheur qu'Alidor nous procure en l'aimant ;
Ne vous étonnez pas de la voir si pensive,
Une folle en ce point fait toujours la rétive,
Ces petites façons paraîtraient des mépris,
Avec des ignorants, ou des jeunes esprits.

---

339 Comprendre : en vengeant. Sur l'absence de préposition devant le gérondif, voir la note portant sur « s'excusant » dans l'Argument.

340 Dans *L'Astrée*, Mélandre combat pour sauver la vie de Lydias et ne cherche pas à le tuer (voir notre introduction, « La double matière urféenne »).

341 Sur l'emploi de *tout* comme renforcement, voir la note du vers 308.

342 « Son fer » et « triompher » forment ce que l'on appelle parfois au XVIIe siècle une rime « normande », la prononciation du r final des infinitifs du premier groupe, devenue archaïque au cours du siècle, étant associée à la région normande, par opposition à la prononciation parisienne (voir G. Peureux, *op. cit.*, p. 244-248). Dans ce vers, il faut comprendre qu'Alidor triompherait « doublement » du cœur de Cintille en le perçant de son fer, après l'avoir percé de ses traits amoureux.

343 Comprendre : et je bénirai. Sur l'omission du sujet clitique, voir la note portant sur « et se résout » dans l'Argument.

344 Cintille s'apparente ici au personnage de la magicienne Armide, dans *La Jérusalem délivrée* du Tasse, prête à mourir pour Renaud.

345 On relève une nouvelle rupture de la liaison des scènes, causée par le changement de lieu. Cette scène se situe probablement devant la maison de Larinthe (et non à l'intérieur), où Alidor reste seul à partir du vers 951, puis est rejoint par Oronte à la scène suivante.

346 Le pronom a pour référent Calirie.

Quand son père Arimand me recherchait de même[347],
Qu'il me disait cent fois, Larinthe, que je t'aime,
Je faisais la fâchée, et pourtant mes désirs [Iij ; 67]
Attachaient ma pensée à ces derniers plaisirs.
Elle en fait tout de même, et je perdrai la vie,
Que[348] tout ce qu'elle fait est contre son envie,
Et si je vous laissais entretenir tous deux,
Elle prendrait plaisir aux discours de vos feux.
Mon âge est aussi bien[349] importun aux tendresses,
Que trouvent les Amants auprès de leurs Maîtresses,
C'est pourquoi je vous laisse en un libre entretien,
Remettant à demain votre souverain bien[350].

ALIDOR

Étonné du bonheur que le destin m'envoie,
Par où commencerai-je à témoigner[351] ma joie ?
C'est en m'humiliant à l'aimable beauté[352],
Dont les charmes puissants m'ôtent la liberté.
Pardonnez, Calirie, à l'ardeur qui m'enflamme,
Si j'ose vous nommer le repos de mon âme,
Sans vous cette clarté, que nous donnent les Cieux,
Serait absolument inutile à mes yeux ;
Vous m'avez retiré du bord du précipice,
Et par votre bonté je trouve tout propice, [68]
Je sais bien que j'ai tort, que je suis criminel,
Que ma faute mérite un supplice éternel,

---

347 Le nom Arimant apparaît dans la IIIe partie de *L'Astrée*, dans l'« Histoire de Cryseide, & d'Arimant » (éd. citée, livre VII, p. 490-554), mais on ne le trouve pas dans les passages qui servent de sources à notre pièce. Sur l'onomastique d'Arimant ou Ariman, voir *ibid.*, p. 490, note 74. – *Rechercher* : rechercher en mariage, faire la cour à une femme en vue de l'épouser.

348 *Que* a ici le sens hypothétique de la conjonction *si* (Spillebout, p. 336).

349 Comprendre : Mon âge est aussi bien que ma présence importun aux tendresses.

350 L'acte V, au cours duquel les noces d'Alidor et Calirie devaient être célébrées, a en effet lieu au lendemain d'une première journée qui occupe les actes I à IV. Sur l'unité de temps, voir notre introduction, « Le genre en question ».

351 Sur la construction *témoigner* + *N*, voir la note du vers 291.

352 « S'HUMILIER, se dit aussi de cet abbaissement volontaire qu'on fait devant quelqu'un, & sur tout devant la Majesté de Dieu » (Furetière). Il faut comprendre ici : C'est en m'inclinant devant l'aimable beauté.

Et si je n'espérais de[353] n'obtenir la grâce,
Vous verriez ce corps mort tomber plus froid que glace.

CALIRIE

Meurs, ou sois tout de glace, il m'est indifférent[354],
Tout ce que j'en[355] ai fait était pour ton parent
Que j'aimais, il est vrai, mais dans sa perfidie
J'ai trouvé le défaut qui m'en a refroidie[356].
Ne crois pas toutefois, que pour ne l'aimer pas[357]
Je conserve pour toi le peu que j'ai d'appas,
J'aimerais mieux mourir que d'avoir la pensée
De te considérer[358], parce qu'il m'a laissée ;
Au contraire je veux témoigner aujourd'hui
Que je te fais autant qu'il me donne d'ennui[359],
Et si tu ne veux pas encore me déplaire,
Va-t'en loin de mes yeux, ne presse plus ma mère,
Ou tu m'obligeras à chercher dans ma mort[360],
Contre un si grand orage un favorable port[361].

[Iiij ; 69]

ALIDOR *seul.*

Ô Dieux ! qu'ai-je entendu ? Ces paroles cruelles
Me font dedans le sein des blessures nouvelles.

---

353 Sur la construction *espérer de* + infinitif, voir la note du vers 33 des stances « Au sieur de Rayssiguier ».

354 En français moderne, le pronom *il* impersonnel a été remplacé dans ce tour par le neutre *cela* (« Cela m'est indifférent »).

355 Spillebout note que l'usage de *en* et *y* comme pronoms de rappel est « plus large qu'aujourd'hui » (p. 153). L'emploi du pronom avec la locution « tout ce que » est ici pléonastique.

356 Comprendre : qui m'a refroidie à son égard. Sur l'emploi du pronom *en* pour renvoyer à l'humain, voir la note portant sur « en devient amoureux » dans l'Argument.

357 Sur l'infinitif négatif, voir la note portant sur « ne les avoir pas » dans l'épître dédicatoire. Sur la valeur causale de *pour*, voir la note du vers 76.

358 *Considérer* : « Il signifie encore, Estimer, faire cas » (*Dictionnaire de l'Académie française*, 1694). Calirie prévient Alidor qu'elle ne reportera pas ses feux sur lui, même si Oronte l'a trahie.

359 Comprendre : Que je te fais autant d'ennui qu'il m'en donne.

360 Sur l'emploi pléonastique du déterminant possessif, voir la note du vers 52.

361 Sur cette image topique, voir la note du vers 292. On pense au célèbre ordre qu'Astrée adresse à Céladon au début de *L'Astrée* : « [...] va t'en déloyal, & garde toy bien de te faire jamais voir à moy que je ne te le commande » (éd. citée, Ire partie, livre I, p. 125).

Bien, puisque tu le veux, il me faut éloigner,
Je te veux en cela mon amour témoigner[362],
J'ôterai cet objet si funeste à ta vue,
Mais d'une autre façon que tu n'as pas prévue[363].
Quel démon ennemi depuis deux mois[364] me nuit ?
De qui me dois-je plaindre au malheur[365] qui me suit ?
Oronte, Calirie, Amour, est de vous-même[366],
Vous êtes les auteurs de ma douleur extrême,
Oronte, pour m'avoir à mon retour permis[367]
De voir ces deux beaux yeux qui me sont ennemis,
Et vous, rare beauté, de qui[368] l'injuste gloire,
Après m'avoir vaincu méprise sa victoire,
Vous avez augmenté les douleurs que je sens,
En trompant aujourd'hui mes désirs innocents,
Après m'avoir nourri de vaines espérances,
Et trompé[369] mon amour de fausses apparences ;
Et toi, cruel démon[370], dont le pouvoir fatal,
En me faisant aimer fut auteur de mon mal,
Tu m'as mis en l'état où se trouve mon âme, [70]
En jetant dans mon sein ta malheureuse flamme.
Ah ! que le Ciel est juste ! Il était bien raison[371],
Que la peine suivit ma lâche trahison,
Après avoir trahi l'âme plus vertueuse[372],

---

362 Sur la construction *témoigner* + N, voir la note du vers 291.

363 Sur la négation en *ne...pas* dans la subordonnée comparative, voir la note du vers 745. On peut imaginer qu'Alidor sort ici une épée, évoquée au vers 991.

364 Sur la brève durée de cet amour, voir la note du vers 35.

365 Comprendre : me plaindre du malheur.

366 Comprendre : c'est de vous-mêmes. Sur l'omission du sujet clitique, voir la note portant sur « et se résout » dans l'Argument. L'accord au singulier de « même » est justifié par la rime graphique avec « extrême ».

367 Sur la valeur causale de *pour*, voir la note du vers 76.

368 Sur *de qui* au sens de « dont », voir la note correspondante de l'épître dédicatoire.

369 Comprendre : Et après avoir trompé mon amour.

370 Alidor s'adresse ici à l'Amour, déjà nommé « démon ennemi » au vers 957.

371 Comprendre : Il était bien juste ou raisonnable.

372 Comprendre : La plus vertueuse. Sur la construction du superlatif relatif, voir la note du vers 106 des stances « Au sieur de Rayssiguier ». Alidor parle ici de Cintille, comme le montre l'apostrophe qui suit. Il dévoile ainsi qu'il n'a pas oublié ses anciennes amours, contrairement à ce que pense la jeune fille.

Qui jamais ait brûlé d'une flamme amoureuse.
Viens, Cintille, viens voir le juste châtiment
Que l'amour fait souffrir à ton perfide Amant,
Viens, viens, et tu verras mon âme désolée,
Et la punition de ma foi violée,
Et toi[373] dont l'amitié m'a tiré du cercueil,
Qui pour me consoler as augmenté ton deuil[374],
Oncle trop complaisant à ma flamme incivile[375],
Viens voir à mon endroit ton secours inutile,
Viens voir ton Alidor, que la foudre a frappé,
Alors que tu croyais l'orage dissipé.
Lâches raisonnements, qui m'ôtez le courage,
Abandonnez mon âme au pouvoir de la rage.
N'ai-je plus de vertu contre tant de malheurs ?
Ce bras ne peut-il pas surmonter mes douleurs ?
Ce bras, et cette épée en finissant ma peine
Contenteront bientôt ta rigueur inhumaine, [71]
Tu ne me verras plus, si tu ne me vois mort[376].

Scène VI

ORONTE, ALIDOR

ORONTE *lui arrêtant le bras.*

Qu'est ceci, mon neveu, d'où vous vient ce transport ?

ALIDOR

Ah ! ne m'empêche plus[377] de finir une vie

---

373 Il s'agit d'Oronte.

374 *Deuil* : « Affliction, tristesse, longue douleur » (*Dictionnaire de l'Académie française*, 1694).

375 *Trop complaisant à* : il faut comprendre « trop indulgent envers ». Le mot *complaisant*, qui appartient au lexique de la civilité, s'oppose ici à l'adjectif *incivile*, qui signifie : « qui manque d'honnêteté, qui contrevient à l'honneur », dans la mesure où Alidor s'est épris de Calirie, « sans se souvenir, ni de l'amitié que son oncle lui portait, ni des obligations qu'il lui avait », précise l'Argument. Sur la notion d'incivilité, voir la note du vers 473.

376 Sur le *topos* du suicide, voir la note du vers 112.

377 Comme au début de la scène 5 de l'acte I, les deux hommes se vouvoient, sauf dans ce vers, qui introduit un décrochage pouvant s'expliquer par l'émotion d'Alidor, dont la tentative de suicide est interrompue par Oronte.

De mille ennuis mortels à toute heure suivie ;
J'ai trop longtemps vécu pour mon contentement,
Vous m'avez une fois tiré du monument,
Oronte, c'est assez, laissez-moi donc poursuivre [72]
Le dessein que j'ai fait de ne vouloir plus vivre[378],
Calirie elle-même en a donné l'arrêt[379],
Et puisqu'elle le veut je mourrai sans regret.

ORONTE

Pousse doncques plutôt dans mon sein ton épée,
Qu'elle soit dans mon sang, et non du tien trempée[380].
Quel accident nouveau vient troubler tes plaisirs ?
Quelqu'un a-t-il voulu traverser tes désirs ?
Si Larinthe le veut, Alidor, qui[381] te fâche ?

ALIDOR

Moi-même, d'avoir fait une action si lâche,
Car je devais[382] mourir dès le premier moment,
Que mon amour troubla votre contentement.

ORONTE

Cher neveu, ne mets plus mon intérêt en compte[383],
Si tu veux obliger le malheureux Oronte,
Et me dis[384] seulement d'où vient ton désespoir
Depuis une heure ou deux que tu m'es venu voir[385].

---

378 Sur l'infinitif négatif, voir la note portant sur « ne les avoir pas » dans l'épître dédicatoire.

379 *Arrêt* : jugement, sentence.

380 Au livre XI de la IIe partie de *L'Astrée*, Thamire, croyant que Calidon est mort, tombe sur une pierre dont il se fend la tête. Son sang le recouvre alors, aussi bien que Calidon (éd. citée, p. 545).

381 *Qui*, pronom interrogatif, est fréquemment employé à la place de *qu'est-ce qui* en français classique (Spillebout, p. 172).

382 Sur la valeur modale de « devais », glosable par « aurait dû », voir la note du vers 345, dans lequel Alidor exprime la même idée.

383 L'édition originale donne l'orthographe « conte ». Voir la note du vers 372, où le mot rime déjà avec « Oronte ».

384 Sur la place du clitique dans les séquences avec impératifs affirmatifs coordonnés, voir la note du vers 859.

385 Oronte fait référence à la scène 4 de l'acte II. Ainsi, il ne s'est écoulé qu'« une heure ou deux » depuis le milieu de l'acte II, ce qui souligne le respect de l'unité de temps. Sur

ALIDOR

Du seul commandement que m'a fait cette belle
De ne montrer jamais Alidor devant elle[386]. [K ; 73]

ORONTE

Si ce n'est que cela, ne t'en étonne pas,
On l'apaisera bien à moins que du trépas[387] ;
Ces mouvements de fille aisément se détruisent
Alors que les flambeaux de mariage luisent,
Repose-t'en sur moi, je suis bien assuré
Que sa mère tiendra ce qu'elle m'a juré,
Calirie en un mot n'oserait la dédire,
Et demain au plus tard finira ton martyre[388].
Que si[389] cela n'est pas, je te permets après,
Selon que tu voudras[390] de finir tes regrets ;
Jusques à ce temps-là donne-toi patience,
Je t'en parle, Alidor, de certaine science[391].

ALIDOR

C'est pour vous contenter, mais je suis bien certain
Que tout votre travail ne peut être que vain.

---

ce point, voir notre introduction, « Le genre en question ».

386 Alidor rappelle les vers 947-948 prononcés par Calirie.

387 La locution *à moins que de*, disparue en français moderne, signifie ici « avec moins que », « sans aller jusqu'au trépas » (Haase, § 138, Remarque I).

388 Larinthe a en effet fixé au lendemain de cette journée le mariage d'Alidor et Calirie. Voir le vers 922 et la note correspondante.

389 Sur *que si*, voir la note portant sur « que s'il y en avait de si ignorants » dans l'épître dédicatoire.

390 Comprendre : Comme tu le voudras.

391 Cette confiance et la promesse faite à Alidor seront démenties dès l'acte suivant, à la scène 3, lorsqu'Oronte tentera de se réconcilier avec Calirie.

[74]

ACTE IV

Scène I

MÉLISSÉE *seule.*

Quoiqu'un juste dépit de me voir refusée,
De voir par un ingrat ma flamme refusée[392],
Dût chasser de mon sein l'amour que j'ai pour lui,
J'adore toutefois l'auteur de mon ennui,
J'adore cet ingrat qui m'a désobligée,
Et ne le puis haïr, bien qu'il m'ait négligée,
Alcandre, que le Ciel redonne[393] injustement, [K ij ; 75]
Avec tant de beautés, un cœur qui les dément ;
Devait-il[394] animer ce miracle visible,
Et cet objet d'amour, que d'une âme sensible[395] ?
Que ne te donnait-il[396] le cœur que tu n'as pas,
Ou ne te faisait naître avecques moins d'appas ?
Mais devais-je espérer qu'en un pays barbare
Pût naître sans défaut une beauté si rare,
Qui n'eût du naturel des flots, et des rochers[397],
Qui le long de son Île effraye les nochers[398] ?
Je l'aime toutefois, quoique je m'en défende,

392 Sur la rime à l'identique, voir la note du vers 768.

393 Comprendre : à qui le Ciel redonne. « REDONNER, signifie aussi, Donner à plusieurs reprises » (Furetière).

394 Sur la valeur modale de « devait », glosable ici par « aurait-il dû », voir la note du vers 345. Le sujet du verbe est « le Ciel ». Voir également, au vers 1043, la forme « devais-je », qui a le sens de « aurais-je dû ».

395 Comprendre : avec autre chose qu'une âme sensible ?

396 Sur ce tour figé – *que ne… ?* – voir la note du vers 820. L'imparfait a ici la valeur aspectuelle du passé composé et marque l'accompli (Spillebout, p. 212) : « pourquoi ne t'a-t-il pas donné… ? »

397 Comprendre : qui n'eût pas le naturel des flots et des rochers.

398 *Nocher* signifie « Celuy qui gouverne, qui conduit un vaisseau. Il n'a guere d'usage qu'en poesie » (*Dictionnaire de l'Académie française*, 1694). Mélissée reprend ici une description topique de l'Angleterre comme « pays barbare ». Le passage de *L'Astrée* dans lequel puise Rayssiguier présentait au contraire ce pays comme la terre de la courtoisie, conformément à certaines cosmographies du temps, telle celle de François de Belleforest (voir *L'Astrée*, éd. citée, Ire partie, livre XII, p. 659, note 16). C'est également cette image de la douce

Et contre mon désir[399] il faut que je me rende,
Je trouve en ses mépris quelques charmes puissants
Qui le font malgré moi maître de tous mes sens[400].
Imprudent que tu es[401], qui pour me vouloir plaire,
As amené chez moi ce cruel adversaire,
Tu croyais qu'il me pût obliger à t'aimer;
Mais nous avons tous deux raison de nous blâmer,
Toi pour t'être servi d'un agent[402] dont la grâce
Des hommes plus parfaits[403] les mérites efface,
Et moi pour avoir vu d'un œil trop amoureux
Un homme que j'adore, et se croit malheureux[404]. [76]
Si je me suis moquée autrefois de ta flamme,
Viens voir qu'un autre rit des ardeurs de mon âme,
Alcandre t'a vengé par le cruel mépris
Qu'il fait de la beauté de celle qui t'a pris,
Il tient dans la prison celle qui te captive[405],
Et lors que je te fuis, il faut que je le suive.
Je ne puis, Florintor, souffrir ton entretien,
Encor que par mon mal je connaisse le tien.
Voici le malheureux[406], qui selon sa coutume
Me vient importuner du feu qui le consume.
Ah! que tu trouveras de changement en moi,
Puisqu'Alcandre aujourd'hui ne vient pas avec toi.

Alcyon que l'on retrouvera dans *Le Page disgracié* de Tristan L'Hermite (voir Ire partie, chap. XXII-XLVI et IIe partie, chap. I-III).

399 Nouvelle image de l'Éros sensuel et violent, entièrement mû par le désir, qui anime Mélissée, à opposer à l'affection douce et réciproque qui unit Oronte et Calirie. Voir également les scènes 2 de l'acte II et 3 de l'acte III.

400 Sur la rime entre « puissants » et « sens », voir la note du vers 814.

401 Mélissée s'adresse à Florintor, qui n'est pas encore entré en scène. La jeune femme signale son arrivée au vers 1067.

402 *Agent* : « Celuy qui est commis pour faire les affaires d'un Prince, de quelque corps, ou de quelqu'un en particulier » (Furetière).

403 Comprendre : les plus parfaits. Sur la construction du superlatif relatif, voir la note du vers 106 des stances « Au sieur de Rayssiguier ».

404 Comprendre : Et qui se croit malheureux.

405 Mélissée joue sur la syllepse de sens, *captiver* signifiant à la fois « rendre captif » et « ravir, séduire ». Sur le *topos* de la prison d'amour, voir la note du vers 215.

406 Sur la liaison de présence et de discours entre deux scènes, voir la note du vers 55.

[K iij ; 77]

Scène II

FLORINTOR, MÉLISSÉE

FLORINTOR

À quoi se divertit la belle Mélissée ?
Suis-je assez bienvenu pour savoir sa pensée ?
Je ne l'espère pas, je suis trop malheureux.

MÉLISSÉE

Je ne pensais qu'à vous.

FLORINTOR

Ô rencontre[407] amoureux,
Fortuné Florintor, s'il faut que je le croie.

[78]

MÉLISSÉE

Il n'est pas temps encor de montrer votre joie,
Je ne pensais qu'à vous, mais pour vous témoigner
Qu'il faut pour m'obliger désormais m'éloigner[408],
Que je ne saurais plus vous voir, ni vous entendre,
Que c'est folie à vous désormais d'y prétendre,
Que votre passion me déplaît tellement,
Que je ne vous puis voir sans mécontentement.
Non, non, je ne veux plus vous donner espérance,
Et nourrir votre amour d'une fausse apparence,
Tout ce que j'en ai fait[409] était pour obliger,
Plutôt que Florintor, votre ingrat étranger,
Et si vous ne voulez vous attirer ma haine,
Ne me voyez jamais.

---

407 *Rencontre* peut encore être de genre masculin ou féminin dans la première moitié du siècle.

408 Comprendre : vous éloigner de moi. Sur la construction du verbe *éloigner*, voir la note du vers 54 des stances « Au sieur de Rayssiguier ». Mélissée congédie Florintor de la même façon que Cintille a banni Alidor de sa vue (voir la note du vers 950).

409 Sur ce tour, où le pronom *en* est d'emploi pléonastique, voir la note du vers 938.

FLORINTOR

Arrêtez, inhumaine,
Dites-moi la raison d'un si prompt changement.

MÉLISSÉE

Adieu, je vous l'ai dit encor trop clairement.

FLORINTOR

Cruelle, tu t'en vas, et deux ans de service[410]
Ne peuvent t'empêcher d'un si mauvais office. [79]
Je vois bien ce que c'est, cet aimable étranger
Est l'objet aujourd'hui qui t'oblige à changer ;
Sa beauté t'a surprise, et par mon imprudence
J'ai moi-même introduit l'innocent qui m'offense.
Ô Dieux ! un étranger depuis deux jours venu,
Qu'elle n'a pas encor deux fois entretenu[411],
Qui pour un autre objet à toute heure soupire,
Est cet heureux Amant, que seul elle désire,
Et moi qui l'ai servie[412], et n'ai jamais aimé
Qu'elle seule depuis que je suis animé,
Né d'un même pays, de longue connaissance,
Je suis le malheureux, dont elle veut l'absence.
Sexe ingrat, et léger, qui change plus souvent
Que les roseaux pliés par la force du vent,
Qui n'as rien de l'humain que les traits du visage,

410 Sur cette durée topique du service amoureux, déjà mentionnée par Florintor et Cintille, voir le vers 438 et la note correspondante.

411 Au début de l'acte II, Cintille affirme être arrivée depuis « un mois » (v. 407). La première scène où nous voyons le faux Alcandre et Mélissée ensemble (II, 3) n'est pas leur première rencontre, comme l'indique le monologue de Mélissée, dans la deuxième scène de l'acte II. Les indications que nous donne ici Florintor nous renseignent donc moins sur l'unité de temps qu'elles ne sont à entendre comme symboliques : la passion de Mélissée pour Alcandre, aussi violente que soudaine, s'oppose au long service amoureux, signe de constance, de Florintor. Les personnages s'apparentent en ce point à l'autre triade formée par Oronte, Calirie et Alidor, qui oppose elle aussi le temps long et la constance de l'amour d'Oronte et Calirie, né dès l'enfance de celle-ci, à la passion beaucoup plus récente et fragile d'Alidor, qui n'aime l'héroïne que depuis « deux mois » (v. 957).

412 L'édition originale donne « servi ». L'accord du participe passé, construit avec l'auxiliaire *avoir*, avec le COD antéposé, souffre encore des exceptions tout au long du siècle (Fournier, § 467, p. 322).

Et qui ne mit jamais la raison en usage[413],
Que nous serions heureux, si notre volonté
Ne se laissait pas vaincre aux traits de ta beauté !
Mais le Ciel qui t'a fait avecques tant de charmes
Pour te bien résister nous refuse des armes,
C'est pourquoi malgré nous il nous faut obéir, [80]
Aimant nos ennemis, au lieu de les haïr[414].
Je te veux donc aimer, cruelle Mélissée,
Attendant que le temps ait changé ta pensée,
Je suis bien assuré qu'Alcandre a dans le sein
Des feux qui le rendront contraire à ton dessein :
Allons le voir chez lui, pour lui faire connaître
S'il ne le sait encor[415], l'amour qu'il a fait naître.

[L ; 81]

Scène III

ORONTE, CALIRIE[416]

ORONTE

Arrêtez, Calirie, écoutez ma raison[417].

---

413 Ces quatre vers reprennent les principaux éléments de la satire misogyne traditionnelle : voir le personnage de Stelle, pendant d'Hylas, dans la première partie de *L'Astrée* (livre V). On peut les opposer à la satire que Cintille a déjà faite du sexe masculin, dans sa première réplique, au seuil de l'acte II.

414 Comprendre : En aimant nos ennemis. Sur l'absence de préposition devant le gérondif, voir la note portant sur « s'excusant » dans l'Argument. Voir également, au vers 1116, « Attendant que » (comprendre : « En attendant que le temps ait changé ta pensée »). – L'image de la passion amoureuse comme une guerre entre les amants est topique et intervient à plusieurs reprises au cours de la pièce. Voir le vers 20 et la note correspondante.

415 Cintille a révélé s'être aperçue de l'amour de Mélissée pour le faux Alcandre dès la scène 2 de l'acte III.

416 On note la rupture de la liaison des scènes. Nous ne sommes plus chez Mélissée, comme dans les scènes 1 et 2 de l'acte, mais très certainement à l'extérieur, à proximité des demeures des personnages. Ce dialogue, ainsi que la scène suivante, où Alidor surprend la conversation des amants, correspondent au récit que fait Thamire aux pages 82-83 du livre I de la IIe partie de *L'Astrée* (éd. citée), à la différence près que Célidée quitte les deux hommes furieuse, en refusant d'appartenir à l'un d'entre eux.

417 Contrairement à la scène 3 de l'acte I, Oronte vouvoie Calirie, qui le tutoie. Cette absence de réciprocité peut s'expliquer par la distance respectueuse que l'amant veut marquer envers sa maîtresse, avec qui il tente de se réconcilier, et par la colère de Calirie, qui l'accable de reproches. Mais l'usage du tutoiement par Calirie ne relève pas seulement du régime affectif. Dans la tragédie classique, il est fréquent que l'amant vouvoie sa

CALIRIE

N'as-tu point inventé quelque autre trahison[418] ?
Ton esprit n'est-il pas content de la première ?
Si tu n'es satisfait, ôte-moi la lumière,
Arrache-moi le cœur que le tien a trahi.

ORONTE

Est-il possible, ô Dieux ! qu'Oronte soit haï ?

[82]

CALIRIE

Tu ne l'es pas encor comme tu devrais être[419].

ORONTE

Quoi, ma fille croira que son Amant soit traître[420] ?

CALIRIE

Comment nommeras-tu ta dernière action ?
N'as-tu pas été traître à mon affection ?
Tu me veux obliger de trouver agréable
Un homme qui pour moi n'eût jamais rien d'aimable,
Que je hais de nature[421], et que je ne puis voir
Dans le dessein qu'il a qu'avec le désespoir[422] ;
Toi de qui[423] je croyais l'ardeur pour moi puissante,

---

maîtresse qui, quant à elle, le tutoie. Sur ce point, voir J.-Y. Vialleton, *Poésie dramatique et prose du monde*, *op. cit.*, p. 282.

418 Ce début de scène duplique la querelle des amants qui a eu lieu dans la première scène de l'acte III. Mais Calirie a alors accablé Oronte de reproches sans lui laisser le loisir de s'expliquer, ce qu'il va faire ici.

419 Comprendre : autant que tu devrais l'être. Dans la proposition introduite par *comme*, on relève régulièrement l'ellipse du pronom complément du verbe (Spillebout, p. 346).

420 *Ma fille* : sur cette manière de désigner Calirie, voir la note du vers 131. – *Soit traître* : sur le choix du subjonctif dans la complétive régie par le verbe *croire*, voir la note du vers 431. Ce mode s'explique ici par le fait qu'Oronte nie avoir trahi Calirie et ne prend donc pas en charge cet énoncé.

421 Calirie a déjà rappelé son inimitié naturelle envers Alidor aux vers 723-726 de la première scène de l'acte III. Dans *L'Astrée*, Thamire emploie des termes proches : « non seulement elle ne l'aymoit point, mais elle le haissoit, & falloit bien que cette inimitié vint de nature, puis qu'il n'y avoit suject quelconque apparent de luy vouloir mal […] » (éd. citée, IIe partie, livre I, p. 75-76).

422 Comprendre : dont je ne puis voir le dessein de m'épouser qu'avec désespoir.

423 Comprendre « dont ». Sur *de qui*, voir la note correspondante de l'épître dédicatoire.

Abusant aujourd'hui de ma flamme innocente,
Tu presses mes parents[424] de m'engager ailleurs,
Et je pourrais avoir des sentiments meilleurs ?
Non, non, je te crois traître, et quoi que tu me dies[425],
Après des trahisons si lâchement ourdies,
Si je te croyais plus[426], j'aurais bien mérité
Le mal que m'a causé ton infidélité.

[L ij ; 83]

ORONTE

Il est vrai que ma faute est au nombre des crimes
Qui se doivent punir dans les profonds abîmes ;
Mais si vous me voulez écouter un moment,
Vous saurez que je suis toujours fidèle Amant,
Vous verrez que ma flamme est toujours tout entière,
Que je n'ai rien perdu de mon ardeur première,
Que j'aime Calirie, et que ce que j'ai fait
N'est que de mon malheur un misérable effet.

CALIRIE

Dis ce que tu voudras, et toutefois t'assure[427]
Que mon cœur est déjà guéri de sa blessure.

ORONTE

S'il est vrai, ma chère âme, il me faut donc mourir,
Et rien que[428] le trépas ne me peut secourir :
Perdant[429] votre amitié, je n'ai rien qui me reste,
Qui ne soit désormais à mes plaisirs funeste[430] ;

424 Ce nom renvoie en fait à sa mère Larinthe, la seule de ses « parents » à apparaître dans la pièce.

425 Nous conservons cette forme ancienne du subjonctif du verbe *dire* pour maintenir la rime avec « ourdies ».

426 Comprendre : si je te croyais davantage, si je continuais de croire tes serments d'amour.

427 Sur la place du clitique dans les séquences avec impératifs affirmatifs coordonnés, voir la note du vers 859.

428 Comprendre : Et rien d'autre que le trépas. Sur le tour restrictif *rien que*, voir Spillebout, p. 310.

429 Comprendre : En perdant. Sur l'absence de préposition devant le gérondif, voir la note portant sur « s'excusant » dans l'Argument.

430 Comprendre : Tout ce qui me reste est désormais funeste à mes plaisirs.

Dès que j'aurai perdu votre doux entretien,
Je tiens indifférents, et le mal, et le bien.

[84]

CALIRIE

S'il est vrai que je sois[431] à ton âme si chère,
Pourquoi me presses-tu d'obéir à ma mère,
Et pourquoi pour accroître aujourd'hui mon ennui,
M'as-tu voulu soumettre aux volontés d'autrui ?
Parle.

[L iij ; 85]

Scène IV

ALIDOR, CALIRIE, ORONTE

ALIDOR *tout bas.*

Je trouve seuls Oronte et Calirie :
Voici l'occasion de voir leur tromperie,
Je les veux écouter.

CALIRIE

La honte t'interdit[432],
Tu ne saurais répondre à ce que je t'ai dit.

ORONTE

Il est vrai que je sens une douleur si forte
De m'être avecques vous gouverné[433] de la sorte,
Que je ne sais que dire, et que je suis honteux [86]
De vous avoir rendu mon amour si douteux,

---

431 Le mode subjonctif n'est pas ici commandé par la structure impersonnelle *il est vrai que*, mais par le système hypothétique introduit par *si* (Fournier, § 496, p. 343 et § 549, p. 365). Le fait que Calirie opte pour le subjonctif (elle aurait pu dire « S'il est vrai que je suis… ») montre qu'elle refuse de prendre en charge l'énoncé « je suis à ton âme si chère ».

432 « INTERDIRE. v. a. […] Il signifie aussi Estonner, troubler en sorte qu'on ne sçache ce qu'on dit, ny ce qu'on fait, & dans ce sens il n'a guere d'usage que dans les temps qui sont formez du participe. *La peur l'avoit interdit, l'avoit tellement interdit que.* » (*Dictionnaire de l'Académie française*, 1694.)

433 *Se gouverner* : se conduire, se comporter.

D'avoir à son sujet[434] trahi ma propre flamme,
Et d'avoir pour sa vie entrepris sur mon âme.
Mais vous savez qu'il est l'appui de ma maison,
Que ce que j'en ai fait[435], je l'ai fait par raison,
Que son père en mourant le remit à ma garde[436],
Que je le dois servir en ce qui le regarde,
Ou je serais ingrat à cette affection[437],
Que son père a fait voir en semblable action[438].
La santé toutefois à mon neveu rendue,
Et qu'il conserve encor, quoiqu'il vous ait perdue,
Devrait m'avoir rendu ce que j'avais donné,
Et m'assurer déjà que je suis pardonné :
Accordez, Calirie, une faveur si grande
Au malheureux Oronte, et signez sa demande[439].

ALIDOR *se découvrant.*

Je viens pour la signer, mais c'est avec le sang
Que ce fer à vos yeux tirera de ce flanc.

CALIRIE *l'arrêtant.*

Alidor, arrêtez, c'est moi qui vous conjure
De ne me faire point cette seconde injure[440] ; [87]
Suspendez quelque temps ce transport inhumain,

---

434 Le déterminant possessif renvoie à Alidor, comme au vers suivant (« pour sa vie »).

435 Sur l'emploi pléonastique du pronom *en*, voir la note du vers 938.

436 *À ma garde* : à mes soins, sous ma protection.

437 Sur la construction *ingrat à* (« ingrat envers »), voir la note du vers 295.

438 Oronte rappelle ici les raisons de son sacrifice amoureux, déjà évoquées dans son monologue de la fin de la scène 2 de l'acte I (v. 79-99). Le passage correspondant de *L'Astrée*, dans lequel Thamire rapportait ses propos au discours narrativisé, était plus elliptique et mettait surtout en avant l'opposition entre raison et passion : « En cette deliberation je trouve la Bergere, je luy fais entendre la raison qui m'a contrainct de traiter de cette sorte avec elle, & celle qui maintenant me rappelle à son service, la supplie & conjure d'oublier la faute que la raison m'avoit fait faire, bref, je n'y oublie ce me semble chose qui puisse servir à ma cause » (éd. citée, IIe partie, livre I, p. 82).

439 Comprendre : autorisez sa demande, approuvez-la.

440 *De ne me faire point* : sur l'infinitif négatif, voir la note portant sur « ne les avoir pas » dans l'épître dédicatoire. Dans ce vers, Calirie considère la mélancolie érotique d'Alidor, qui a failli le mener au tombeau, comme une « première injure » qu'il lui a faite, c'est-à-dire comme un outrage à son égard.

Et vous serez contents l'un et l'autre demain[441].

ALIDOR

Non, ne retardez point la mort que je désire,
C'est d'elle que j'attends la fin de mon martyre.
Après avoir connu qu'Oronte m'a trahi,
Que j'aime sans espoir, et que je suis haï,
Me conserver la vie[442] est augmenter ma peine,
Laissez-moi donc mourir, vous me serez humaine.

CALIRIE

Vous m'aimez, Alidor, Oronte m'aime aussi,
Et je dois vous tirer tous deux de ce souci.
Jurez-moi seulement de ne rien entreprendre
Jusqu'à ce que demain je vous le fasse entendre[443] ;
S'il est vrai que l'on m'aime, on me doit obéir,
La désobéissance oblige de haïr[444].

ORONTE

Pour moi, je vous promets que mes ardeurs plus fermes
Se maintiendront toujours dedans leurs premiers termes.

[88]

ALIDOR

Et moi, quoique je sois tout à fait malheureux,
Pour vous désobéir je suis trop amoureux ;
Votre commandement m'est une loi sévère
Que je reçois pourtant de peur de vous déplaire.

---

441 Célidée avait quant à elle, après d'autres péripéties que nous avons résumées dans l'introduction (voir « La double matière urféenne »), demandé quelques nuits de délai (*L'Astrée*, IIe partie, livre XI). En concentrant ainsi les événements, Rayssiguier marque à la fois son souci de respecter l'unité de temps et sa volonté de créer un effet de dramatisation, par l'annonce de la résolution imminente de l'action.

442 « Le participe passé en position détachée, surtout à l'initiale de la phrase, [...] se rattache naturellement à un terme saillant du contexte gauche, qui a été mis en place comme thème de l'énoncé, et non à un terme du contexte droit qui soit le sujet de la phrase, comme voudrait l'imposer la norme puriste qui se met en place au XVIIIe siècle [...] » (Fournier, § 472, p. 323-324). Le participe « avoir connu » n'est pas incident au sujet du verbe conjugué, mais au pronom « me ». Voir aussi la note du vers 852.

443 Comprendre : Je vous fasse comprendre comment je vais vous tirer tous deux de ce souci.

444 Calirie s'appuie ici sur la conception du service amoureux, dans la tradition de la *fin'amor* médiévale, selon laquelle l'amant doit entière soumission et obéissance à sa dame.

CALIRIE

Je vous quitte, et croyez que dans le même temps[445]
Que je vous ai promis, je vous rendrai contents.

ORONTE

Je croirai tout de vous, mais je crains le contraire.

ALIDOR *seul.*

Oronte, qui toujours m'as servi comme père[446],
Et qui m'as retiré du milieu des ennuis,
Tu feins de me sauver, et c'est toi qui me nuis.
Entendez-vous tous deux, j'ai toujours mon remède,
La mort quand je voudrai sera prête à mon aide[447].

[M ; 89]

Scène V

CINTILLE *dans la solitude*[448].

Tristes ressentiments du bien que j'ai perdu,
Sortez de ma pensée,
C'est un bien qui jamais ne me sera rendu,
Alidor m'a laissée,
L'ingrat ne songe plus à sa première ardeur,
Et je connais dans sa froideur
Que de son souvenir Cintille est effacée.

Misérable Cintille, à quoi te résous-tu
Dans ce cruel orage ?
Il te faut conseiller à[449] ta propre vertu,

445 Comprendre : dans le temps même (voir Fournier, § 333, p. 224-225).

446 Alidor répète ici presque littéralement le vers 185 de ses stances (I, 4) : « Oronte qui me sert de père ».

447 Comprendre : à me venir en aide. Alidor tient sans doute toujours le « fer » évoqué au vers 1186. Sur le *topos* du suicide, voir la note du vers 112.

448 Il s'agit de la seconde scène de stances, après celle d'Alidor (I, 4). Le changement de lieu entraîne la rupture de la liaison des scènes. Sur le lieu de la solitude, voir la note correspondante de l'Argument.

449 Comprendre : prendre conseil auprès de ta propre vertu. La construction *conseiller qqn de + infinitif* est attestée jusqu'au XVIIIe siècle (Haase, § 59, p. 129). En revanche, nous n'avons pas trouvé trace de la construction employée par Rayssiguier.

Et montrer ton courage ; [90]
Cesse de t'affliger, prends un meilleur dessein,
Et reçois dans ton triste sein
Les conseils violents que te donne la rage[450].

Meurs, meurs, et n'attends plus le secours des humains,
Ton attente est trop vaine,
Ce fer dans un moment, par l'aide de tes mains,
Mettra fin à ta peine ;
Pousse-le hardiment, et dans ton propre cœur
Va chercher cet ingrat vainqueur[451],
Et venge dessus lui ta douleur inhumaine.

Le traître y règne encor avec tous ses mépris,
Mais avec tant de charmes,
Que malgré la fureur qui trouble mes esprits,
Il m'arrache les armes[452],
Et pour s'y maintenir me contraint doucement
De vivre parmi mon tourment,
Et de continuer mes soupirs, et mes larmes.

[M ij ; 91]

Pleurons doncques, pleurons, puisqu'il le veut ainsi,
La matière en est ample,
Et faisons en ces lieux de ces gazons[453] ici
Un déplorable temple,
Où mes longues douleurs, et ma fidélité
Laissent à la postérité
De constance et d'amour un mémorable exemple[454].

---

450 Cintille tient un poignard, comme le montre la strophe suivante. On retrouve donc ici une nouvelle fois le *topos* du suicide.

451 Cintille désigne ainsi Alidor, qui, selon la conception néo-platonicienne de l'amour, loge dans son cœur. Voir la note du vers 456.

452 Sur le *topos* de l'amour comme guerre entre les amants, voir le vers 20 et la note correspondante.

453 Le vers est saturé de compléments de lieu. *Gazon* est un terme poétique employé pour désigner l'herbe, que l'on trouve fréquemment dans la pastorale, généralement au pluriel (« [Ergaste] apperceut la Bergere assise sur les gazons qui estoient relevez autour de la fontaine en façon de sieges [...] », *L'Astrée. Première partie*, éd. citée, livre X, p. 599).

454 Après Oronte (« Afin que languissant, et toujours malheureux, / Je sois un triste exemple aux lâches amoureux », III, 1, v. 749-750), Cintille souligne elle aussi la portée exemplaire

[92]

Scène VI

ORCAN, CINTILLE

ORCAN

Je me tromperais fort en mon opinion,
Si vous ne rêviez pas à votre passion :
Ces yeux noyés de pleurs, et cette couleur blême
Me témoignent assez votre douleur extrême[455].
Ne me le cachez point, il se faut retirer
De cette folle ardeur qui vous fait soupirer.

CINTILLE

Orcan, il est certain que j'avais ma pensée
Portée à[456] cet ingrat qui m'a l'âme blessée,
Et que je ne saurais souffrir qu'avec douleur [M iij ; 93]
Sa lâche ingratitude, et mon cruel malheur.
Mais que m'apportes-tu[457] ? dois-je mourir, ou vivre ?
Dis-le-moi franchement.

ORCAN

Son crime vous délivre.

CINTILLE

Son crime ! qu'a-t-il fait ?

ORCAN

Rien, sinon vous trahir,
Pour une qui ne peut jamais que le haïr.
Voyez si son forfait ne vous a pas vengée,
Et s'il n'est pas puni de vous avoir changée :
Il aime une beauté, qui ne le peut souffrir,
Et qui rit de ses vœux quand il les vient offrir.

---

de son amour pour Alidor. Sur ce point, voir notre introduction, « "De la générosité" : l'exemplarité amoureuse ».

455 Sur la construction *témoigner* + *N*, voir la note du vers 291. Voir également le vers 1275.

456 La préposition *à* remplace parfois *vers* en français classique (Haase, § 120, p. 314).

457 Comprendre : Quelles nouvelles m'apportes-tu ?

CINTILLE

Son nom…

ORCAN

Est Calirie, et son rival Oronte,
Voilà comme l'amour a vengé votre honte.

[94]

CINTILLE

Tu me parles, Orcan, trop généralement,
Dis-moi ce qui se passe, et ne mens nullement.

ORCAN

Alidor amoureux de cette belle Dame[458],
A fait l'extravagant pour témoigner sa flamme,
Il est tombé malade, et se laissait mourir
Lorsque cette beauté l'est venu secourir.

CINTILLE

Comment ?

ORCAN

Oronte à qui sa flamme était connue,
Encore qu'il usât de quelque retenue[459],
Adorait Calirie, elle l'aimait aussi,
C'était le même cœur, et le même souci ;
Mais voyant qu'Alidor ne vivrait point sans elle,
Il fit une action à lui-même cruelle,
Il fut voir[460] son neveu, lui dit sa passion,

458 Cette réplique, ainsi que les deux suivantes d'Orcan, redoublent l'Argument de la pièce : elles résument tout ce qui s'est passé jusqu'à la scène 4 de l'acte IV. Bien que ce récit soit justifié par l'ignorance de Cintille et par sa demande exprimée au vers 1273, on peut s'interroger sur l'utilité dramatique et dramaturgique d'un tel résumé. Orcan aurait très bien pu livrer hors scène ses informations à Cintille, afin d'éviter de répéter des éléments déjà connus du spectateur, qui les a même vus, pour certains, représentés sur scène. Ce passage est d'autant plus surprenant qu'Oronte n'a, quant à lui, pas assisté à ces scènes et a donc tout appris pendant que Cintille déclamait ses stances, à la scène précédente.

459 Voir ce que dit le Médecin aux vers 67-68 de la scène 2 de l'acte II (« Il l'aime, et son amour a quelque retenue, / Qui difficilement me peut être connue »).

460 Comprendre : Il alla voir. Spillebout signale cet emploi du verbe *être* + infinitif qui se substitue à *aller* (p. 181-182).

Et qu'il le veut servir dans son affection[461],
De fait il le servit avecques tant d'adresse,
Que pour l'amour de lui sa Dame le caresse,
Le visite souvent, si bien que sa beauté [95]
Lui redonnât bientôt sa première santé[462].
Mais lorsqu'il fut guéri, la belle refroidie
Lui parlait autrement que dans sa maladie[463] ;
Oronte qui craignait que ce grand changement
Ne jetât son neveu dedans le monument,
Avait avec la mère arrêté l'hyménée[464].
Calirie d'abord se voit bien étonnée,
Mais se voyant pressée, elle demande un jour,
Pour se pouvoir résoudre à ce nouvel amour[465] ;
Cependant elle pleure, elle se plaint d'Oronte,
Lui reproche son crime, et le couvre de honte[466],
Elle fuit Alidor plus qu'elle n'avait fait[467],
Lui dit que son amour la fâche, et lui déplaît,
Qu'elle ne le peut voir qu'avec un œil de haine,
Qu'elle mourra plutôt que d'alléger sa peine[468].

---

461 Ces deux derniers vers résument la scène 5 de l'acte I.

462 *Lui redonnât* : dans les consécutives corrélatives en *si* (*tant, tellement…*) *que* et après *si bien que*, on trouve le mode subjonctif (Fournier, § 519, p. 354). – *Sa première santé* : cet effet se produit en réalité au terme d'une seule visite de Calirie, qui a lieu à la fin de l'acte I (voir la scène 6). Orcan suit ici plutôt ce que dit l'Argument : « Alidor, qui visité souvent de Calirie, commençait à se remettre […] ».

463 C'est ce qu'Alidor apprend à Oronte à la scène 4 de l'acte II (v. 569-576) et ce que Calirie déclare à Alidor à la scène 5 de l'acte III (v. 937-950).

464 Ce résumé est partiellement infidèle, dans la mesure où Oronte a arrangé l'union d'Alidor et Calirie avant d'apprendre le changement de celle-ci, comme il l'apprend à son neveu aux vers 585-601 de la scène 4 de l'acte II.

465 Calirie demande en fait « quelques jours » de délai à sa mère Larinthe : « Donnez-moi quelques jours pour porter mon esprit / Au cruel changement que vous m'avez prescrit » (II, 5, v. 645-646).

466 Les reproches adressés par Calirie à Oronte sont développés dans les scènes 1 de l'acte III et 3 de l'acte IV.

467 Dans les subordonnées comparatives, le pronom complément peut ne pas être exprimé : « plus qu'elle ne l'avait fait ».

468 Orcan reformule ici ce que Calirie déclare à Alidor aux vers 937-950 de la scène 5 de l'acte III. La jeune femme affirme en effet préférer la mort à une union avec lui : « J'aimerais mieux mourir que d'avoir la pensée / De te considérer, parce qu'il m'a laissée » (v. 943-944). Voir également le vers 949 (« Ou tu m'obligeras à chercher dans ma mort »).

CINTILLE

Amour, juste vengeur de mes feux innocents,
Enfin tu l'as puni des maux que je ressens.

ORCAN

Oronte dont l'amour était toujours puissante[469],
Était si satisfait de la[470] voir si constante, [96]
Que voyant son neveu supporter sans mourir,
Ce qu'il ne croyait pas qu'il pût jamais souffrir,
Retourne à[471] Calirie, et par des raisons fortes
Tâche de rallumer les ardeurs qu'il croit mortes[472].
Alidor qui l'avait par hasard entendu,
L'interrompit plus tôt qu'il n'avait attendu[473],
Se plaint de tous les deux, leur fait plusieurs reproches,
Et les rend aussi froids que s'ils étaient des roches[474] ;
Il se voulut tuer, mais il fut arrêté
Par le commandement que fit cette beauté :
« Si vous m'aimez, dit-elle, aimez donc votre vie,
Et perdez tout à fait cette brutale envie,
Demain sans y[475] faillir, je vous rendrai contents,
Pour vous aimer tous deux, je prends cela de temps[476] ».
Voilà le vrai sujet de sa mélancolie,
Et ce qui s'est passé dans toute sa folie.

---

469 Le mot *amour* est ici féminin. Voir la note du vers 590.

470 Le pronom renvoie à Calirie.

471 Comprendre : Il retourne vers. Sur l'omission du sujet clitique, voir la note portant sur « et se résout » dans l'Argument. Sur l'emploi de la préposition *à* à la place de *vers*, voir la note du vers 1259.

472 Orcan résume des scènes qui viennent d'être représentées : la scène 3 de l'acte IV et le début de la scène suivante (v. 1167-1184).

473 Comprendre : Qu'il ne s'y attendait. Cette interruption intervient au vers 1185 de la scène 4 de l'acte IV.

474 Orcan résume les vers 1185-1186 et 1191-1196 de la même scène. Sur l'image topique de la roche ou du rocher, voir la note du vers 179.

475 Sur l'emploi pléonastique de *y*, voir la note de « pour n'y perdre point de temps » dans l'Argument.

476 Ce passage au discours direct ne cite pas littéralement les propos tenus par Calirie, mais il synthétise trois de ses répliques de la scène 4 de l'acte IV : les vers 1187-1190, 1197-1202 et 1209-1210.

CINTILLE

Ce n'est pas tout, Orcan, je veux voir quel succès
Nous pourront apporter ces amoureux excès[477] ;
La résolution de perdre cet infâme, [N ; 97]
S'il persiste à l'aimer, est prise dans mon âme,
Auprès de Calirie, ou des mains, ou du fer,
Entre tous ses amis, je le veux étouffer[478].

---

477 Cintille endosse ici le rôle de la spectatrice interne, relais du public sur le plateau, ce qui crée un effet de théâtre dans le théâtre et contribue à souligner le suspens dramatique.

478 Comprendre : Au milieu de tous ses amis. – *Étouffer* : sur la rime dite « normande », voir la note du vers 902. Cintille a déjà proféré des menaces de mort à l'encontre d'Alidor à la scène 4 de l'acte III (voir la note du vers 898).

[98]

ACTE V

Scène I

FLORINTOR, CINTILLE[479]

FLORINTOR

Pour le dire en un mot, elle m'a fait entendre
Qu'il me fallait céder aux mérites d'Alcandre,
Que vous aviez plus fait sans l'aimer dans un jour,
Que moi depuis deux ans que dure mon amour[480],
Que vous êtes le seul qui pouviez tout sur elle,
Que vous êtes l'objet de sa flamme nouvelle, [N ij ; 99]
Et que tout son bonheur était entre vos mains[481].

CINTILLE

Que l'amour est contraire au repos des humains !
Il est vrai, Florintor, que votre Mélissée
M'a fait voir qu'elle était de mon amour blessée,
Qu'elle m'a témoigné beaucoup de passion[482] ;
Mais je suis impuissant pour son affection[483] :
Outre votre intérêt, dont mon âme est touchée,
Une raison plus forte est dans mon sein cachée,

---

479 La scène se passe devant la maison de Cintille-Alcandre, comme le montre le vers 1376 (« La voilà sur sa porte »), où Cintille aperçoit Mélissée devant chez elle. Sur les lieux de la pièce, voir notre introduction, « Le genre en question ». Cette scène fait suite à la scène 2 de l'acte IV, où Florintor indiquait aller rendre visite à son ami (v. 1119-1120). La première réplique de Florintor est un résumé de cette scène et de ce que lui a dit Mélissée.

480 Sur cette durée topique du service amoureux, mentionnée à plusieurs reprises, voir le vers 438 et la note correspondante. À la scène 2 de l'acte IV, Florintor parlait d'un « étranger depuis deux jours venu, / Qu[e Mélissée] n'a pas encor deux fois entretenu » (v. 1097-1098). En évoquant ici une seule journée, sa réplique insiste sur le respect de l'unité de temps.

481 Florintor rapporte plutôt ici ses propres propos (v. 1091-1120) que la réplique de Mélissée, qui a évoqué son amour pour Alcandre de manière beaucoup plus succincte : « Tout ce que j'en ai fait était pour obliger, / Plutôt que Florintor, votre ingrat étranger » (v. 1085-1086).

482 Cintille fait ici allusion à la scène 4 de l'acte III.

483 Comprendre : au sujet de, à l'égard de son affection. Spillebout classe *pour* parmi les prépositions exprimant le rapport (p. 312).

Qui m'oblige de voir Mélissée autrement
Que comme ma Maîtresse, ou comme son Amant[484] ;
J'estime sa beauté, son mérite, sa grâce,
Mais je ne puis pour elle avoir qu'un cœur de glace.

FLORINTOR

Il est vrai que j'ai cru que la belle Cloris[485],
Qui depuis si longtemps maîtrise vos esprits,
Avec tous ses dédains, est si bien dans votre âme,
Qu'elle n'y laisse point de place à d'autre flamme,
Et que malaisément ce climat étranger
Vous peut montrer d'objet qui vous puisse changer.
Toutefois le plaisir d'être aimé d'une belle [100]
Qui vous parle d'amour, lors que l'autre est cruelle,
A beaucoup de pouvoir pour se rendre vainqueur
De cette forte ardeur qui vous brûle le cœur ;
L'amour qu'elle a pour vous, ses soupirs, et ses larmes,
À ses autres beautés ajoutent bien des charmes,
Et difficilement se peut-on empêcher
D'aimer tant de beautés à qui l'on est si cher[486].

CINTILLE

Vous croirez, s'il vous plaît, ce que la jalousie
Peut dessus ce sujet vous mettre en fantaisie ;
Mais soyez assuré que jamais autre ardeur
Que de mon feu premier[487] ne brûlera mon cœur.
Devant la fin du jour, dont la lumière éclaire,
Vous connaîtrez que j'aime, et que je me sais taire[488].

FLORINTOR

Que dans ce peu de mots vous me dites beaucoup,

484 Comprendre : ou de me voir comme son amant.
485 Sur ce personnage inventé par Cintille, voir la note du vers 827.
486 Sur la rime dite « normande », voir la note du vers 902.
487 Comprendre : Que celle de mon feu premier.
488 Cintille annonce ici de manière un peu plus précise qu'à la fin de l'acte précédent (v. 1324-1329) la résolution qu'elle a prise de dévoiler son identité à Alidor. De nouveau, sa réplique, en annonçant le dénouement avant « la fin du jour », a pour effet de souligner le respect de l'unité de temps. Sur ce point, voir notre introduction, « Le genre en question ».

Ami, vous m'obligez doublement à ce coup[489],
Vous me sauvez la vie, et si l'amour lui-même
N'est pas mon ennemi, vous sauvez ce que j'aime[490].

[N iij ; 101]

CINTILLE

Je vous prie ; envoyons mon homme[491] pour savoir
Si sans l'importuner, je pourrai l'aller voir,
Parce que je voudrais qu'elle, et nous deux ensemble
Fussions chez Calirie, où je sais qu'on s'assemble[492].
La voilà sur sa porte, Adieu, venez après.

FLORINTOR *s'en allant.*

Je crains que ton secours n'augmente mes regrets.
Toutefois ses discours témoignent sa franchise[493].

[102]

Scène II

CINTILLE, MÉLISSÉE

CINTILLE *abordant Mélissée.*

Madame, je vois bien que je vous ai surprise.

MÉLISSÉE

Oui, vous m'avez surprise, ingrat méconnaissant[494],
Qui vous moquez des feux que mon âme ressent ;

---

489 *À ce coup* : avec ce seul coup, en une seule fois. En refusant les faveurs de Mélissée, le faux Alcandre sauve à la fois son ami Florintor et celle-ci, qui pourra se réconcilier avec son premier amant.

490 Sur *ce que* renvoyant à une personne, voir la note du vers 271.

491 Il s'agit d'Orcan, présenté comme le « Gentilhomme de Cintille » dans la liste des personnages.

492 L'édition originale donne fautivement : « Vous me suivrez après, et puis tous trois ensemble / Irons chez Calirie : / Parce que je voudrais qu'elle, et nous deux ensemble / Fussions chez Calirie, où je sais qu'on s'assemble ». Nous corrigeons en fonction de la notice fournie par Alain Riffaud. Voir la section « Établissement du texte » de l'introduction.

493 Ce dernier vers est prononcé en aparté, comme le montre le changement de personne grammaticale. – Sur la construction *témoigner* + *N*, voir la note du vers 291.

494 *Méconnaissant* (« Qui manque de reconnaissance, qui oublie les bienfaits », *Dictionnaire de l'Académie française*, 1694) redouble le sens d'*ingrat*. – *Surprise* : Mélissée joue sur la figure de l'antanaclase. Tandis que Cintille avait employé « surprise » au sens d'« étonnée », elle reprend le verbe au sens de « trompée, trahie ». Voir le glossaire du présent volume.

Mais le Ciel s'il est juste en vengera le crime.
Quoi, vous offensez-vous de ce qu'on vous estime ?
Si vous ne pouvez pas supporter mon ardeur
Qu'avecque du mépris[495], ou beaucoup de froideur,
Pourquoi m'abordez-vous ? Venez-vous reconnaître [103]
Si cet amour est mort, que vous avez fait naître[496] ?
Non, non, tous vos mépris ne font que l'augmenter,
Et l'horreur du trépas ne me peut rebuter,
Encor que vous puissiez beaucoup dessus mon âme,
Vous ne lui pouvez pas donner une autre flamme.
Ne me venez-vous voir que pour solliciter,
Pour l'importun Amant qui vient de vous quitter ?
Vous vous trompez, Alcandre, il vous est impossible
De me rendre jamais[497] à son amour sensible ;
Je veux vous prévenir, de peur que vos discours
Ne me viennent presser de lui donner secours,
Je ne le puis souffrir quelque chose qu'il fasse[498],
J'ai trop de feu pour vous, et pour lui trop de glace.

CINTILLE

Je le viens de quitter, il est vrai, mais sachez
Que vous ne tenez plus ses esprits attachés,
Que ne pouvant souffrir votre rigueur extrême,
Si vous ne l'aimez point, il en fait tout de même[499].

[104]

MÉLISSÉE

S'il est vrai, Florintor m'oblige grandement,
Me délivrant[500] ainsi d'un importun Amant.

---

495 Comprendre : Si vous ne pouvez supporter mon ardeur qu'avec du mépris. La corrélation *ne…pas…que*, bien que condamnée par Vaugelas, est fréquemment employée, en concurrence avec la négation uniceptive *ne…que* (Fournier, § 366, p. 241-242).

496 Comprendre : Si l'amour que vous avez fait naître est mort ?

497 Sur l'emploi positif de *jamais*, voir la note du vers 85.

498 L'édition originale donne l'orthographe concurrente « face », ce qui enrichit la rime graphique avec « glace ».

499 Cintille, confondant ici volontairement Florintor et Alidor, ment à Mélissée afin de susciter sa jalousie, ce qui ne fonctionne qu'en partie, celle-ci cherchant ensuite à s'enquérir du nom de la nouvelle maîtresse de Florintor.

500 Comprendre : En me délivrant. Sur l'absence de préposition devant le gérondif, voir la note portant sur « s'excusant » dans l'Argument.

CINTILLE

L'orgueil, et la beauté sont d'ordinaire ensemble,
Vous le devriez pourtant regretter, si me semble[501],
Il s'est toujours tenu dans les lois du devoir,
Et d'autres se croiront heureuses de l'avoir.

MÉLISSÉE

Qu'une autre le possède, ou qu'il en aime mille,
De supporter ce mal, il me sera facile ;
Mais encore sachons le nom de la beauté
Qui dans ces nouveaux nœuds retient sa liberté.

CINTILLE

La belle Calirie est l'objet de sa flamme,
C'est elle qui possède à cette heure son âme.

MÉLISSÉE

Il n'a pas mal choisi, mais il a des rivaux
Qui le traverseront en ses désirs nouveaux,
L'histoire des amours d'Alidor, et d'Oronte,
Pour la même beauté le couvrira de honte ;
Il ne l'ignore pas. [O ; 105]

CINTILLE

C'est pour cette raison
Qu'il choisit aujourd'hui cette belle prison[502].

MÉLISSÉE

En tout votre discours je ne puis rien entendre,
Aussi ne veux-je pas davantage en apprendre,
Laissons là Florintor, ne parlons que de vous,

501 Ce tour, remplacé ensuite par « il me semble », est usuel au XVIe et jusqu'au début du XVIIe siècle. Voir cette occurrence dans la deuxième partie de *L'Astrée* : « Si me semble t'il, respondit Tircis, que j'ay veu des branches assez bonnes » (éd. citée, livre VIII, p. 439). Dans la pièce, on trouve également « ce me semble » (v. 100).

502 Ces propos, énigmatiques pour Mélissée, soulignent une fois encore l'imminence du dénouement, comme à la scène précédente (v. 1366-1367).

Et nous ôtons d'ici, nous serons mieux chez nous[503].

CINTILLE *tout bas.*

Que je plains ton malheur, ô pauvre Mélissée,
Tu te verras tantôt[504] bien loin de ta pensée.

[106]

Scène III

CALIRIE *seule dans sa chambre, tenant un miroir*[505].

Démon dont la vertu maintient cet univers[506],
Qui te fais reconnaître en tes actes divers,
Qui sais tout, qui vois tout, Amour, Dieu des merveilles,
Si ma juste prière a touché tes oreilles,
Fais réussir de grâce un généreux[507] dessein,
Que ta puissante ardeur inspire dans mon sein.
Ah ! miroir autrefois consulté pour l'usage
Des embellissements qu'on met sur un visage,
Dont la glace montrait autrefois à mes yeux
Un trésor que chacun estime précieux, [O ij ; 107]

---

503 *Nous ôtons* : sur la place du clitique dans les séquences avec impératifs affirmatifs coordonnés, voir la note du vers 859. – Mélissée fait entrer Cintille chez elle, où les rejoindra Florintor, avant que les trois personnages, comme annoncés, ne se rendent chez Calirie. Sur les lieux de la pièce, voir notre introduction, « Le genre en question ».

504 *Tantôt* : « Dans peu de temps ; & ce temps ne s'estend pas ordinairement au-delà de la journée » (*Dictionnaire de l'Académie française*, 1694). L'adverbe insiste une fois encore sur l'imminence du dénouement.

505 On note la rupture de la liaison des scènes, causée par le changement de lieu. Cette scène correspond aux pages 552-554 du livre XI de la IIe partie de *L'Astrée* : « au contraire, elle entra dans un petit recoing où elle avoit accoustumé de demeurer seule quand elle vouloit s'abiller ou desabiller, & ayant serré la porte elle s'assit pres d'une table où elle avoit un miroir, duquel les jours des grands sacrifices & des assemblées generales, ou festes publiques, elle avoit accoustumé de se servir, pour ageancer son visage » (éd. citée, p. 552).

506 Rayssiguier s'inspire ici du thème de la puissance universelle de l'Amour, que l'on trouve dans les traités néoplatoniciens du XVIe et du début du XVIIe siècle, et qui est également évoqué à de nombreuses reprises dans *L'Astrée* (voir, entre autres, Ire partie, livre III, p. 225, note 49).

507 L'adjectif *généreux* fait écho au titre de la pièce et rappelle également ce que dit l'Argument : « Toute l'assistance admire cette action généreuse [...] ». Voir la note correspondante de l'épître dédicatoire.

Que je suis bien changée, et que ce qui m'oblige
À te venir revoir cruellement m'afflige :
Je viens pour consulter avec toi les moyens
De perdre le plus cher, et plus grand de mes biens.
Je sais, sans me flatter, qu'on me peut dire belle,
Qu'aujourd'hui je viens faire une action nouvelle[508] :
Mais que ne peut l'amour, à qui les immortels,
Et toute la nature érige[509] des autels ?
Oronte, seul objet de toutes mes pensées,
Ne crois pas tes ardeurs dans mon sein effacées,
Je t'ai toujours aimé, je t'estime toujours,
Et sans toi je croirais malheureux tous mes jours ;
Je ne sais toutefois si me voyant changée,
Alors que ton erreur sera sur moi vengée,
Et voyant mon visage avecque moins d'appas,
Tu ne deviendras autre que tu n'es pas[510].
Hélas ! que ce soupçon est loin de l'apparence,
Tu m'as de ton amour donné trop d'assurance ;
Si je perds mes appas, au moins je ne les perds[511]
Que pour me retirer de ces injustes fers,
Où ta folle amitié pour un neveu peu sage, [108]
Sans aucune raison à cette heure m'engage[512].
Tu trouveras en moi d'autres perfections,
Que l'on voit éclater dedans mes actions,
Tu diras que ces traits sont mon moindre mérite,
Que ma vertu n'a rien ici qui la limite ;

508 On peut comprendre l'adjectif au sens d'« inédite », bien que le geste de Calirie s'inscrive dans une longue tradition littéraire et artistique (sur ce point, voir notre introduction, « Le visage de Calirie : le bannissement d'Éros »). Mais le personnage entend sans doute par là qu'elle souhaite adopter une stratégie « nouvelle » par rapport à ce qui s'est passé jusqu'à présent dans la pièce.

509 L'accord du verbe au singulier lorsque le sujet est constitué de groupes coordonnés est fréquent en français classique (Fournier, § 21, p. 28).

510 Comprendre : « Tu ne deviendras pas autre que tu n'es », c'est-à-dire : « tu ne changeras pas, en perdant ton amour ». Sur la négation en *ne…pas* dans la subordonnée comparative, voir la note du vers 745.

511 L'édition originale donne « pers » afin d'enrichir la rime graphique avec « fers ».

512 Au contraire, Oronte n'a eu de cesse de répéter qu'en agissant ainsi, il sacrifiait son amour à sa raison (voir les vers 91-92, 242 et 1174).

Je ne crois pas aussi que tu te sois peiné[513],
Pour un peu de beauté par le temps condamné[514],
Qui dans fort peu de jours tombe comme les roses,
Que nous voyons mourir, dès qu'elles sont écloses[515] ;
Ton esprit est trop fort[516] pour t'aller engager
À l'éclat que l'on voit sortir d'un feu léger,
Tu sais bien que le temps ôte avec peu de peine
La beauté de nos corps, comme un nom de l'arène[517].
Alidor, de qui[518] seul provient mon déplaisir,
Je la[519] veux immoler à ton cruel désir,
Ce teint qui te plaisait va changer de nature,
Je veux guérir ta flamme avecque ma blessure[520],
Ce visage où tu vis tant de charmes puissants,
Après cette action étonnera tes sens[521] ;
Hâtons notre dessein, que ma main l'exécute.
Mais mon visage en pleurs semble[522] qu'il me rebute. [109]

---

513 Cette construction pronominale est attestée par le *Dictionnaire de l'Académie française* (1694) : « SE PEINER. n. p. Se donner de la peine. *Se peiner pour faire quelque chose. il s'est beaucoup peiné. il ne s'est guere peiné dans cette affaire. il n'aime pas à se peiner.* »

514 L'accord du participe « condamné » se fait au masculin singulier avec la locution déterminative « un peu de ».

515 Ce *topos* de la beauté éphémère était déjà longuement développé par Célidée dans *L'Astrée* : « Et puis ce que je desseigne de faire, n'est que de devancer le temps de fort peu de moments, Car cette beauté dont nous faisons tant de conte, combien de lunes me pourroit-elle demeurer encores ? fort peu certes, & quelque soing & quelque peine que j'y rapporte, il faut que l'aage me la ravisse […] » (éd. citée, IIe partie, livre XI, p. 553). Dans ce long monologue de Calirie, Rayssiguier suit de très près les propos de Célidée, rapportés par Lycidas au discours direct.

516 *Fort* signifie ici *solide*, *raisonnable* et s'oppose à « faible ». L'adjectif n'a pas le sens qu'il peut avoir dans le groupe nominal figé *esprit fort*, parfois synonyme de *libertin* : « On appelle, *Esprits forts*, Ceux qui se mettent au dessus des opinions & des maximes communes » (*Dictionnaire de l'Académie française*, 1694).

517 *Arène* : terme poétique pour désigner le sable.

518 Sur *de qui*, voir la note correspondante de l'épître dédicatoire.

519 *La* renvoie à « la beauté de mon corps ».

520 La stratégie de Calirie engage un jeu subtil sur le concret et l'abstrait : tandis que son « change » physique (son automutilation) vise à faire « changer » Alidor – à le rendre inconstant –, la « blessure » corporelle qu'elle s'apprête à s'infliger vise à « guérir » la blessure d'amour dont souffre cet amant qui l'importune.

521 Sur la prononciation de cette rime, voir la note du vers 814.

522 Le *Dictionnaire du Moyen Français* enregistre une construction personnelle du verbe *sembler*, au sens de « donner l'impression que », URL : http://www.atilf.fr/dmf/definition/sembler1 (consulté le 22/07/2024).

Non, non, mes tristes yeux, il ne faut point pleurer
Ce qui ne saurait plus avecque vous durer,
Ne vous affligez pas, je vous conserve encore,
Avec mon cœur ardent pour l'objet que j'adore ;
Et vous tous mes attraits, dont le pouvoir charmant[523]
Me donnait autrefois tant de contentement,
Ne me diriez-vous pas que c'est une manie
De me vouloir priver de votre compagnie,
Que de[524] vouloir vous perdre, et d'être sans raison,
Et coupable envers moi de quelque trahison ?
Il semble qu'il soit vrai[525], mais quand je considère
Le crime injurieux que vous venez de faire[526],
Que[527] l'oncle, et le neveu depuis qu'ils sont amis
Sont à votre sujet devenus ennemis,
C'est avecque raison que de vous je me prive,
Puisque c'est de vous seuls que ce malheur m'arrive.
Douleurs, fortes douleurs, dont l'appréhension
Veut rompre le dessein qu'a fait ma passion,
Contre vos sentiments je suivrai mon envie,
Et ma beauté croîtra quand je l'aurai ravie[528].

Elle se gâte le visage avec un diamant.

[110]

Scène IV

LARINTHE, CALIRIE

LARINTHE

L'heure approche de voir finir les différends

523 *Charmant* : l'adjectif a le sens fort de « qui envoûte, qui captive ou ravit ».

524 Comprendre : Que c'est une manie de vouloir… Sur le tour *c'est…que de* + infinitif, voir la note du vers 530.

525 Dans une complétive, on emploie en français moderne les pronoms neutres *cela* ou *ce* (*que cela/ce soit vrai*). « *Il semble* signale une apparence non garantie et non prise en charge par le locuteur, d'où le subjonctif » (Fournier, § 507, p. 348).

526 Calirie rend ses attraits responsables de l'amour qu'Alidor éprouve pour elle.

527 Comprendre : Quand je considère que… La double construction du verbe *considérer*, suivi d'un groupe nominal COD, puis d'une conjonctive, relève ici du zeugme syntaxique.

528 Calirie joue sur la figure de l'antanaclase. Il faut comprendre : « Ma beauté intérieure croîtra quand j'aurai ravi ma beauté physique ».

Que ma fille a fait naître entre les deux parents[529] ;
Pourtant je ne vois point luire[530] aucune apparence,
Qu'elle en contente deux suivant son espérance,
Oronte la désire, Alidor l'aime aussi,
Tout cela cependant me met en grand souci ;
Je l'ai sur ce sujet diversement pressée,
Mais elle m'a caché jusqu'ici sa pensée.
Il la faut là-dessus encor solliciter, [111]
Toutefois s'il se peut sans rien précipiter,
Elle est seule à sa chambre[531].

CALIRIE *après s'être gâtée le visage.*

Alidor, mon visage,
Sans doute étant changé changera ton courage[532],
Viens, viens voir Calirie, et dans l'état qu'elle est[533]
Je me tromperai bien si sa beauté te plaît.

LARINTHE *voyant sa fille.*

Ah ! qu'est-ce que je vois, quelle âme si barbare
A gâté les beaux traits d'une beauté si rare ?
Ma fille, mon support, apprends-moi quelle main
A commis contre toi ce forfait inhumain.
Perdre tant de beautés par de telles blessures,
Tu l'as vu, Dieu du Ciel, et pourtant tu l'endures[534].

---

529 On trouve dans l'édition originale les orthographes « differens »/« parens », ce qui enrichit la rime graphique.

530 *Luire* contient une diérèse, comme beaucoup de mots contenant une syllabe en -ui (G. Lote, *op. cit.*, URL : https://books.openedition.org/pup/1185, consulté le 22/07/2024). – Il faut comprendre : « Je ne vois point luire quelque apparence ». Sur *aucun* en atmosphère forclusive, voir Fournier, § 357, p. 234-235.

531 Comprendre : dans sa chambre. La préposition *à* s'emploie régulièrement à la place de *dans* en français classique (Haase, § 120, p. 313).

532 On relève une nouvelle figure d'antanaclase : le « change » physique du visage de Calirie va provoquer l'inconstance d'Alidor (son « change »), qui va se détourner d'elle. Voir également la note du vers 1475.

533 Sur l'emploi de *que* à la place de *où*, voir la note du vers 305.

534 Cette réplique de Larinthe reprend les propos prononcés par Cléontine : « O Dieux, ma fille, disoit la bonne femme, qui est le cruel & inhumain, qui t'a traictée de ceste sorte ? qui est le barbare, qui en a eu le courage ? Et quelle cruauté peut esgaler celle qui a deshonoré & diffamé la beauté de ton visage ? » (*L'Astrée*, éd. citée, IIe partie, livre XI, p. 554-555.)

CALIRIE

Ma mère, finissez ces inutiles pleurs,
N'augmentez point ma peine avecque vos douleurs,
Ceux qui m'ont fait le mal se feront bien connaître.

LARINTHE

Ne désoblige point celle qui t'a fait naître :
Dis-moi vite leur nom, tu retardes[535] encor. [112]

CALIRIE

Des deux l'un est Oronte, et l'autre [est] Alidor.

LARINTHE

Étrange cruauté, quoi ? ces Amants, dont l'âme
Montrait à ton sujet être toute de flamme,
Ont eu le cœur si dur de te traiter si mal ?
Hélas ! que leur amour, ma fille, t'est fatal.

[P ; 113]

Scène V

FLORINTOR, LARINTHE, CINTILLE, MÉLISSÉE, CALIRIE

FLORINTOR *en entrant.*

Je ne sais que songer pour un jour d'assemblée,
Il me semble de[536] voir Larinthe bien troublée.

LARINTHE

Venez être témoins du plus lâche forfait,
Qui dans tout l'univers ait encor été fait.

CINTILLE

S'est-il trouvé quelqu'un de ce crime capable ?

[114]

MÉLISSÉE

Le Ciel laisse-t-il vivre encore le coupable ?

---

535 Bien qu'en emploi absolu, le verbe signifie ici *différer.*

536 La construction *il me semble de* + infinitif est relevée par Haase, § 112, p. 283.

CALIRIE

Les coupables bientôt viendront ici nous voir,
Un moment, eux présents, vous fera tout savoir.
Voici l'un[537].

FLORINTOR

C'est Oronte.

CALIRIE

On verra bientôt l'autre.

[P ij ; 115]

Scène VI

ORONTE, CALIRIE, ALIDOR, MÉLISSÉE,
CINTILLE, FLORINTOR, LARINTHE

ORONTE

Ah ! quelle cruauté, quel malheur est le nôtre,
Quel tigre[538] vous a mise en ce cruel état ?
Nommez-le-moi, qu'il meure après cet attentat[539].

CALIRIE

Le tigre, cher Oronte, est un autre vous-même.

ORONTE

Hélas ! n'ajoutez rien à ma douleur extrême.

[116]

CINTILLE *voyant Alidor.*

Ah ! voici mon ingrat, dont l'esprit transporté

---

537 Sur la liaison de présence et de discours entre deux scènes, voir la note du vers 55.

538 *Tigre* : « On dit fig. d'Un homme, que *C'est un tigre, un vray tigre*, pour dire, qu'Il est cruel, & impitoyable. » (*Dictionnaire de l'Académie française*, 1694.) Voir la citation de *L'Astrée* dans la note suivante.

539 La conjonction *que* (« qu'il meure ») signifie ici *afin que* (Spillebout, p. 330). *Attentat* : « Outrage ou violence qu'on tâche de faire à quelqu'un » (Furetière). – Cette réplique d'Oronte reprend les propos prononcés par Thamire : « Est-ce Celidée, dit-il, que je vois en cest estat ? Les Dieux ont ils consenti, & un cœur humain, a-t'il peu penser à une si grande cruauté ? Et quelque Tygre soubs la figure d'un homme l'ayant imaginée, & quelque malin Demon y ayant consenti : Quelle cruauté a jamais eu assez d'inhumanité pour l'executer ? » (*L'Astrée*, éd. citée, IIe partie, livre XI, p. 555.)

De fureur, et d'amour paraît tout agité.

ALIDOR

Par celui qui m'a fait, devant les Dieux je jure,
Que la mort du coupable en vengera l'injure.

CINTILLE

Cachons nos mouvements pour voir la fin de tous[540].

CALIRIE

Vous vous en dédirez, puisque ce n'est que vous[541].

ORONTE

Alidor !

CALIRIE

C'est lui-même.

MÉLISSÉE

Enfin tout étonnée,
Je ne sais plus que dire.

CINTILLE

Achevons la journée[542],
Vous verrez des sujets de plus d'étonnement.

[P iij ; 117]

FLORINTOR

En voilà bien pourtant que l'on voit rarement.

---

540 On attendrait *tout* au singulier. La forme plurielle est très certainement retenue pour assurer la rime avec « vous », à la fois sur le plan graphique et sonore, le [s] étant alors prononcé.

541 « [...] on l'oyoit jurer par Hesus & par Hercule, que celuy qui avoit mis la main sur Celidée, en mourroit avant que la nuict fut venuë. Ne jurez point, dit-elle, ô Calydon, de peur que vous ne soyez parjure, ce pourroit estre tel que vous aimeriez mieux mourir que d'observer vostre serment. Comment, reprit incontinent Calydon, Je jure encor par Hesus, & par l'ame de celuy qui m'a mis au monde, que horsmis Thamyre je n'excepte personne à qui je ne face perdre la vie » (*loc. cit.*).

542 Nouvelle allusion à l'imminence du dénouement. Voir les vers 1366-1367 également prononcés par Cintille à la scène 1 de l'acte V.

CALIRIE

Alidor, qu'est ceci ? vous détournez la vue[543],
Ne suis-je plus d'attraits à vos yeux si pourvue ?
N'ai-je plus ces beautés que vous chérissiez tant ?
Comment, ce peu de sang[544] vous rend-il inconstant ?
Et toi, mon cher amant, en feras-tu de même,
Aujourd'hui que tu vois que personne[545] ne m'aime ?
Vois, vois que ce visage est seulement changé,
Pour montrer mon amour, et te rendre vengé.
Personne désormais ne s'oppose à ta flamme,
Je sais que ton amour était toute[546] pour l'âme,
Qu'elle se maintenait par de plus forts appas
Que ceux qu'on voit le soir, et demain ne sont pas ;
Mais parce que chacun attend que je lui die[547]
Le véritable auteur de cette tragédie,
Sachez que c'est Oronte, avec son Alidor,
Qui me privent aujourd'hui de ce riche trésor,
Oronte pour m'avoir trop librement cédée
À qui je ne pouvais jamais être accordée,
Et vous, son cher neveu, pour avoir trop aimé [118]
Cet éclat de beauté qui vous avait charmé.
Mais je rends grâce aux Dieux, que mon âme contente
Après ce peu de mal recevra son attente :
Oronte qui devait de tout droit être mien[548],

543 « Le Berger, transporté de furie, n'avoit point encor jetté les yeux sur elle : mais quand il les haussa, & qu'il la vid si affreuse, car telle veritablement se pouvoit-elle dire : Il demeura plus estonné encores que n'avoit esté Thamyre ; Et se mettant la main sur les yeux, & tournant la teste de l'autre costé, il luy fut impossible d'en souffrir la veuë, frissonnant comme une personne qui a horreur de ce qu'il voit » (*L'Astrée*, éd. citée, IIe partie, livre XI, p. 556).

544 Calirie fait allusion à ses blessures qui ont ensanglanté son visage.

545 Comprendre : personne d'autre que toi. On trouve dans *L'Astrée* : « Et bien amy, luy dit elle, ne vous sera ce pas du contentement de me voir toute à vous, & que personne n'y pretende ou n'y desire plus rien ? » (*ibid.*).

546 Le mot *amour* est ici féminin. Voir la note du vers 590.

547 Comme aux vers 1139-1140, nous conservons la forme ancienne du subjonctif du verbe *dire* pour maintenir la rime avec « tragédie ». Voir la section « Établissement du texte » de l'introduction.

548 *Devait* : sur la valeur modale de « devait », glosable par « aurait dû », voir la note du vers 345. – Calirie présente son union avec Oronte comme plus légitime que celle avec

Après ce que j'ai fait me voudra plus de bien,
Et vous, brave Alidor, connaissant votre faute,
Vous m'estimerez plus d'une action si haute[549].
Vous en savez la cause, en voilà l'instrument[550],
Que ma main a conduit à l'accomplissement.

ORONTE

Après cette action, quelle vertu pareille
Nous a jamais[551] produit une telle merveille ?
Que je chéris ce sang qu'on a versé pour moi !
Qu'avec contentement je le baise, et le voi[552] !
Ma belle fille[553], excuse Oronte, je te prie,
J'obtiens entièrement aujourd'hui Calirie.

LARINTHE

Mais parmi ces transports son mal s'envenimant,
Vous pourrait bien ravir tout ce contentement.

[119]

ALIDOR

Confus de tout ceci, ma pauvre âme abattue[554]
De leur pouvoir parler vainement s'évertue.

CINTILLE

Ce n'est pas tout, ingrat, la colère des Dieux
Vient exposer ton crime autrement à tes yeux :
Ne me connais-tu point ?

ALIDOR

Ah ! valeureux Alcandre,

Alidor car leur amour réciproque, inscrit dans la durée, est antérieur à la passion fulgurante de celui-ci ; voir les vers 375-376 de la scène 6 de l'acte I. Rayssiguier résume ici le discours d'explication de son geste que Célidée prononce dans *L'Astrée* (éd. citée, p. 556-558).

549 Comprendre : après une action si haute.

550 Calirie désigne le diamant qu'elle a utilisé pour se mutiler le visage.

551 Sur l'emploi positif de *jamais*, voir la note du vers 85.

552 *Baiser* : embrasser. – Sur la licence graphique « voi », qui permet la rime avec « moi », voir la section « Établissement du texte » de l'introduction.

553 Sur cet appellatif, voir la note du vers 131.

554 Sur la liberté d'incidence du participe apposé, voir la note du vers 1195. Ici, « confus » est incident au référent du déterminant possessif « ma », à savoir Alidor.

Je n'ai point de raison qui me puisse défendre,
Il est vrai, je l'avoue, et le Ciel est trop doux
De m'avoir épargné dans son juste courroux :
J'ai trahi votre sœur, et mon âme infidèle
Mérite de souffrir une peine éternelle[555].
Ah ! Cintille, Cintille, après cette action,
Je ne mérite plus ta chaste[556] affection,
Je t'ai trop offensée, et mon âme parjure
Ne se pourra jamais laver de cette injure.
Toutefois, cher ami, si le vrai repentir,
Qui fait comme tu vois tous mes soupirs sortir,
Te porte à la pitié, pardonne mon offense,
Entreprends vers ta sœur, toi-même ma défense, [120]
Ramène cet esclave à sa captivité[557],
Et ne le traite pas comme il a mérité ;
Que si[558] ta sœur encor conserve dans son âme,
Pour un coupable amant quelque reste de flamme,
Bienheureux Alidor, mais je ne le crois pas,
J'ai trop indignement méprisé ses appas.

CINTILLE

Levez-vous Alidor, l'offense est pardonnée,
Et gardez mieux la foi quand vous l'aurez donnée.
Regardez qui vous parle.

ALIDOR

Ô bonheur nonpareil[559] !
Mes yeux sont éblouis à ce nouveau soleil[560] !
Cintille, c'est vous-même, ô beauté sans exemple,
À qui les cœurs des Dieux doivent servir de temple.
Hélas ! quel bon démon vous a conduit ici ?

---

555 *Peine* peut être compris ici au double sens de *châtiment* et d'*affliction*.

556 *Chaste* : pudique, conforme aux lois de l'honneur féminin.

557 Sur le *topos* de la prison d'amour, voir la note du vers 215.

558 *Que si* : voir la note portant sur « que s'il y en avait de si ignorants » dans l'épître dédicatoire.

559 *Nonpareil* : « Qui excelle par dessus les autres, qui est sans pareil, sans esgal » (*Dictionnaire de l'Académie française*, 1694).

560 Comprendre : par ce nouveau soleil.

CINTILLE

Ton crime, et mon amour.

MÉLISSÉE *tout bas.*

Quel changement voici ?
Alcandre est une fille, ô folle Mélissée, [Q ; 121]
De quel trait amoureux est ton âme blessée ?
L'objet de tes désirs ne te peut secourir,
Et qui[561] t'a fait le mal ne te saurait guérir.
Amour, c'est donc ainsi, cruel, que tu m'abuses.

CINTILLE

C'est assez, Alidor, on reçoit vos excuses,
À la charge pourtant de ne plus revenir
À la faute qu'amour était prêt de punir.

ALIDOR

Si jamais autre amour que le vôtre me presse,
Si quelque autre beauté que la vôtre me blesse,
Que le Dieu qui punit le crime des amants
Invente à mon sujet mille nouveaux tourments.

CALIRIE

Que j'ai peu de regret à ma dernière perte,
Et que j'ai du plaisir de ma douleur soufferte[562],
Puisqu'en un seul moment ruinant[563] mes attraits,
Oronte, et son neveu se trouvent satisfaits !

CINTILLE

Approchez, Mélissée, embrassez votre Alcandre,
Tout autre toutefois qu'on ne devait[564] attendre, [122]
Et ne rougissez point que sous ces habits faux
Je vous aie apporté de véritables maux.

561 *Qui* sans antécédent, dans une relative, équivaut à *celui qui* (Spillebout, p. 157).
562 Comprendre : Que ma dernière perte me donne peu de regret et que la douleur que j'ai soufferte me donne de plaisir !
563 Sur la diérèse de *ruinant*, voir la note du vers 314.
564 Sur la valeur modale de « devait », glosable par « aurait dû », voir la note du vers 345.

Florintor dont l'amour vous est assez connue[565],
Qui parmi vos mépris eut tant de retenue,
Qui persiste toujours en sa première ardeur
Doit faire succéder l'amour à la froideur.

MÉLISSÉE

Oui, Cintille, il est vrai que mon âme enflammée
Vous a dans ces habits trop ardemment aimée ;
Mais qui n'adorerait des appas si puissants,
Et n'assujettirait à vos yeux tous les sens[566] ?
Et pour vous témoigner que je vous aime encore,
Qu'en quel sexe qui soit vos mérites j'adore[567],
Pour vous plaire je veux recevoir Florintor,
Avec la même ardeur que vous votre Alidor.

FLORINTOR

Surpris d'étonnement, et de plaisir ensemble,
Que l'amour en ce lieu tant d'accidents assemble[568],
Je crois que quelque songe a doucement surpris,
Au milieu du sommeil mes amoureux esprits[569].
Mélissée a mis fin à sa rigueur cruelle, [123]
Et veut que Florintor brûle toujours pour elle,
Enfin elle a pitié de ses cruels ennuis.
Faites-moi plus certain de l'état où je suis.

MÉLISSÉE

Vous avez tout sujet d'avoir l'âme contente
Si mon affection est toute votre attente.

FLORINTOR

Par ces mots aujourd'hui vous me ressuscitez,
Et je bénis les maux si longtemps supportés.

---

565 Le mot *amour* est ici féminin. Voir la note du vers 590.

566 Sur la prononciation de cette rime, voir la note du vers 814.

567 Comprendre : Que quel que soit votre sexe j'adore vos mérites.

568 « Que » est régi par l'adjectif « surpris ».

569 Sur le *topos* de la confusion entre songe et réalité, voir Florence Dumora, *L'Œuvre nocturne : songe et représentation au* XVII*e* *siècle*, Paris, Champion, « Lumière classique », 2005.

LARINTHE

Le mal de Calirie à tous moments s'augmente,
Et quoi qu'elle se feigne, il faut qu'il la tourmente[570],
C'est pourquoi puisqu'amour agit seul en ceci,
Mélissée, et Cintille arrêteront ici,
Et cependant que l'art remettra son visage[571],
Les propos amoureux reprendront leur usage,
Jusqu'à ce qu'un hymen confirmant vos amours,
Vous unisse tous six le reste de vos jours.

Fin

570 Comprendre : Et bien qu'elle feigne de ne pas souffrir, son mal la tourmente malgré tout.

571 Sur l'annonce de la guérison de Célidée, voir notre introduction, « La double matière urféenne ».

LES TUILERIES

Tragi-comédie

Texte établi, présenté et annoté
par Céline Fournial et Marine Souchier

INTRODUCTION

Publiée en 1636, la tragi-comédie des *Tuileries* est la sixième et dernière pièce de Rayssiguier. Le genre indiqué par le titre ainsi que certains des modèles qui informent l'œuvre et des éléments de sa composition la rapprochent de *La Bourgeoise.* Cependant, Rayssiguier fait des choix dramaturgiques, dramatiques et structurels sensiblement différents de ceux de son autre tragi-comédie, qui distinguent d'ailleurs plus largement sa dernière pièce du reste de sa production. *Les Tuileries* héritent certes du modèle pastoral dont le dramaturge s'est déjà souvent saisi, ainsi que du renouveau apporté par la comédie cornélienne, mais il reprend les codes de ces traditions pour s'y inscrire autant que pour les revisiter.

LES CIRCONSTANCES DE CRÉATION ET DE PUBLICATION DES *TUILERIES*

Si les circonstances de création de la dernière pièce de Rayssiguier demeurent incertaines, plusieurs hypothèses parfois contradictoires ont pu être émises, y compris celle d'une pièce qui n'aurait pas été représentée. Toutefois, la dédicace à M. de La Lambe Roquelaure qui figure en tête des *Tuileries* indique le contraire puisque Rayssiguier y écrit à son dédicataire : « Clorimène [...] ne sera que trop glorieuse d'aller sous votre protection, entretenir ceux qui ne l'ont pu voir paraître sur le premier théâtre de France[1] ». La tragi-comédie des *Tuileries* a donc bien été jouée, mais la périphrase qui désigne son lieu de création n'exempte pas d'un doute, d'autant que *Le Mémoire de Mahelot*, s'il donne des indications

1 Voir la page 213 du présent volume.

sur les décors d'autres pièces de Rayssiguier[2], ne mentionne pas *Les Tuileries* – ce qui ne constitue toutefois pas un argument suffisant pour écarter l'Hôtel de Bourgogne. De fait, au moment de la publication des *Tuileries* en 1636, « le premier théâtre de France » pourrait bien être le Marais en raison du succès qu'il connaît alors. Cependant, l'Hôtel de Bourgogne, scène des Comédiens du roi, reste le premier d'un point de vue chronologique mais demeure aussi le plus prestigieux. De surcroît, les autres pièces de Rayssiguier dont nous connaissons le lieu de création ont toutes été représentées sur la scène des comédiens du roi, nommée d'ailleurs dans un passage souvent cité de la préface de la récriture de l'*Aminte* du Tasse donnée par Rayssiguier[3]. Enfin, Sandrine Blondet voit dans la rivalité « titulaire[4] » entre *Les Tuileries* de Rayssiguier et *La Comédie des Tuileries* des Cinq Auteurs un argument supplémentaire qui accréditerait cette thèse. En effet, il n'est alors pas rare que les deux grands théâtres rivaux représentent des pièces portant à la scène le même sujet ou affichant seulement le même titre. Dans la mesure où la pièce commandée par Richelieu a été créée sur la scène du Théâtre du Marais, il est fort probable que la troupe concurrente ait voulu représenter une pièce au titre similaire, à des fins publicitaires et concurrentielles.

Cette question conduit à celle de la date de la création des *Tuileries*, et ce sont encore les circonstances de création de la pièce homonyme qui peuvent apporter quelques éclaircissements. Si Henry Carrington Lancaster estime que le manque de données empêche de déterminer laquelle des deux pièces du même titre a été créée la première[5], Sandrine

---

2 *La Tragi-comédie pastorale* et *La Célidée*, qui figurent respectivement sous le nom d'*Astrée et Céladon* et de *Calirie*.

3 « la plus grande part de ceux qui portent le teston à l'Hôtel de Bourgogne veulent que l'on contente leurs yeux par la diversité et changement de la face du théâtre, et que le grand nombre des accidents et aventures extraordinaires leur ôte la connaissance du sujet » (Sieur de Rayssiguier, « Au lecteur », *L'Aminte du Tasse*, éd. Jean-Yves Vialleton, p. 234-235 dans *Théâtre complet*, t. I, dir. Sandrine Berrégard, Paris, Classiques Garnier, « Bibliothèque du théâtre français », 2021).

4 Sandrine Blondet, *Les Pièces rivales des répertoires de l'Hôtel de Bourgogne, du Théâtre du Marais et de l'Illustre théâtre. Deux décennies de concurrence théâtrale parisienne, 1629-1647*, Paris, Champion, « Lumière classique », 2017, p. 100 et 102.

5 « the title and location suggest that it was a rival of the *Comédie des Tuilleries* by the Five Authors. Unfortunately we are not sufficiently sure of the date of its first performance to determine whether it was a forerunner or an imitation of the latter play » (Henry Carrington Lancaster, *A History of French Dramatic Literature in the Seventeenth Century*, Baltimore, The Johns Hopkins University Press, part II, vol. 1, 1929, p. 88).

Blondet voit à juste titre dans le traitement que chacune des deux fait du lieu de l'action affiché dans le titre, de même que dans les dates de privilège et d'achevé d'imprimer de la tragi-comédie de Rayssiguier, des indices de la probable antécédence de la *Comédie des Tuileries* des Cinq Auteurs[6]. En effet, les potentialités du lieu de l'action sont bien plus exploitées par les Cinq Auteurs – qui de surcroît ouvrent la pièce par un prologue qui fait l'éloge des Tuileries – que par Rayssiguier, chez qui les Tuileries sont plutôt un simple décor familier du public, ce qui suggère que le poète aurait repris ce lieu et en aurait fait le titre de sa pièce dans le contexte de la rivalité des théâtres parisiens. La comédie des Cinq Auteurs ayant été créée en février 1635 tandis que le privilège de la tragi-comédie des *Tuileries* date du 31 décembre 1635 et l'achevé du 3 mars 1636, la pièce de Rayssiguier aurait donc pu être créée en 1635, durant la saison théâtrale 1635-1636.

Ces incertitudes et le manque de témoignages contemporains ne permettent pas de savoir exactement quel accueil la tragi-comédie de Rayssiguier reçut du public. En outre, dans l'épître dédicatoire, le dramaturge ne se targue pas d'un quelconque succès de sa pièce sur le « premier théâtre de France » et préfère faire l'éloge de l'une des protagonistes, Clorimène. Il est donc fort probable que *Les Tuileries* n'ont pas connu un grand succès à la scène. Qui plus est, Rayssiguier, contrairement à d'autres de ses contemporains, distingue son lectorat des spectateurs de sa pièce, plaçant celle-ci sous la protection de son dédicataire avant qu'elle aille « entretenir ceux qui ne l'ont pu voir paraître sur le premier théâtre de France[7] », ce qui peut laisser penser que la foule ne s'est pas pressée au théâtre et que la pièce n'est pas longtemps restée à l'affiche. *Les Tuileries* sont parues en 1636 chez Antoine de Sommaville, cette unique édition ancienne indique que le livre imprimé ne connut guère plus de succès.

---

6 Sur ce point voir Sandrine Blondet, *Les Pièces rivales des répertoires de l'Hôtel de Bourgogne, du Théâtre du Marais et de l'Illustre théâtre*, *op. cit.*, p. 409-412.

7 Voir la page 213 du présent volume.

SOURCES ET MODÈLES

Les Tuileries ne sont l'adaptation ni la récriture d'aucune source majeure connue. Rayssiguier a probablement inventé la fable qu'il porte à la scène. Toutefois celle-ci est faite de motifs récurrents dans le théâtre contemporain et d'emprunts à des comédies, pastorales et tragi-comédies de son temps. Alcidon, qui était l'amant de Daphnide, est désormais amoureux de Clorimène. Mais Clorimène est une belle insensible et Daphnide compte bien reconquérir Alcidon, d'abord en suscitant sa jalousie, puisqu'elle a montré un faux intérêt pour un rival, Lucidan. Celui-ci profite de la situation en se saisissant d'une lettre d'amour qu'avait écrite Alcidon à Daphnide afin de faire croire que Daphnide se moque d'Alcidon au point de donner avec mépris ses lettres à son nouvel amant. Or, si Alcidon provoque Lucidan en duel, ce n'est pas par amour pour Daphnide mais parce que son honneur est piqué ; cependant un tel acte ne peut que susciter les soupçons de Clorimène à l'égard des sentiments d'Alcidon et contraint de surcroît celui-ci à s'éloigner de la cour en attendant le pardon royal. Lorsque Clorimène finit par se montrer plus sensible à l'amour d'Alcidon et que les parents s'accordent sur leur mariage, Daphnide, mue désormais par un désir de vengeance, et son amie Philis fomentent un plan : elles font écrire une fausse lettre d'Alcidon qui y prétend n'aimer que Daphnide et se jouer de Clorimène, et elles font adroitement tomber cette lettre sur le passage de cette dernière et de son amie Doris, qui vient d'être abandonnée elle aussi par son volage amant Dorandre au profit de la même Daphnide qui entend ainsi causer le malheur des quatre amis pour se venger. Or Clorimène et Doris surprennent une conversation qui leur révèle la supercherie de Daphnide et Philis, tandis qu'Alcidon et Dorandre arrivent avec le trompeur qui avoue avoir écrit la fausse lettre à la demande de Philis. Faute avouée, aussitôt pardonnée. La fin conventionnellement heureuse donne lieu à un pardon immédiat et à une série de trois mariages : Alcidon, lavé de tout soupçon, peut épouser Clorimène ; Doris pardonne son infidélité à un Dorandre repentant ; Daphnide décide de récompenser l'amour constant que Lucidan a toujours témoigné pour elle, en l'épousant.

LES SOURCES DES *TUILERIES*

Henry Carrington Lancaster cite, parmi les sources possibles des *Tuileries*, la troisième partie de *L'Astrée*, où paraissent les personnages nommés Alcidon et Daphnide. Or, si Rayssiguier a déjà adapté trois fois ce roman au théâtre, pour sa dernière tragi-comédie l'emprunt se limiterait à peu de choses, notamment aux noms des personnages, qu'on retrouve du reste dans d'autres textes. Lancaster énumère en outre trois pièces contemporaines, une tragi-comédie – *Lisandre et Caliste* (1632) de Du Ryer – et deux comédies – la première de Corneille, *Mélite* (1633), et *Le Filandre* de Rotrou (paru en 1637 mais probablement représenté entre 1633 et 1634[8]). Il y a certes des motifs communs à ces pièces et aux *Tuileries*, mais surtout beaucoup de différences, car les intrigues considérées singulièrement n'ont que peu de rapports. *Lisandre et Caliste* et *Les Tuileries* ont en commun le motif du duel, cependant Du Ryer met en scène un double duel qui se solde par deux morts[9]. Ce duel est donc assez étranger à celui qui oppose Alcidon à Lucidan et qui ne donne lieu qu'à une fausse mort. Ce qui peut davantage rapprocher les deux pièces réside dans les conséquences d'un tel combat, notamment dans la colère royale et les menées des personnages pour obtenir la grâce du roi. La pièce de Du Ryer met également en scène un personnage nommé Alcidon et un autre nommé Lucidan. Enfin, au début de la scène 5 du premier acte, le monologue de Dorandre[10] semble amplifier le topos de la satire de la cour dans les propos de Lisandre qui blâme les amitiés intéressées de son temps[11].

D'autres motifs ont pu être empruntés à *Mélite*, plus particulièrement celui des « fausses lettres », qui donne une partie de son titre à la comédie de Corneille. En effet, dans celle-ci l'amant malheureux Éraste forge de fausses lettres de Mélite afin de favoriser son propre amour pour l'héroïne éponyme et tromper les couples d'amoureux. En outre, lorsque Mélite nie avoir écrit l'une des lettres qu'on lui attribue, celle-ci n'est pas crue, de même qu'Alcidon chez Rayssiguier. Philandre, berné par

8 Voir Rotrou, *Le Filandre* [1637], éd. Véronique Lochert, p. 237-238 dans *Théâtre complet*, t. X, Paris, STFM, 2010.

9 Avant un meurtre et un combat judiciaire.

10 v. 283-296.

11 Du Ryer, *Lisandre et Caliste*, III, 1, v. 825-834 [1632], p. 95-96 dans *Théâtre complet*, t. II, dir. Hélène Baby, Paris, Classiques Garnier, « Bibliothèque du théâtre français », 2020.

les fausses lettres d'amour prétendument écrites par Mélite, se décide à quitter Cloris pour celle-ci, schéma dramatique que l'on retrouve encore dans la pièce de Rayssiguier. La critique des liens du mariage et l'éloge de l'inconstance par Dorandre à la première scène de l'acte IV peuvent être également une récriture du discours que tient Tircis à l'ouverture de la pièce de Corneille[12]. Enfin, Mélite est d'abord insensible à l'amour avant de s'éprendre de Tircis ; de même, chez Rayssiguier, Clorimène refuse de se laisser aller à tout sentiment amoureux mais ne se montre *in fine* pas totalement insensible à Alcidon.

Si Lancaster fait valoir les liens entre *Les Tuileries* et *Le Filandre* en alléguant le mariage final des trompeurs, les échos entre les deux pièces ne se limitent pas à ce mariage de convention destiné à assurer le dénouement heureux pour tous par le pardon et la joie collectifs. En effet, dans les deux pièces, les amants malheureux s'allient pour faire échouer les amours qui leur sont contraires et favoriser ainsi les leurs. On retrouve chez Rotrou le ressort d'une fausse lettre, à ceci près qu'il ne s'agit que d'un papier que les comploteurs déchirent bien vite, mais qui suffit à faire croire à l'existence d'une lettre d'amour et à faire naître les soupçons et les brouilles escomptés par ceux-ci. En outre, Rotrou et Rayssiguier jouent tous deux des potentialités du décor extérieur, que ce soit du cadre pastoral pour le premier ou du célèbre jardin pour le second. Ainsi les comploteurs Filandre et Céphise jouent-ils la comédie et exhibent-ils la prétendue lettre sachant que Théane est cachée derrière les arbres et les voit[13]. À la scène 6 de l'acte II, les mêmes aperçoivent Célidor mais feignent de ne pas le voir en parlant tout haut des prétendues infidélités de sa maîtresse pour mieux le tromper. Des situations semblables reparaissent chez Rayssiguier qui travaille les chassés-croisés à l'intérieur du jardin dans lequel on peut voir et être vu, où Daphnide et Philis parlent haut dans le parc pour être entendues de Clorimène et Doris sans avoir l'air de les voir et font tomber adroitement une lettre destinée à être trouvée par d'autres.

Par conséquent, Rayssiguier emprunte moins à une source précise qu'il ne s'inscrit dans les modes contemporaines en élaborant sa pièce à partir de motifs récurrents du théâtre de son temps qu'il s'approprie

12 Voir Corneille, *Mélite*, I, 1, v. 79-104, p. 11-12 dans *Œuvres complètes*, t. I, éd. Georges Couton, Paris, Gallimard, « Bibliothèque de la Pléiade ».

13 Rotrou, *Le Filandre*, I, 3, éd. citée, voir la didascalie p. 334 et les v. 185-202, p. 338-339.

pour construire sa tragi-comédie et correspondre aux goûts du public galant. L'exemple du motif du duel en témoigne : loin de constituer le nœud de l'action, source des dilemmes et des obstacles, comme c'est le cas dans *Le Cid* de Corneille un an plus tard, le duel a avant tout chez Rayssiguier une fonction dynamique – puisqu'il ouvre la pièce *in medias res* – apte à capter l'attention du spectateur, qui s'interroge sur sa cause de même que les autres personnages, mais il n'est pas nécessaire à l'action et pourrait par conséquent être ôté. En effet, il ne s'agit pas de triompher d'un rival redouté car Alcidon et Lucidan ne se battent pas pour obtenir Daphnide, qu'Alcidon a déjà délaissée, mais parce que celui-ci veut laver son honneur ; ce combat ne permet aucune avancée ni ne dresse de véritable obstacle dans les amours de l'un ou de l'autre ; Lucidan est blessé mais non tué ; les sanctions judiciaires sont un horizon seulement évoqué car le pardon royal est obtenu sans l'une de ces difficultés majeures qui affecterait le cours de l'action. Les potentialités dramatiques du duel ne sont donc guère exploitées, Rayssiguier s'approprie cette action-type de la tragi-comédie[14] pour saisir d'emblée son spectateur[15]. La fonction ornementale du duel assure le spectacle dès le début de la pièce et correspond à une mode dramatique contemporaine. En outre, Rayssiguier donne à voir le combat sur scène (I, 1), et procure à son public le plaisir de voir représenté cet acte clandestin et transgressif[16], d'autant qu'à l'issue de la première scène Lucidan est cru mort par Alcidon comme par les spectateurs.

Les rapprochements qui ont pu être opérés entre *Les Tuileries* et des comédies contemporaines soulignent l'hybridité générique de la pièce de Rayssiguier, qui ne correspond pas toujours aux attentes du genre annoncé par son titre.

---

14 Le duel fait partie des ingrédients traditionnels du genre tragi-comique. Voir le développement qu'Hélène Baby consacre aux actions-types de la tragi-comédie (Hélène Baby, *La Tragi-comédie de Corneille à Quinault*, Paris, Klincksieck, « Bibliothèque de l'âge classique », 2001, p. 116-123).

15 Rotrou choisit ce type d'ouverture pour sa tragi-comédie *Agésilan de Colchos* (1637).

16 Les duels sont interdits par un édit de Richelieu en 1626. La première scène de la pièce fait allusion aux édits contre les duels (I, 1, v. 21-22).

UNE TRAGI-COMÉDIE ? LES MODÈLES GÉNÉRIQUES DES *TUILERIES*

Les Tuileries portent le titre de « trage-comédie », or cette catégorie générique est discutée et discutable. Henry Carrington Lancaster classe la pièce dans la section « Tragi-Comedies that Resemble Comedies[17] », tandis qu'Hélène Baby affirme que « rien, dans le théâtre tragi-comique de Rayssiguier, pas plus la qualité des personnages que le voyage romanesque, ne justifie l'appellation de tragi-comédie ; seul le péril de mort menace les héros [... I]ndubitablement, les tragi-comédies de Rayssiguier sont des comédies que la mode a baptisées tragi-comédies[18] ». Qui plus est, le péril de mort est faible dans *Les Tuileries* : si Alcidon craint d'avoir tué Lucidan au cours du duel à la fin de la première scène, le public est bien vite détrompé dès le début de la suivante où le mort présumé « revenu de sa pamoison[19] » se met à parler. Quant aux personnages, ce sont des jeunes mondains, qui fréquentent la cour et le roi et qui ne sont pas sans évoquer les personnages des comédies de Corneille. Celui-ci renouvelle le genre depuis la fin de la décennie précédente avec *Mélite*, *La Veuve*, *La Galerie du Palais*, *La Place Royale* et *La Suivante*, notamment en rehaussant le rang social des personnages de comédie, qui reflètent désormais une partie de son public même, celui de la bonne société parisienne, et en mettant sur la scène ses lieux à la mode, son langage poli, son raffinement et ses préoccupations sentimentales. Cette orientation nouvelle de la comédie, parfois qualifiée de « réaliste[20] », s'élabore en fait par l'importation de nouvelles conventions, que ce soit dans les situations portées à la scène, dans les rapports entre les personnages, typiques de la littérature à succès de l'époque, notamment de la pastorale, bien connue de Rayssiguier. On retrouve en effet dans ces comédies le schéma pastoral de la chaîne amoureuse – ainsi que dans *Les Tuileries*, où Lucidan aime Daphnide qui aime Alcidon qui ne l'aime plus mais aime désormais Clorimène qui ne veut aimer personne –, la thématique de l'inconstance – celle d'Alcidon et de Dorandre –, les procédés typiquement romanesques de

---

17 Henry Carrington Lancaster, *op. cit.*, p. 87.

18 Hélène Baby, *op. cit.*, p. 74-75.

19 I, 2, v. 28-30.

20 Sur ce sujet, voir Colette Scherer, *Comédie et société sous Louis XIII. Corneille, Rotrou et les autres*, Paris, Nizet, 1983, p. 9-11, 109.

la lettre interceptée et de la fausse lettre[21] ou encore du dépit amoureux[22]. Par ailleurs, *Les Tuileries* sont émaillées de longues réflexions sur le sentiment amoureux[23], qui scandent l'action et y ménagent des pauses métatextuelles qui ne sont pas sans évoquer le modèle de *L'Astrée*, qui abonde en de tels discours. *Les Tuileries* s'inscrivent pleinement dans la mode de la comédie cornélienne tout en prolongeant la tradition pastorale cultivée par les pièces précédentes de Rayssiguier. Les références à la littérature et au théâtre contemporains témoignent de ce plaisir de la reconnaissance et de la connivence entre l'auteur et son public autour d'une culture partagée.

La structure de l'action elle-même relève bien plutôt du modèle de la comédie cornélienne que de celui de la tragi-comédie du milieu des années 1630, où les héros affrontent des obstacles successifs à leur amour et à leur réunion, obstacles qui se juxtaposent le plus souvent selon une « dramaturgie de la gratuité[24] », jusqu'à ce que le dénouement vienne mettre un terme à cette série. Il y a bien dans la pièce de Rayssiguier des actions-types de la tragi-comédie telles que le duel et l'éloignement de l'amoureux par une fuite contrainte. Mais, comme nous l'avons vu précédemment, l'obstacle du duel, traditionnel dans la tragi-comédie, n'est pas exploité en tant que tel, pas plus que la fuite d'Alcidon qui en résulte ou la poursuite judiciaire ne constituent des obstacles à l'amour du personnage. Cet éloignement laisse tout juste le temps à Clorimène de devenir sensible à l'amour d'Alcidon et favorise donc plutôt cet amour qu'il ne lui nuit. De surcroît, l'insensibilité de Clorimène n'est guère exploitée dans l'action, l'héroïne se range à l'avis de sa mère dès que celle-ci prépare le mariage en compagnie des parents d'Alcidon. Cette insensibilité est encore une manière pour Rayssiguier de jouer avec les codes et les *topoi* bien connus de son public, sans nécessairement leur donner une valeur dramatique. Il en est de même à l'acte III avec le

---

21 Dans *Les Tuileries*, Lucidan se saisit d'une lettre d'Alcidon à Daphnide, puis Philis et Daphnide font rédiger une fausse lettre d'Alcidon.

22 Que ce soit celui d'Alcidon face aux froideurs de Clorimène, celui de Doris délaissée par Dorandre et bien sûr celui de Daphnide abandonnée par Alcidon qui enclenche l'action dramatique.

23 Citons à ce titre la définition de l'amour par Daphnide (I, 3, v. 105-122), l'éloge de l'amour par Doris (I, 4), le monologue de Daphnide à la première scène de l'acte II, puis celui d'Alcidon à la scène suivante, ainsi que celui de Doris sur l'infidélité (V, 1) après le monologue de Dorandre sur l'inconstance (IV, 1).

24 Hélène Baby, *op. cit.*, p. 153.

ressort traditionnel du déguisement, qui permet à Alcidon, prétendument étranger, de revenir en cachette et de déclarer en chanson son amour à Clorimène. Cette scène de divertissement révèle un léger progrès de l'amour dans le cœur de la jeune fille, mais n'est pas l'occasion pour Rayssiguier de créer un nouvel obstacle en jouant sur les potentialités de méprise ou de quiproquo du procédé traditionnel du déguisement.

Dans le cours de l'action représentée par *Les Tuileries*, le seul véritable obstacle à l'amour d'Alcidon pour Clorimène est la fausse lettre que Daphnide et surtout son amie Philis font écrire à Tersandre. L'action se concentre sur les causes et les effets des manipulations sentimentales ourdies par les personnages. Ainsi, le change d'Alcidon s'est déjà produit lorsque la pièce commence, car ce qui semble intéresser le dramaturge est de représenter ses effets évolutifs sur Daphnide, qui oscille entre douleur et espoir de retour d'abord, avant que la souffrance de l'infidélité ne la conduise à se laisser aller à son désir de vengeance qui suscite l'obstacle dramatique. Cette action sentimentale ouvre la voie à l'analyse psychologique et à la description par les personnages de la complexité ou de l'intensité de leurs sentiments[25], elle-même issue de la pastorale, quoiqu'en un langage différent, et reprise par la comédie de type cornélien. Suivant cette mode, Rayssiguier compose une intrigue fondée sur les « changes », les dépits amoureux, les stratégies pour conquérir ou reconquérir, susciter la jalousie. Ainsi, les différents couples formés ou potentiels se décomposent et se recomposent au cours de l'intrigue. Enfin, le choix du cadre urbain parisien affiché par son titre même rattache la pièce de Rayssiguier à la série de comédies de type cornélien à la suite de *La Place royale*, de *La Galerie du Palais*, mais aussi de *La Comédie des Tuileries* des Cinq Auteurs, de *La Foire saint Germain* de La Pinelière, ou encore de *La Place royale* de Claveret. Dans cette lignée s'insèrent aussi *Les Vendanges de Suresnes* de Du Ryer et *La Bourgeoise ou la Promenade de Saint-Cloud* de Rayssiguier lui-même, qui se passent dans la campagne toute proche de Paris, dans des lieux bien connus du public mondain. Si, dans *Les Tuileries*, la mention du Louvre et donc la proximité des lieux du pouvoir ainsi que l'allusion aux édits contre les duels ont évidemment une fonction dramatique en ce qu'ils rendent

25 Voir par exemple les dialogues entre Daphnide et Philis à la scène 3 du premier acte, entre Clorimène et Doris à la scène suivante et à la scène 2 de l'acte III, ou encore les monologues d'Alcidon à la scène 2 de l'acte II et de Dorandre à la première scène de l'acte IV.

sensible le péril qu'encourent les personnages, leur valeur référentielle ancre l'action dans le cadre et l'actualité des spectateurs mondains qui se voient reflétés sur scène, de même que leurs lieux de sociabilité, tels que le Cours la Reine[26], les allées des Tuileries ou encore le bal chez la reine[27]. Comme dans *La Bourgeoise ou la Promenade de Saint-Cloud*, le choix du lieu importe par les résonances qu'il fait entendre.

UNE DRAMATURGIE DU DISCONTINU

IRRÉGULARITÉ ET DISCONTINUITÉ

Les Tuileries témoignent d'une relative indifférence aux règles, sans pour autant illustrer l'irrégularité débridée de certaines tragi-comédies contemporaines, auxquelles Rayssiguier fait précisément allusion dans la préface de son *Aminte* où il promeut la souplesse et l'adaptabilité en la matière et fournit des arguments aux tenants de chaque parti. Le lieu de l'action est unifié selon la conception des années 1630 qui considère que l'unité est respectée dans les limites d'une ville. Le titre choisi par Rayssiguier invite à penser que l'action se déroule tout entière aux Tuileries. Or les indications de lieu sont rares au cours de la pièce, à part au premier acte où le jardin est nommé plusieurs fois[28] et où sa proximité avec le Louvre[29] est rappelée pour dynamiser le début de l'action en soulignant le péril de mort qu'encourt Alcidon qui insiste sur le lieu dans lequel il se trouve dès la fin de son duel à la première scène de la pièce[30]. Le dernier acte se passe lui aussi explicitement aux Tuileries, comme le souligne Doris à la troisième scène de l'acte V, parlant de ce « lieu propre à la promenade » et invitant Daphnide et Philis qui veulent partir à poursuivre la promenade en leur compagnie[31]. L'acte IV s'y

26 I, 1, v. 16.
27 I, 3, v. 65.
28 I, 2, v. 26 ; la didascalie qui précède le vers 31 et celle qui ouvre la scène 3.
29 I, 2, v. 37.
30 « Il meurt, c'est le chemin du cours, / Et si j'étais surpris en affaire semblable, / Ma prise me rendrait la mort inévitable » (I, 1, v. 16-18).
31 V, 3, 1318, 1342 (« Bon, nous aurons le crédit / De faire avecque vous deux tours de Tuileries »).

passe probablement aussi, même si le lieu n'est pas nommé, car l'arrivée d'Alcidon à la deuxième scène fait partir Daphnide, Philis et Lucidan[32], avant que Philis et Daphnide ne reparaissent pour attendre la venue habituelle de Clorimène et de Doris dans ce lieu de promenade et de confidences[33]. De même, à l'acte III, les personnages se retrouvent probablement au soir dans le jardin pour l'écho et le morceau de musique offert à Clorimène, d'ailleurs Alcidon rappelle le risque qu'il prend en se trouvant si près de la cour[34]. Cependant, Rayssiguier n'a pas opté pour un lieu unique. L'acte II se déroule dans plusieurs endroits de Paris. Si la première scène, où Daphnide attend le retour de Philis, n'est pas située et peut se dérouler aussi bien aux Tuileries que dans une rue, la scène 2 transporte le spectateur chez Oronte où Alcidon attend de rentrer en grâce ; toutefois Dorandre signale que son ami n'est pas si loin de la cour[35]. Puis, c'est chez Aglante, où Lucidan est alité, que l'action se déplace à la scène suivante. Ce changement de lieu au deuxième acte nous indique que, conformément aux usages de l'Hôtel de Bourgogne dans ces années-là, la scénographie des *Tuileries* employait un décor à compartiments qui permettait de représenter différents espaces sur scène et de passer ainsi d'un lieu à l'autre en représentant les situations simultanées des divers personnages.

L'action ensuite s'étend sur plusieurs jours, bien qu'il soit difficile d'en mesurer précisément la durée. De fait, Rayssiguier n'introduit que peu d'indications temporelles, mais accorde au passage du temps un rôle majeur dans son action dramatique. Si les actes IV et V, qui se déroulent sur une journée[36], s'illustrent par un resserrement temporel significatif, celui de l'urgence de la vengeance de Daphnide qui a trop espéré le retour de l'amour d'Alcidon et qui est désormais sûre

32 IV, 2, v. 1006.

33 IV, 5, v. 1108-1110.

34 III, 1, v. 623-625.

35 « On vous croit éloigné beaucoup plus que vous n'êtes » (II, 2, v. 461).

36 Daphnide déclare au début de l'acte IV : « Alcidon a changé, / Et cet affront pourtant n'est pas encore vengé. / Je dois tout hasarder, et me perdre moi-même, / Pour venger *aujourd'hui* sa perfidie extrême » (IV, 1, v. 858-861, nous soulignons). Puis, face à la colère de Clorimène trompée par une fausse lettre, Alcidon affirme : « Cette colère extrême, / Et cette jalousie obligent mon amour, / Je l'en éclaircirai devant la fin du jour » (IV, 5, v. 1211-1213), avant de confirmer la durée des soupçons de Clorimène et la continuité temporelle des deux derniers actes : « Et moi j'attends ma vie, ou ma mort de la belle, / Chez qui j'ai tout ce jour passé pour infidèle » (V, 4, v. 1402-1403).

de son infidélité, il n'en est pas de même des trois premiers actes dont la succession requiert un temps plus long. Un jour ou deux séparent le troisième du quatrième – le temps pour Philis de faire forger la fausse lettre d'Alcidon à partir de celle qu'elle demande à Daphnide à la fin de l'acte III[37] –, ainsi que l'acte III et la fin de l'acte II où Philis demande à Daphnide encore un jour de patience avant qu'elle ne sache avec certitude si Alcidon lui est infidèle[38] ; cette infidélité confirmée cause précisément le désir de vengeance de Daphnide à l'acte III. Cependant, l'intervalle entre les deux premiers actes reste indéterminé ; c'est en effet celui des menées des amis d'Alcidon auprès du roi, qui ne s'est pas laissé convaincre tout de suite, comme le rapporte Dorandre[39]. En outre, l'action est ponctuée d'appels à la patience, notamment à destination d'Alcidon pressé de connaître les progrès de l'amour de Clorimène à son égard[40], alors même que son change entraîne pour celle qu'il aime désormais une indispensable mise à l'épreuve du temps de ce nouvel amour. De manière significative, l'expression indéfinie « un jour[41] », qui reporte la réalisation du désir du personnage à un futur indéterminé, émaille les dialogues et souligne la nécessité dramatique du passage du temps, loin de la concentration que requiert la règle des vingt-quatre heures au profit d'une temporalité plutôt romanesque. Comme l'écrit Albert Azeyeh, « la dramaturgie de Rayssiguier tient quelque compte encore de l'intervalle qui sépare un désir, un manque, un projet, de la réalisation de ce désir, sa satisfaction. L'évolution dramatique intègre la durée à son déploiement successif, comme élément non seulement de forme, mais de signification[42] ». La composition de certaines scènes se ressent de cette temporalité caractérisée par la discontinuité, car plusieurs

37 Au dernier acte, Tersandre commence à révéler ce qui s'est passé en ces termes : « Vous saurez que Philis, l'autre jour éplorée / S'en vint à mon logis quasi désespérée » (V, 4, v. 1474-1375).

38 II, 3, v. 615-616.

39 II, 2, v. 448-450, 455-456.

40 Que ce soit Dorandre (III, 1, v. 703), ou Clorimène qui sollicite du temps pour elle-même et reporte dans un futur indéterminé le temps de l'échange amoureux : « Le Temps, père de tout, me fera reconnaître, / La véritable ardeur d'un feu qui vient de naître. / Adieu, vous vous devez un peu mieux ménager, / Vous parlerez d'amour étant hors de danger » (III, 2, v. 797-800).

41 II, 2, v. 412 ; III, 1, v. 672 ; III, 2, v. 803 ; IV, 3, v. 1027.

42 Albert Azeyeh, *Distances et convergence : les conditions, les moyens et le mode d'existence du théâtre de Rayssiguier (1630-1636)*, thèse de doctorat réalisée sous la direction de Jacques Morel, Université Sorbonne nouvelle-Paris III, 1977, p. 36.

d'entre elles s'ouvrent par le monologue d'un personnage qui informe le spectateur de la situation nouvelle et des avancées dramatiques qui se sont produites. La répétition d'un tel procédé scande la pièce, comme autant de petites expositions qui l'émaillent, et souligne l'écoulement nécessaire du temps[43].

Ainsi l'action est-elle marquée par des changements de rythme. Rayssiguier compose un premier acte très dynamique, qui commence *in medias res* par un duel puis une fuite suivis d'un ballet de personnages qui se succèdent ou se rencontrent dans les Tuileries et distillent des informations sur ce duel initial et ses conséquences. Vient ensuite le temps plus lent des doutes, de l'élucidation des causes du duel et des sentiments amoureux – pour le public et les personnages, qui s'interrogent de même mais qui ne sont pas éclairés au même rythme, le public bénéficiant du contenu informatif de plusieurs monologues –, du divertissement poétique et musical, avant l'accélération des deux derniers actes, où les comploteurs sèment le faux après avoir découvert le vrai. Ces changements de rythme s'accompagnent d'un autre effet de discontinuité, celui de l'absence de la liaison des scènes à huit reprises, ce qui tend à structurer l'action en tableaux. Les actes alternent ainsi entre liaison et rupture des scènes. Aux premier et troisième actes, toutes les scènes sont liées sauf la dernière. Tandis qu'à l'acte I les personnages coexistent dans différents espaces des Tuileries au cours d'une même scène ou viennent à se rencontrer, la rupture est systématique entre toutes les unités scéniques à l'acte II. Les variations de rythme dramatique tiennent aussi au choix que fait Rayssiguier de placer les changements et les revirements amoureux des personnages hors scène : le « change » d'Alcidon a lieu avant le début de l'action des *Tuileries* ; entre les actes III et IV, on passe brusquement de l'insensibilité de Clorimène et de son refus d'écouter Alcidon à un accueil nettement plus favorable rapporté par celui-ci et même au mariage préparé par les parents sans que le public ait eu accès aux différentes étapes du progrès de l'amour ; le brusque revirement de Dorandre au début de l'acte IV n'est pas davantage préparé. Cette dramaturgie de la discontinuité et du revirement amoureux vise à accélérer le rythme dramatique et à surprendre le spectateur, qui n'est

43 Citons par exemple le monologue de Daphnide à l'ouverture de l'acte II, celui d'Alcidon à la scène 2 de l'acte III, à la première scène de l'acte III, au début de la scène 3 de l'acte IV, ou encore celui de Lucidan à la scène suivante.

pas à l'abri de découvrir en début de scène une situation toute nouvelle sans préparation. Celui-ci en est informé le plus souvent par l'un des monologues qui ouvrent plusieurs des scènes et qui permettent à l'un des personnages d'exposer et de poser la situation nouvelle, advenue sans progression sensible ni dilemme représenté et à partir de laquelle se déploie la suite de l'action.

Selon les codes d'une dramaturgie régulière, l'action des *Tuileries* présente des épisodes inutiles. Ni le duel, ni la fuite d'Alcidon, ni les blessures de Lucidan, ni la brève infidélité de Dorandre – aussitôt regrettée –, ni le déguisement ou le divertissement nocturne ne sont nécessaires à l'action et pourraient être supprimés en ce qu'ils n'ont pas d'incidence sur l'objet de l'action représentée : l'union d'Alcidon et de Clorimène. De fait, la pièce ne s'organise pas autour d'une crise ou d'un obstacle principal à l'union des amants car l'amour n'est pas encore réciproque lorsque la pièce commence, pas plus qu'elle n'est construite par la succession d'une série d'obstacles à cet amour, comme de nombreuses tragi-comédies contemporaines[44]. *Les Tuileries* représentent « une démarche de séduction[45] » – celle d'Alcidon auprès de Clorimène, aidé de Dorandre et de Doris –, mais celle-ci est accomplie dès le milieu de l'acte IV[46]. Or l'action représentée ne se termine pas là car cette entreprise de séduction d'un amour nouveau est indissociable du « change » dont elle est la cause – c'est parce qu'Alcidon s'est épris de Clorimène qu'il a abandonné Daphnide. Dès lors, Rayssiguier construit une intrigue qui représente aussi les conséquences de cette infidélité, c'est-à-dire les manœuvres vengeresses de Daphnide aidée de Philis qui font surgir un obstacle à l'union des amants en cherchant à brouiller Clorimène et Alcidon, à peine l'obstacle de l'hostilité de Clorimène au sentiment amoureux a été levé. Une telle construction, qui oppose les trois premiers actes aux deux derniers, donne au public l'impression d'une succession de deux actions, pourtant liées par la présence de l'amante déçue qui passe de l'espoir au désespoir amoureux en apprenant le mariage futur de son amant avec Clorimène. De surcroît, selon une esthétique volontiers romanesque, l'intrigue des *Tuileries* accorde une

44 *Clitophon* de Du Ryer est à ce titre exemplaire.

45 Albert Azeyeh, *op. cit.*, p. 29.

46 Comme l'explique le monologue d'Alcidon qui ouvre la scène 3 de l'acte IV et qui oppose au passé des difficultés et de la froideur de Clorimène le présent du bonheur de la réciprocité.

place au passé du couple Alcidon-Daphnide pourtant désormais révolu, en ouvrant la pièce sur le duel causé par l'honneur bafoué d'Alcidon par les manigances de Lucidan, amoureux malheureux de Daphnide.

Le primat de la souplesse et de l'adaptabilité sur le plan dramaturgique reflète les modulations d'une *inventio* composite et unifiée à la fois. L'esthétique et l'inspiration romanesques qui sous-tendent cette pièce engagent Rayssiguier à développer des motifs et des obstacles dramatiquement superflus. De fait, la recherche des effets et les scènes à faire président à l'esthétique du discontinu mise en œuvre. Rayssiguier montre son intérêt pour des moments conventionnels et attendus du public qui forment autant de tableaux dans le cours de l'action. Celle-ci est donc double, voire triple si l'on prend en considération les amours perturbées de Dorandre et Doris sans effet sur l'action principale. Cette construction, qui ménage les contrepoints et les jeux de symétrie, se caractérise par un effet de tuilage qui fait plaisamment écho au titre de la pièce.

UNE STRUCTURE *TUILÉE*

Cet effet travaillé par Rayssiguier est le produit d'une action qui ménage le suspens et s'articule en grande partie autour de l'opposition du vrai et du faux ainsi que de la superposition des points de vue. Les personnages et le public sont placés devant des situations où dominent l'incertitude et les interrogations, où il s'agit de lever les doutes et de démêler vérité et mensonge, dans une société qui de manière plus générale est dominée par les faux-semblants comme le soulignent la satire de la cour par Dorandre mais aussi les reproches de Daphnide à Philis sur son ignorance des feintes amoureuses si communes à la cour[47]. Les indices sont distillés progressivement et s'ajoutent à des hésitations qui demeurent ou à de nouvelles qui surgissent. Ainsi, les motifs du secret, du mensonge et de la feinte parcourent d'emblée le premier acte qui soulève autant de questions qu'il n'apporte de réponses. Le début *in medias res* place le spectateur devant une joute verbale qui prélude à un duel, sans que la cause n'en soit connue : précisément, Alcidon évoque une « injure secrète[48] » que Lucidan contredit. Le spectateur est laissé à son ignorance des motifs de ce duel, tandis que la deuxième scène

47 I, 5, v. 283-300 ; III, 1, v. 683-684 ; I, 3, v. 131-133.
48 I, 1, v. 2.

contredit la précédente : Lucidan, qui était cru mort par Alcidon et par le public, ne l'est pas et lui qui démentait Alcidon s'accuse désormais et blâme ses propres impostures. Cette scène constitue un nouveau cas de perplexité pour le public, qui certes apprend que Lucidan mentait face à Alcidon, mais aussi que ce mensonge était double car le duel est la conséquence d'un mensonge antérieur. La construction de la deuxième scène ménage aussi un effet de tuilage par la représentation de dialogues parallèles qui portent sur la tromperie et les faux-semblants.

Daphnide et Philis, dont le dialogue de confidence se poursuit à la troisième scène[49], articulent leur échange autour du lexique du vrai, du faux et de la feinte. Le public apprend ainsi que Daphnide, délaissée par Alcidon au profit de Clorimène, tente depuis plusieurs jours de le rendre jaloux en feignant un amour pour Lucidan. Si une telle information semble pouvoir expliquer le duel inaugural, d'autant plus que Philis met en garde Daphnide sur les conséquences potentielles d'une telle feinte[50], Rayssiguier prend soin de ne pas éclairer totalement son public qui s'interroge dès lors de plus belle sur les raisons de la jalousie d'Alcidon si celui-ci n'aime effectivement plus Daphnide, sur la vérité de ce nouvel amour pour Clorimène[51] ou encore sur les « impostures » de Lucidan, dont il n'est pas question ici. L'exposition est ainsi différée et reste longtemps partielle, Rayssiguier disséminant les informations et faisant de la quête d'indices et de sens le cœur de l'action des premiers actes[52]. En outre, par un effet de mise en abyme, le dialogue s'engage sur l'opacité des signes et les erreurs d'interprétation[53]. Puis Daphnide reproche à Philis son manque de clairvoyance face à la feinte qu'elle a mise en œuvre et celle-ci dit sa crainte qu'Alcidon prenne le faux pour le vrai[54], tandis que Daphnide compte sur l'indécidabilité des apparences[55].

49 Comme y insistent les premiers vers de la scène en plaçant ce dialogue sous le signe de la vérité et de la révélation : « Toi qui connais au vrai mes actions passées, / À qui seule toujours j'ai fait voir mes pensées » (I, 3, v. 53-54).

50 *Ibid.*, v. 91-94.

51 De même que Daphnide, en quête d'indices et d'avis pour confirmer ou non ses craintes.

52 Et même en partie des derniers actes car c'est parce que Doris perçoit des incohérences entre les mots écrits dans la fausse lettre et les actions des personnages, et que dès lors le sens lui échappe, qu'elle commence à soupçonner une supercherie de Daphnide (V, 1, v. 1261-1271).

53 I, 3, v. 62-68.

54 *Ibid.*, v. 129-130.

55 *Ibid.*, v. 137.

Puis la scène 4, où se rencontrent les duos Daphnide-Philis et Clorimène-Doris, réactive encore les questionnements du spectateur à propos du duel initial en projetant ces interrogations sur la scène puisque celles-ci sont au cœur des dialogues qui énoncent des causes contradictoires[56] et qui engagent du reste l'identification de l'objet de l'amour d'Alcidon. Rayssiguier s'amuse à maintenir le doute en brouillant l'esprit de son spectateur comme celui de ses personnages au premier acte. Il faut attendre la scène 3 de l'acte II pour connaître la cause du duel, lorsque Lucidan avoue à Daphnide son imposture auprès d'Alcidon. Pour autant, une telle révélation ne lève pas les doutes des personnages féminins sur l'amour du jeune homme, et la parole du trompeur, qui prétend qu'Alcidon aime désormais Clorimène, est immédiatement mise en doute par Philis[57]. Le public a été quant à lui informé de la vérité de cet amour par le monologue d'Alcidon à la scène précédente et entend désormais les personnages féminins – aussi bien Daphnide et Philis que Clorimène et Doris – s'interroger sur la vérité. Or, une fois cette vérité certifiée, les doutes qui ont occupé les premiers actes vont précisément être exploités pour forger une nouvelle tromperie, par l'amante abandonnée et sa suivante. Elles qui se sentent dupées par les serments d'amour passés[58] cherchent dès lors à duper à leur tour en faisant croire à Clorimène que l'amour d'Alcidon pour elle n'est qu'une feinte pour servir les caprices de Daphnide, qui n'aurait jamais cessé d'être sa maîtresse. Si le public en sait désormais plus que les personnages puisqu'il sait qui ment, Rayssiguier ménage cependant le suspens en annonçant les projets de feinte sans en révéler immédiatement le contenu[59], et en jouant ainsi constamment avec la dialectique du vrai et du faux, du secret et de sa révélation.

56 I, 4, v. 170-171, 175, 219-222.
57 II, 3, v. 599-600.
58 III, 3, v. 827-830.
59 II, 2, v. 460-462 ; III, 3, v. 831-837.

EFFETS DE SYMÉTRIE ET DE CONTREPOINT
Construction des personnages et tradition pastorale

La structure de la pièce ainsi que la construction des personnages sont fondées sur des jeux de miroir, parfois favorisés par l'absence de liaison des scènes qui mettent en avant les situations parallèles. Ainsi le ressort de la tromperie par la lettre est-il dédoublé avec variation, car Lucidan détourne une vraie lettre tandis que Daphnide et Philis font usage d'une fausse lettre. Le débat inconciliable sur l'amour entre Doris et Clorimène est engagé à la scène 4 du premier acte et réactivé à la scène 2 de l'acte III, qui du reste s'ouvre et se clôt par un désaccord, plus développé entre Clorimène et Doris au début de la scène et plus rapide, en stichomythie, entre Alcidon et Clorimène à la fin. Précisément, l'acte III joue un rôle de pivot dans l'économie de la pièce : il fait passer des conséquences de la supercherie ourdie par Lucidan à la tromperie menée par Philis et Daphnide. Le point de bascule est rendu sensible par le fait qu'il s'agit d'un acte nocturne, contrairement au reste de la pièce, et par l'opposition en contrepoint entre la suspension de l'action ménagée par le poème et le morceau de luth d'une part qui soulignent un début de progrès du sentiment amoureux chez Clorimène, et d'autre part le retour à la menace par le désir de vengeance de Daphnide à la dernière scène. Celle-ci prend des accents de parodie de tirade tragique[60] et Daphnide y apparaît comme un double dégradé de Médée. Cet acte se distingue par le ressort du déguisement ainsi que par l'intermède poétique et musical, mais aussi parce que, s'il est lui aussi occupé par une manœuvre trompeuse – Clorimène est menée à la rencontre d'Alcidon par les manigances de Doris et de Dorandre –, il s'agit cette fois de « surprises honnêtes[61] » selon la formule employée par ce dernier. Les jeux d'échos inversés sont nombreux aussi dans les deux derniers actes, à l'exemple des deux scènes de séduction feinte, de Dorandre par Daphnide qui y réussit très facilement à la première scène de l'acte IV, puis de Doris par Lucidan très rapidement éconduit. Citons encore le jeu de symétrie entre la scène 5 de l'acte IV, où Philis et Daphnide feignent

60 III, 3, v. 811-826.
61 II, 2, v. 462.

de ne pas voir Clorimène et Doris pour mieux les tromper, et la scène 3 de l'acte V, où par un effet d'inversion qui mène vers le dénouement ces dernières écoutent cette fois la conversation des premières sans être vues de celles-ci, renouvelant ainsi le schéma du trompeur trompé. Ces effets de symétrie et de dédoublement sont notamment issus de la tradition pastorale dont Rayssiguier hérite et plus particulièrement du modèle de *L'Astrée*, qui multiplie ces phénomènes, qu'on retrouve d'ailleurs au niveau de la construction des personnages.

De fait, les personnages des *Tuileries* sont eux aussi dédoublés et fonctionnent souvent en binômes. La pièce s'articule en effet autour de trois duos principaux entre lesquels est établi un lien d'amitié ou de confidence[62] : Daphnide-Philis, Clorimène-Doris et Alcidon-Dorandre. Il est une constante parmi ces duos, c'est l'importance dramatique du personnage secondaire, tandis que le personnage principal a une attitude plus passive. Dès lors, il n'est guère étonnant que les figures secondaires soient présentes dans au moins autant – si ce n'est plus – de scènes que les principales[63], car ce sont elles qui agissent, qui conseillent voire indiquent la marche à suivre. Si Alcidon est contraint par son éloignement de la cour à laisser agir Dorandre pour lui, aussi bien auprès du roi qu'auprès de Clorimène, Doris et Philis n'en agissent pas moins respectivement à la place de Clorimène et de Daphnide. En témoigne par exemple la réplique finale de Philis face au dépit amoureux de Daphnide à la scène 3 de l'acte III : elle donne les ordres et emploie le pronom *on* qui souligne la solidarité dramatique du duo[64]. De même, la déclaration de Dorandre à Alcidon « on travaille pour vous[65] », à la scène 2 de l'acte II, résume les rapports et la répartition qui s'opère au sein des duos où les uns réalisent ce que les autres attendent. Comme Albert Azeyeh l'écrit à propos de Philis, ces personnages secondaires sont « investi[s] de la part pratique de l'action[66] ». Une telle répartition de l'activité dramatique évoque la tradition de la comédie italienne, où

62 Contrairement aux autres personnages, Philis est la suivante de Daphnide, ce qui implique, outre la proximité et la confidence, un rapport de service.

63 Daphnide et Philis totalisent chacune onze scènes textuelles, Alcidon et Dorandre chacun sept. Doris est présente dans huit scènes tandis que Clorimène dans six seulement.

64 « Patientez encor, je ne veux plus qu'un jour, / Pour voir la vérité de ce nouvel amour. / Après je vous dirai ce qu'il faudra qu'on fasse » (III, 3, v. 615-617).

65 II, 2, v. 455.

66 A. Azeyeh, *op. cit.*, p. 159.

les serviteurs, devenus ici les amis, agissent pour leurs maîtres, lèvent les obstacles afin de favoriser l'union finale des amants.

Les couples d'amoureux sont eux aussi dédoublés, ce qui permet à Rayssiguier de multiplier les effets d'écho et de miroir, suivant ainsi encore une fois la tradition pastorale. Tandis qu'Alcidon a délaissé Daphnide au profit de Clorimène, Dorandre, au cours de la pièce, commet à son tour une infidélité en abandonnant Doris pour Daphnide, après avoir fait un éloge paradoxal de l'inconstance associé au blâme du mariage. Or Dorandre apparaît alors comme le double dégradé et parodique de son ami Alcidon : à peine a-t-il choisi d'être infidèle par peur du cocuage qu'il est la dupe de Daphnide – contrairement à Doris face à Lucidan dans une scène parallèle, qui se montre bien plus fine que son amant –, à peine a-t-il écrit sa lettre de rupture à Doris qu'il regrette aussitôt son « change » et revient finalement à elle qui accepte facilement de lui pardonner à la fin de la pièce pour assurer le dénouement heureux attendu. De surcroît, Alcidon est certes un personnage d'inconstant mais ses qualités, son souci de l'honneur et sa singularité, qui conduit à ne pas lui appliquer les procédés habituels de l'amour comme le souligne Philis[67], font de lui un protagoniste à part, une sorte d'inconstant vertueux et par là même récompensé par la résolution finale. Il se distingue au sein d'un personnel masculin peu reluisant. En effet, il s'oppose aussi à Lucidan, qui est le rival dédaigné et humilié, dont les ruses se retournent contre lui, le duelliste malheureux, blessé, et qui est représenté sur scène à terre puis alité.

La double infidélité – celle d'Alcidon et de Dorandre – donne lieu à des scènes qui se font écho, à l'exemple des scènes de dépit amoureux de Daphnide puis de Doris. Mais si les amis Alcidon et Dorandre sont construits en opposition, les rivales Daphnide et Clorimène le sont encore plus nettement : à l'amoureuse passionnée s'oppose la belle insensible. Daphnide est un personnage riche de potentialités, elle constitue certes un obstacle à l'amour d'Alcidon, mais elle est la maîtresse blessée et trahie[68] et non la traditionnelle amoureuse qui n'est pas aimée en retour et qui s'opposerait à l'amour des héros. Elle est le personnage le plus présent sur scène, ce qui souligne son importance dramatique, loin d'un simple rôle d'opposante. Elle est l'incarnation

---

67 I, 3, v. 143-148.

68 Clorimène elle-même fustige l'infidélité d'Alcidon (I, 4, v. 209).

par excellence de la victime. En effet, c'est elle qui a subi l'infidélité de son amant lorsque la pièce commence, qui voit ses tentatives de reconquête d'Alcidon échouer et qui au dénouement se résout à épouser celui qu'elle n'aimait pas. Elle se montre savante dans les ruses de l'amour[69]. Puis, par un cheminement qui la mène à la certitude de l'infidélité de son amant et même à la connaissance de son projet de mariage, elle se livre à une nouvelle tromperie pour se venger du nouveau couple et de ses amis. Le personnage passe de la douleur à la fureur et évolue ainsi au cours de l'action selon une progression qui parodie un schéma tragique bien connu.

Pour le personnage de Clorimène, Rayssiguier reprend le type de la belle insensible[70] qui refuse tout sentiment amoureux, ce qui la conduit à être toujours une antagoniste dans les dialogues à sujet sentimental, que ce soit face à Doris[71] ou à Alcidon[72]. Clorimène est imperméable aux mouvements de la passion, ce qui l'oppose aussi bien à sa rivale Daphnide qu'à son amie Doris, comme elle le souligne dans un parallélisme à la scène 2 de l'acte III[73]. Précisément, lorsque les deux compagnes se retrouvent dans la même situation d'infidélité à l'acte IV – lorsque Dorandre a rompu avec Doris et que la fausse lettre fait croire à Clorimène qu'Alcidon se joue d'elle et aime toujours Daphnide –, aux lamentations de Doris répond l'indifférence de Clorimène[74], qui exhorte d'ailleurs son amie à adopter la même attitude[75]. Clorimène s'oppose aussi en cela à Daphnide, qui, même quand elle tente de donner le change dans un dialogue, révèle dans ses apartés les passions qui la tourmentent[76]. Même si Clorimène évolue de l'insensibilité à l'acceptation du sentiment amoureux, celui-ci demeure modéré dans ses paroles, elle représente un amour raisonné : de même qu'elle annonce au début de la pièce qu'en matière d'amour elle se rangera au choix de sa mère[77], elle ne commence à répondre aux marques d'amour d'Alcidon qu'à partir du moment où sa

69 Comme elle l'explique dans son dialogue avec Philis à la scène 3 de l'acte I.
70 I, 4, v. 232-234.
71 I, 4 ; III, 2.
72 III, 2.
73 III, 2, v. 739-740.
74 « Si c'est pour m'offenser, ils ont mal pris leur tâche, / L'un ni l'autre en cela ne fait rien qui me fâche » (IV, 5, v. 1158-1159).
75 IV, 5, v. 1186.
76 I, 4, v. 162 ; IV, 1, v. 900.
77 I, 4, v. 265-270.

mère est en train de conclure le mariage[78]. De fait, si Clorimène semble hostile à l'amour de manière générale, ses préventions particulièrement contre les sentiments d'Alcidon sont justifiées à plusieurs reprises par l'infidélité de celui-ci envers Daphnide ; Clorimène craint de se trouver à son tour dans la situation de la maîtresse délaissée et répète cette peur au cours de ses dialogues, avec Doris[79] ou dans des répliques piquantes et ironiques adressées à Alcidon[80]. La temporalité des deux amantes est nécessairement très différente : alors que Daphnide se trouve dans l'urgence de la passion amoureuse, Clorimène sollicite le temps de la réflexion et de la mise à l'épreuve d'un amour nouveau. Elle prolonge d'ailleurs plaisamment les peines d'Alcidon au dernier acte lorsque celui-ci paraît avec Tersandre. Alors même qu'elle a été détrompée par la conversation qu'elle a surprise entre Daphnide et Philis, elle ne lui révèle pas tout de suite ce qu'elle a appris et le pique d'une réplique ironique[81], le laissant faire ses preuves aux deux sens de l'expression.

Dès lors, si les personnages des *Tuileries* héritent de la tradition pastorale – et non seulement par l'onomastique[82] –, il semble que pour sa dernière pièce Rayssiguier se saisisse de cette tradition tout en la mettant à distance. Ainsi, il porte à la scène un amour encore à naître dans sa réciprocité, et son action récompense avant tout l'inconstance : certes Dorandre se repent de son infidélité envers Doris, mais ce n'est pas le cas d'Alcidon qui parvient à épouser celle qu'il aime depuis peu – et dont on ne sait si elle l'aime vraiment – au détriment de Daphnide ; et si à la dernière scène le constant Lucidan reçoit « le loyer que sa fidélité [...] a mérité[83] », ce mariage ne satisfait guère qu'une morale postiche et la nécessité dramaturgique d'un dénouement heureux car Daphnide se résigne de la sorte à un mariage de raison. La rapidité du dénouement par le pardon général et l'oubli instantané des fautes passées, la promesse

78 Comme le raconte Alcidon dans son monologue de la scène 3 de l'acte IV, v. 1025-1027.

79 Elle réfute face à Doris l'argument de la force de l'amour d'Alcidon en témoignant que ses propres yeux ont vu ce même amour se porter d'abord sur Daphnide avant de se détourner d'elle (I, 4, v. 205-206) ; Dorandre oppose le même argument à Alcidon qui s'impatiente de ne pas voir son amour payé en retour (III, 1, v. 699-702).

80 Notamment dans son dialogue stichomythique (III, 2, v. 785-791).

81 V, 4, v. 1350-1352.

82 Des noms tels que Daphnide, Alcidon, Doris, Philis ou encore Tersandre sont ceux de personnages de *L'Astrée* d'Urfé.

83 « Lucidan dont l'amour toujours continuée, / Pour mes froideurs jamais ne s'est diminuée, / Recevra le loyer que sa fidélité, / Après tant de travaux n'a que trop mérité » (*ibid.*, v. 1414-1417).

d'un amendement, du bonheur et de la constance dans le mariage[84] ainsi que l'arrivée « à propos[85] » de Lucidan soulignent plaisamment son artifice et le jeu du dramaturge avec les codes dramatiques.

Avec *Les Tuileries*, Rayssiguier s'inscrit pleinement dans les tendances du théâtre de son temps tout en s'appropriant ses conventions et en revisitant ses personnages types. L'auteur tire parti de la polysémie du titre de sa dernière pièce en représentant une action à la structure tuilée qui s'articule autour de l'élucidation du vrai dans un espace où le doute s'impose d'emblée pour les personnages comme pour le public, que le poète maintient d'abord dans la même incertitude. Sa dramaturgie du discontinu, soucieuse des variations rythmiques et de la multiplication des points de vue, accorde un rôle dramatique majeur à l'écoulement du temps, ce qui l'éloigne des impératifs réguliers comme d'une irrégularité débridée.

84 *Ibid.*, v. 1408-1409, 1434-1435.
85 *Ibid.*, v. 1419.

ÉTABLISSEMENT DU TEXTE

L'ÉDITION ANCIENNE

Le texte a fait l'objet d'une seule édition. Nous avons choisi comme référence l'exemplaire

8-YTH-17281 conservé à la Bibliothèque Nationale de France (Tolbiac) et reproduit dans Gallica :

RAYSSIGUIER (Sieur de) – *Les Thuilleries. Trage-comedie.* A Paris, Chez Anthoine de Sommaville, au Palais dans la petite Salle, à l'Escu de France. M. DC. XXXVI. [1636]. Avec Privilege du Roy. – in-8°, [8], 103, [1].

D'après les recherches d'Alain Riffaud, la pièce a été imprimée par l'atelier de Denis Houssaye (https://repertoiretheatreimprime.yale.edu/). Elle est publiée en 1636 chez Antoine de Sommaville, « au Palais dans la petite Salle, à l'Escu de France ». Le privilège, signé Demonceaux et accordé pour une durée de sept ans, est daté du 31 décembre 1636. Il s'agit d'une coquille pour 1635. Alain Riffaud signale la même erreur de date sur le privilège du *Cléomédon* de Du Ryer. *Cléomédon* a été imprimée dans le même atelier, juste avant *Les Tuileries* : la première est achevée le 21 février et la seconde le 3 mars. L'atelier a réemployé la composition des deux pages du privilège de *Cléomédon* pour *Les Tuileries*, reproduisant ainsi l'erreur de date.

La page de titre de l'exemplaire de référence ne donne pas le nom de l'auteur et la signature de la dédicace à Monsieur de La Lambe Roquelaure indique uniquement son initiale : « votre très humble, et très obéissant serviteur, de R. ». Le nom du dramaturge est toutefois imprimé en entier dans l'un des exemplaires, mentionné ci-dessous. On trouve un cas de figure similaire pour une autre œuvre de Rayssiguier : *Palinice, Circeine et*

Florice (1634). Dans son introduction à la pièce, parue au premier volume de cette même édition, Marc Douguet signale que seule l'initiale « de R. » apparaît sur la page de titre ; un seul des exemplaires répertoriés mentionne le nom de Rayssiguier en entier. L'effacement de son nom s'explique alors par le sujet de la pièce : *Palinice* est adaptée d'un épisode de *L'Astrée* d'Honoré d'Urfé, dont le libraire exploite la renommée, bien plus grande que celle de Rayssiguier, en faisant apparaître son nom à lui sur la couverture. Le cas des *Tuileries* est différent : par son inspiration, la pièce rappelle les adaptations de pastorales, mais ce n'en est pas une. Son anonymat n'est pas exceptionnel pour autant. L'absence du nom de l'auteur sur la page de titre n'est pas rare à cette époque. Et cela ne signifie pas que le public ne connait pas son identité, surtout pour une pièce qui vient d'être représentée, et dont l'auteur donne déjà des œuvres depuis quelques années[1].

EXEMPLAIRES CONSULTÉS

- Bibliothèque Nationale de France (Tolbiac) : 8-YTH-17281. Reproduit dans Gallica : https://gallica.bnf.fr/ark:/12148/bpt6k4223200f.r=8-YTH-17281?rk=21459;2.
  On trouve sur la page de titre la mention manuscrite « (Par Richelieu) ».
- Bibliothèque Nationale de France (Arsenal) GD-1687 (1). Reproduit dans Gallica : https://gallica.bnf.fr/ark:/12148/bpt6k1513094n?rk=21459;2.
  Cet exemplaire est identique au précédent. On trouve sur la page de titre la mention manuscrite « Rayssiguier ».
- Bibliothèque Carré d'art de Nîmes : RES 8344_75_01_04. Reproduit dans Gallica : https://gallica.bnf.fr/ark:/12148/bpt6k10902878?rk=772536;0.

1 Sur les stratégies d'anonymisation du dramaturge, et sur le cas particulier de *Palinice* de Rayssiguier, voir Véronique Lochert, « L'anonymat de l'auteur au théâtre : création collective et stratégies éditoriales », p. 105-122 dans *L'Anonymat de l'œuvre (XVIe-XVIIIe siècles)*, dir. Bérengère Parmentier, *Littératures classiques*, n° 80, 2013.

Les cahiers liminaires diffèrent des deux autres exemplaires consultés : le nom de l'auteur est imprimé en entier sur la page de titre (« LES / THUILLERIES. / TRAGE-COMEDIE. / Par le S^r^ De Rayssiguier. ») et à la signature de la dédicace (« votre très humble, et très obéissant serviteur, De Rayssiguier »). Enfin, les deux pages du privilège sont soit manquantes, soit inaccessibles dans la version numérisée que nous avons consultée.

– Bibliothèque Interdisciplinaire de la Sorbonne (Réserve) : RRA6=755. Nous avons consulté uniquement la page de titre de cet exemplaire, accessible en ligne (https://repertoiretheatreimprime.yale.edu/). Le nom de l'auteur n'y est pas imprimé, mais figure la mention manuscrite « Par de Rayssiguier ».

AUTRES EXEMPLAIRES CONNUS

– Bibliothèque Nationale de France (Tolbiac) : YF-6880.
– Bibliothèque Nationale de France (Tolbiac) : YF-6884.
– Bibliothèque Nationale de France (Arsenal) : 8-BL-12661 (1, 2).
– Bibliothèque Universitaire de Sciences du Mans : MAG.4°4114.
– British Library : 242.h.16.(6.)

MISE EN FORME

Nous conservons la distinction entre caractères italiques et caractères romains, à l'exception du texte de la dédicace, du texte des répliques (originellement en italiques, à l'exception du titre et de l'adresse des lettres insérées) et des didascalies (originellement en romains).

Nous avons supprimé les points après les rubriques de personnages, de scènes et d'actes.

Nous avons corrigé une coquille dans une suite de rubriques de personnages à la scène 5 de l'acte IV. Le texte original donne : « Daphnide,

PHILIS, CLORIMÈNE, DORIS, ALCIDON, DAPHNIDE. / PHILIS *seule.* » Non seulement le nom de Daphnide est indiqué deux fois dans la première rubrique, mais en outre, aucune réplique de Philis ne suit la mention « PHILIS *seule* ». Il s'agit d'un dialogue entre Daphnide et Philis, où Daphnide est la première à prendre la parole. Les deux jeunes femmes sont alors seules sur scène, car la réplique de Philis (« par où qu'elles viennent / Nous les verrons venir ») et la réponse de Daphnide (« les voici ») indiquent qu'elles guettent l'arrivée de Doris et de Clorimène. La didascalie du vers 1113 le confirme : « CLORIMÈNE *parlant à Doris en arrivant* ». Nous remplaçons donc « DAPHNIDE. / PHILIS *seule* » par « DAPHNIDE ET PHILIS *seules.* »

Toujours à la scène 5 de l'acte IV, vers 1181, nous avons corrigé une autre rubrique de personnage : DAPHNIDE > CLORIMÈNE.

MODERNISATION DE LA PONCTUATION ET DE L'ORTHOGRAPHE

Conformément aux principes de la présente édition, nous avons systématiquement modernisé la typographie (« & » remplacé par « et » ; « ß » par « ss » ; « ã », « ẽ » et « õ » par « an », « en », « em », « on » ou « om » ; l'abréviation « vo9 » est développée en « vous » ; « u » et « v », « i » et « j » sont dissimilés). Nous avons également modernisé l'usage des capitales : les majuscules en début de nom commun hors début de phrase n'ont pas été conservées, sauf dans le cas des allégories (ex : « Amour », v. 28). Nous avons à l'inverse rétabli la majuscule pour une allégorie (nature > Nature, v. 236) ainsi qu'après les points d'exclamation et d'interrogation.

Nous avons modernisé la ponctuation quand elle était trop éloignée de notre usage. Toujours pour faciliter la compréhension, nous avons également ajouté une virgule lorsqu'il était nécessaire de marquer une apostrophe (v. 151, 213, 259, 281, 326, 363, 421, 1066, 1224, 1426) ou de marquer une pause pour clarifier la syntaxe (v. 279, 377, 341, 1411). Nous avons à l'inverse supprimé certaines virgules placées entre le verbe et son sujet (v. 668, 1258) ou encore entre le verbe et son complément

(v. 201, 665, 904, 1049, 1278). Nous avons enfin clarifié les changements de discours (propos rapportés au discours direct, lettre lue) en remplaçant la virgule par deux points et en insérant des guillemets (v. 545, 550, 650, 663, 1128, 1130, 1142, 1209).

Nous avons modernisé l'orthographe, l'accentuation[2] et l'emploi du tiret, de l'apostrophe ou de l'espace[3]. Nous modernisons notamment « Thuilleries » en « Tuileries » (ã1r°, ã2r°, ã3v°, [1], v. 26, 1342, didascalie des v. 30 et 53), « et bien » et « hé bien » en « eh bien » (v. 633, 755, 944, 1181…), « O » en « Oh » (v. 178) et « penser » en « panser » (v. 48, 52). Nous écrivons « puisque », « lorsque », « quoique », « bientôt », « aussitôt », « ensuite », « longtemps », etc., là où l'on trouve le plus souvent dans le texte d'origine « puis que », « lors que », « quoi que », « bien tôt » ou « bien-tôt », « aussi tôt » ou « aussi-tôt », « en suite », « long-temps », etc. De même, nous supprimons le tiret dans les noms et les adjectifs comme « bon-heur » ou « bien-heureux ». Nous supprimons l'apostrophe dans « r'allumer » (v. 125) et « d'avantage » (v. 714, 1312, 1393). Nous rétablissons le tiret entre le verbe et le sujet inversé dans les tournures interrogatives[4], entre le verbe et le pronom complément d'objet indirect dans les tournures à l'impératif[5], entre le pronom et l'adverbe « ci » ou « même[6] ». Le t euphonique est suivi ou précédé tantôt d'un tiret, tantôt d'une espace, tantôt d'une apostrophe (« va-t'en », v. 330, « ouvre-t'elle », v. 801) ; nous uniformisons et modernisons.

Dans les cas où la métrique empêchait la modernisation, nous avons toutefois conservé l'orthographe originale : ainsi pour « encores » (v. 569), « encor » (v. 220, 373, 443, 525, 576, 615, 688, 957, 961, 1038, 1072, 1176, 1217, 1315, 1321) et « avecque » (v. 116, 126, 139, 1277, 1418). De même, nous avons modernisé l'usage d'« amour » en le mettant au masculin lorsqu'il est employé au singulier (v. 197, 853, 881), sauf dans les cas où la métrique ne le permettait pas (v. 62, 361, 489, 725, 1133, 1414).

---

2 Y compris pour le nom propre « Clorimène ». Nous ne listons donc parmi les coquilles que les occurrences qui témoignent d'une erreur sur un accent diacritique (a/à, ou/où, la/là).

3 Nous ne listons pas non plus parmi les coquilles les quelques occurrences où l'apostrophe est remplacée par une espace : « l Exposant » (ã3v°), « d un » (v. 142), « l appel » (v. 375), « d une » (v. 382), « d avoir » (v. 564).

4 « Faut il » (v. 34), « Logez vous » (v. 256), « viendrez vous » (v. 1176).

5 « Accordez lui » (v. 948), « donnez moi » (v. 986), « dis leur » (v. 1372).

6 « Vous même » (v. 255, 1286, 1298), « lui même » (v. 1146), « celle ci » (v. 518).

COQUILLES

Nous avons rectifié un certain nombre de coquilles dans l'orthographe. Plusieurs correspondent à une confusion entre deux homophones grammaticaux : nous corrigeons ainsi « où » en « ou » (ã3v°, ã4r°), « ou » en « où » (v. 825), « à » en « a » (v. 284), « a » en « à » (v. 400), « la » en « là » (v. 553), « se » en « ce » (v. 379), « ce » en « se » (v. 500, 522) et « soi » en « soit » (v. 368).

S'y ajoutent quelques erreurs d'accord en genre (v. 359 : « la volage » > « le volage » ; didascalie du v. 619 : « seule » > « seul ») ou en nombre (v. 696 : « les » > « le » ; v. 835 : « quelque lettres » > « quelques lettres » ; v. 1150 : « leur fantaisies » > « leur fantaisie » ; v. 1298 : « abusées » > « abusée »). Nous avons également supprimé deux -s fautifs sur des invariables (ã4r° : « Mêmes si » > « Même si » ; v. 317 : « milles » > « mille »).

Nous avons corrigé un vers défectueux (v. 1276 : « après vous » > « auprès de vous »), rectifié un oubli de négation (v. 121 : « Et si l'on en veut voir » > « Et si l'on n'en veut voir ») et quelques erreurs de terminaison verbale (v. 96 : « te mocque-tu » > « te moques-tu » ; v. 380 : « a tu » > « as-tu » ; v. 812 : « Que tu n'épargne » > « Que tu n'épargnes » ; v. 915 : « rend » > « rends » ; v. 416 : « acquirent » > « acquièrent »).

Nous avons encore rectifié les erreurs dues à la confusion entre deux lettres (v. 177 : « Aglande » > « Aglante » ; v. 654 : « change » > « chante » ; v. 663 : « changer » > « chanter »), entre deux mots (v. 218 : « Ne se peut divertir » > « Ne le peut divertir » ; v. 1229 : « de » > « que » ; v. 1423 : « qui » > « que » ; v. 1366 : « me vois-je voir » > « me dois-je voir ») ou entre deux formes possibles d'un même mot (v. 1117 et 1342 : « avec » > « avecque »).

Viennent enfin les coquilles portant sur une erreur d'espace et/ou d'apostrophe : v. 595 : « aumoins » > « au moins » ; v. 553 : « su tte » > « suitte » ; v. 628 : « jusque au » > « jusqu'au » ; v. 700 : « la » > « l'a » ; v. 661 : « Daristandre » > « d'Aristandre » ; v. 1405 : « ny » > « n'y » ; v. 1430 : « bienheureuse l'armes » > « bienheureuses larmes ».

Nous avons interprété certains signes de ponctuation comme des coquilles et les avons rectifiées de la manière suivante : point remplacé par une virgule (v. 138, 150, 157, 170, 260, 497, 510, 536, 658,

747, 1087, 1151, 1211, 1353), point d'interrogation remplacé par une virgule (v. 1098), virgule remplacée par un point (v. 900, 1181, 1332), virgule remplacée par un point d'interrogation (v. 807). Nous avons supprimé le point aux vers 1424 et 470.

NUMÉROTATION DES VERS

À la Scène 2 de l'Acte III, nous avons adopté un système de numérotation des vers particulier au niveau du vers 755. Ce vers est incomplet car interrompu à l'hémistiche par un passage chanté, rédigé non plus en alexandrins à rimes suivies comme le reste de la pièce, mais en heptasyllabes et hexasyllabes aux rimes croisées. À la fin du chant, la versification habituelle reprend : le personnage qui s'était interrompu reprend la parole sur un second hémistiche, qui complète le vers 755. Nous avons donc choisi d'interrompre la numérotation des vers pour le passage chanté, que nous avons numéroté à part, de 1 à 16.

À la scène 5 de l'acte IV, les alexandrins laissent à nouveau la place à d'autres mètres (octosyllabes et heptasyllabes à rimes croisées et suivies) pour la lecture d'une lettre (v. 1130-1142). Mais cette fois, nous avons adopté une numérotation continue car le passage de la lettre est intégré au reste de la versification : le vers qui le précède est complet tandis que le vers 1142 est réparti entre la fin de la lecture de la lettre et la reprise du dialogue par Clorimène.

LES TUILERIES

Tragi-comédie

[Par le Sr. de RAYSSIGUIER][1]

À Paris,
Chez Antoine de Sommaville, au Palais
dans la petite Salle, à l'Écu de France.

M. DC. XXXVI.
Avec Privilège du roi.

1 Rappelons que le nom du dramaturge, absent de l'édition de référence, est imprimé en entier dans l'un des exemplaires (voir notre établissement du texte).

À MONSIEUR,
MONSIEUR DE LA LAMBE ROQUELAURE[2]

MONSIEUR,

Sans m'amuser[3] à ces discours, dont on flatte ordinairement ceux à qui l'on dédie quelques ouvrages, je me contenterai de vous supplier de recevoir courtoisement mes TUILERIES, et de faire bon [ã2v°] accueil à la belle CLORIMÈNE, l'ornement de son sexe, et la gloire de la Cour : qui sans doute, quelque grandeur qui l'environne, ne sera que trop glorieuse d'aller sous votre protection, entretenir ceux qui ne l'ont pu voir paraître sur le premier théâtre de France. Ce n'est pas pourtant que votre naissance et votre vertu ne soient une haute matière de louange, et un sujet capable d'occuper les meilleurs esprits de la terre. Mais c'est que je crois, que ce n'est pas dans une épître qu'on doit parler de ces belles choses, et qu'il faut que je réserve tous les avantages que j'ai de la Nature, et de l'Art, pour parler dignement des effets de votre esprit et de votre courage. Attendez donc, MONSIEUR, cet effort de mon travail, et [ã3r°] recevez cependant cette tragi-comédie que je vous offre, comme un témoignage du désir que j'ai de ne demeurer point ingrat à vos bienfaits, et une marque de l'honneur que je reçois d'être,

MONSIEUR,

Votre très humble, et très obéissant serviteur,
DE R[AYSSIGUIER][4].

---

2 Il s'agit probablement de François-Carbon (ou Thomas-Carbon) de Roquelaure, seigneur de La Lambe, fils de Bertrand de Roquelaure, seigneur de Saint-Aubin, et d'Anne de Mauléon. De ce noble gascon, vraisemblablement né entre 1615 et 1618, on sait seulement qu'il participa à l'un des épisodes de la guerre de Trente Ans : il fut « fait capitaine d'une compagnie de cent hommes de pied français au régiment du marquis de Sainte-Croix » le 1er juillet 1635, soit l'année de la création des *Tuileries* et de la rédaction probable de cette épître. Il partit à la guerre début 1636 et mourut au service du roi en Allemagne dans le courant de l'année (François-Alexandre Aubert de La Chesnaye-Des Bois, *Dictionnaire de la noblesse*, Paris, Antoine Boudet, 1778, t. XII, p. 317-318).

3 *M'amuser* : m'attarder.

4 Voir la note de la page de titre.

[ã3v°]

PRIVILÈGE DU ROI

LOUIS par la grâce de Dieu roi de France et de Navarre, À nos amés et féaux[5] Conseillers les Gens tenant nos Cours de Parlement, Maître des Requêtes Ordinaires de notre Hôtel, Baillis, Sénéchaux, Prévôts, leurs Lieutenants, et autres nos Justiciers et Officiers qu'il appartiendra, Salut. Notre bien amé ANTOINE DE SOMMAVILLE, Marchand Libraire, nous a fait remontrer qu'il désirait faire imprimer un Livre intitulé, *Les Tuileries, Tragi-Comédie*, ce qu'il ne peut faire sans avoir sur ce nos Lettres humblement requérant icelles. À CES causes désirant favorablement traiter ledit exposant, Nous lui avons permis et permettons par ces présentes de faire imprimer, vendre et débiter ledit Livre en tous les lieux et terres de notre obéissance, par tels Imprimeurs, en telles marges et caractères, et autant de fois qu'il voudra, durant le temps et espace de sept ans entiers et accomplis, à compter du jour qu'il sera achevé d'imprimer. Faisant défenses à tous Imprimeurs, Libraires et autres de quelques conditions qu'ils soient, tant Étrangers, que de notre Royaume, d'imprimer, vendre ni distribuer en aucun endroit ledit Livre sans le consentement de l'Exposant, ou de ceux qui auront droit de lui en vertu des présentes, ni même d'en prendre le titre, ou le contrefaire en telles sortes et manière que ce soit, sous couleur de fausse marge ou autre déguisement, sur peine aux contrevenants de trois mille livres d'amende, applicable un tiers à Nous, un tiers à l'Hôtel-Dieu de Paris, et l'autre [ã4r°] tiers à l'Exposant, de confiscation des exemplaires contrefaits, et de tous dépens, dommages, et intérêts : Même si aucuns Libraires et Imprimeurs de notre Royaume, ou Étrangers trafiquant en icelui étaient trouvés saisis des exemplaires contrefaits, Nous voulons qu'ils soient condamnés en pareilles amendes que s'ils les avaient imprimés, à condition qu'il sera mis deux exemplaires dudit Livre dans notre Bibliothèque publique, et un autre en celle de notre très cher et féal le Sieur Séguier Chevalier, Chancelier de France, avant que pouvoir exposer ledit Livre en vente, à peine de nullité des présentes, Du contenu

5 Les formules administratives des privilèges d'impression recourent volontiers à un vocabulaire archaïque.

desquelles Nous voulons, et vous mandons que vous fassiez jouir et user pleinement et paisiblement ledit Exposant, ou ceux qui auront charge de lui, faisant cesser tous troubles et empêchements si aucuns leur étaient donnés. VOULONS aussi qu'en mettant au commencement ou à la fin dudit Livre un extrait des présentes, elles soient tenues pour dûment signifiées, et que foi y soit ajoutée comme à l'original. MANDONS en outre au premier notre Huissier ou Sergent sur ce requis, de faire pour l'exécution des présentes tous exploits nécessaires, sans demander autre permission : CAR tel est notre plaisir, nonobstant Clameur de Haro, Chartre Normande, prise à partie, et lettres à ce contraires. Donné à Paris le dernier jour de Décembre l'an de grâce mil six cent trente-six[6], et de notre règne le vingt-sixième.

Par le Roi en son Conseil,

DEMONCEAUX.

Achevé d'imprimer le 3. Mars, 1636.
Les Exemplaires ont été fournis.

6 Ce privilège est en réalité délivré le 31 décembre 1635. Sur cette erreur, voir la section « L'édition ancienne » de l'établissement du texte.

LES ACTEURS

ALCIDON.	Amoureux de Clorimène ayant quitté Daphnide.
LUCIDAN.	Amoureux de Daphnide.
DAPHNIDE.	Amoureuse d'Alcidon.
PHILIS.	Suivante de Daphnide.
LIDIAN.	Ami commun de Lucidan, et d'Alcidon.
BASQUE.	Laquais de Lucidan.
CLORIMÈNE.	Maîtresse d'Alcidon.
DORIS.	Compagne de Clorimène, et amoureuse de Dorandre.
DORANDRE.	Ami d'Alcidon, et amoureux de Doris.
LE PROVENÇAL.	Laquais d'Alcidon.
LE PAGE.	De Daphnide.
TERSANDRE.	Qui a contrefait la lettre.

[A] [1]

LES TUILERIES

Tragi-comédie

ACTE I

Scène PREMIÈRE

ALCIDON, LUCIDAN

ALCIDON

Lucidan, c'est ici, que ta langue indiscrète
Doit réparer le tort d'une injure secrète,
Que l'épée à la main tu dois faire raison[7],
De mes ennuis passés, et de ta trahison.

[2]

LUCIDAN

Je ne sais quel démon a conjuré ta perte,
En te persuadant une injure soufferte[8].
Ma langue n'a jamais avancé rien de faux,
L'offense que tu crois vient de tes seuls défauts.

ALCIDON

Le parler[9] n'est pas bon où l'honneur nous engage,
Servons-nous de l'épée et non pas du langage.
Pourpoint bas[10].

LUCIDAN

À ta honte[11].

---

7 *Faire raison de quelque chose* : en donner une justification, une réparation.

8 Comprendre : en te persuadant que tu as souffert une injure.

9 *Le parler* : la parole, le discours. L'emploi de cet infinitif substantivé est fréquent en français classique (Fournier, § 388-390). Le procédé est de nouveau employé au vers 292.

10 Alcidon demande à Lucidan de retirer son pourpoint pour pouvoir se battre.

11 Sous-entendu : « ce duel se terminera à ta honte », c'est-à-dire « tu vas essuyer un honteux échec ».

ALCIDON

On te verra mentir[12],
Devant que de ce lieu je te laisse partir.

LUCIDAN

Voyons si les effets aux paroles répondent.

ALCIDON

Mes effets tous les jours mes ennemis confondent.

LUCIDAN

Les miens les font mourir.

ALCIDON

Ha ! C'est trop de discours.

[Aij] [3]

LUCIDAN

La vie, hélas !

ALCIDON

Il meurt, c'est le chemin du cours,
Et si j'étais surpris en affaire semblable,
Ma prise[13] me rendrait la mort inévitable.
Le Roi juste partout déteste les duels,
Où l'on voit les amis à leurs amis cruels,
Ses édits rigoureux font expresse défense
De chercher par l'épée à venger une offense,
Toujours l'homme prudent fuit le courroux des rois,
Quelque rang que l'on tienne on est sujet aux lois[14].

---

12 On verra que tu as menti (quand tu as dit que ce duel se terminerait à ma honte) ; c'est-à-dire : je te ferai mentir.

13 *Ma prise* : ma capture.

14 L'édit de Richelieu du 6 février 1626 interdit les duels sous peine de mort.

[4]

Scène DEUXIÈME

DAPHNIDE, PHILIS, LUCIDAN, LIDIAN, BASQUE

DAPHNIDE

Philis seule avec moi le long des galeries[15],
Lorsque nous[16] aurons fait un tour de Tuileries,
Irons vers la rivière, attendez-nous auprès[17].

LUCIDAN *revenu de sa pâmoison.*

Au lieu de myrte, Amour, je cueille le cyprès[18].
La valeur d'Alcidon et ma jalouse envie
Me privent aujourd'hui des douceurs de la vie.

DAPHNIDE *entrant aux Tuileries.*

Entrons par cet endroit, pour aller en sortant
Reprendre mon carrosse, où tu sais qu'il m'attend[19] ;
Aussi bien[20] je te veux entretenir une heure. [Aiij] [5]

LUCIDAN

Faut-il donc que sans aide en ce lieu je demeure ?

LIDIAN *venant avec le Basque.*

Basque, ce que tu dis me met en grand souci !

BASQUE

Quand je les ai quittés ils étaient près d'ici.

---

15 « Philis seule avec moi » : ce groupe nominal fonctionne comme un ablatif absolu latin à valeur circonstancielle. Comprendre : Philis étant seule avec moi. – « Le long des galeries » : les jardins des Tuileries sont bordés d'une grande galerie qui relie le palais des Tuileries à celui du Louvre en longeant la Seine (la « rivière » mentionnée au vers 26).

16 « Nous » : Philis et moi.

17 Comprendre : attendez-nous près de la rivière. Daphnide s'adresse vraisemblablement au serviteur chargé de conduire son carrosse (mentionné au vers 32) et qui n'apparaît pas sur scène.

18 L'opposition entre le myrte et le cyprès est un *topos.* Le myrte, plante associée à Aphrodite, symbolise l'amour. Quant au cyprès, associé aux enfers chez les Grecs, c'est ici un symbole de mort.

19 Comprendre : là où tu sais qu'il [mon carrosse] m'attend.

20 *Aussi bien* : parce que. Daphnide justifie son projet de promenade par le besoin qu'elle a de s'entretenir seule à seule avec Philis.

LIDIAN

Ce chemin si fréquent[21], et si proche du Louvre,
Les rend plus criminels s'il faut qu'on les découvre.

BASQUE

Monsieur, la passion qui les rend ennemis,
De passer plus avant[22] ne leur a pas permis.

LUCIDAN

Cruel Amour !

LIDIAN

J'entends quelqu'un qui se lamente.

BASQUE

Ah ! Mon maître étendu sur l'herbe se tourmente,
Il ne se peut lever, et nage dans le sang,
Blessé d'un coup au bras, d'un autre dans le flanc.

[6]

LIDIAN

Qu'est ceci, cher ami ? D'où viennent ces blessures ?

LUCIDAN

De la main d'Alcidon, et de mes impostures.

LIDIAN

Pourquoi vous blâmez-vous ?

LUCIDAN

Pour ne vous mentir pas,
Mais portez-moi panser[23], je ne puis faire un pas,
Ma douleur en marchant se rend plus violente.

LIDIAN

Appuyez-vous sur nous jusqu'à l'hôtel[24] d'Aglante,

21 *Fréquent* : fréquenté.

22 Comprendre : d'aller plus loin (pour se battre plus à l'écart).

23 Emmenez-moi me faire panser (soigner).

24 *Hôtel* : hôtel particulier.

Là, nous verrons du Roi la colère passer,
Tandis qu'en assurance on vous pourra panser.

[Aiiij] [7]

Scène TROISIÈME

DAPHNIDE, et PHILIS *dans les Tuileries.*

DAPHNIDE

Toi qui connais au vrai mes actions passées,
À qui seule toujours j'ai fait voir mes pensées,
Et qui sais qu'Alcidon durant sa passion,
M'a cent fois par ses pleurs dit son affection;
Toi qui sais que je l'aime, et que je ne respire,
Que de vivre pour lui dans l'amoureux empire;
Maintenant que tu vois que son cœur est changé,
Et qu'il est au parti d'un autre objet rangé[25],
Me veux-tu soutenir qu'il est toujours fidèle?

PHILIS

C'est trop légèrement croire une amour nouvelle[26],
Votre esprit à vous nuire est trop ingénieux.

[8]

DAPHNIDE

Voudrais-tu démentir mon oreille et mes yeux?
Pris-tu pas garde hier dans le bal chez la Reine,
Qu'il ne m'aborda point, quoique je fusse en peine,
Et que pour l'attirer mes yeux eussent cent fois
Employé leurs regards au défaut[27] de la voix.

PHILIS

Comme il a l'esprit bon, ainsi que le courage,
Lucidan près de vous lui donne de l'ombrage.
Vous souvient-il qu'un jour qu'il s'en plaignait à vous,

25 Comprendre : il est rangé au parti d'un autre objet.

26 En français classique, *amour* au singulier s'emploie fréquemment au féminin. Nous avons conservé ce genre quand la métrique le nécessitait.

27 *Au défaut de* : à la place de.

Vous lui dites cent fois, qu'il n'en fût point jaloux[28] ?
Qu'à vos yeux Lucidan ne fut jamais aimable,
Et que vous le fuiriez s'il l'avait agréable[29] ?
Et cependant je vois depuis cinq ou six jours,
Qu'il est toujours chez vous, qu'il vous conduit au cours,
Et que vous recherchez d'être en sa compagnie.

DAPHNIDE

Ha ! Philis, c'est d'Amour une autre tyrannie,
Que j'ai tenue secrète, espérant de pouvoir
Ramener Alcidon à son premier devoir.
Mais, hélas ! Je vois bien qu'en vain je me travaille, [9]
Et que jusques ici je n'ai rien fait qui vaille.

PHILIS

À vous dire le vrai je ne vous entends point,
Et je manque d'esprit pour décider ce point[30].

DAPHNIDE

Comment, tu n'as pas vu que j'ai ma fantaisie
Depuis huit ou dix jours pleine de jalousie,
Et que je n'ai souffert Lucidan près de moi,
Que pour venger par lui le tort que je reçois ?

PHILIS

Comment ? Seriez-vous bien d'une humeur si cruelle,
Que de vouloir entre eux former une querelle ?
Prenez bien garde à vous, c'est un coup hasardeux,
En se vengeant de l'un vous les perdez tous deux.
Et si[31] vous vous rendrez dedans la Cour blâmable,
Alors qu'on vous croira de leur duel coupable[32],
Ils sont aimés de tous, et fort bien vus du Roi !

---

28 « Qu'il n'en fût point jaloux » : de ne pas en être jaloux.

29 « S'il l'avait agréable » : s'il [Alcidon] le voulait, si cela lui plaisait.

30 *Décider*, ici : résoudre, déterminer.

31 *Si* : pourtant.

32 Comprendre : et pourtant (même si vous les avez perdus tous deux), vous vous rendrez blâmable à la Cour quand on vous croira coupable de leur duel.

DAPHNIDE

Es-tu folle, Philis ? Te moques-tu de moi ?
J'aimerais mieux cent fois avoir perdu la vie, [10]
Que d'en avoir jamais conçu la moindre envie.
Non, non, si Lucidan est chez moi bienvenu,
Si je l'ai devant lui[33] souvent entretenu,
Ce n'est que pour venger l'insupportable peine,
Où me met Alcidon en voyant Clorimène,
Et pour rendre plus fort mon amour dans son sein.

PHILIS

Cette feinte ne peut aider votre dessein.

DAPHNIDE

L'amour avec le feu sont[34] de même nature,
Ils demandent tous deux nouvelle nourriture.
Ils consomment[35] tous deux ce qui les entretient,
Et leur fin est la fin de ce qui les maintient.
Le feu presque toujours est faible en sa naissance,
Mais si l'on veut après accroître sa puissance,
Il lui faut quelque chose afin de l'allumer,
Qu'il puisse quand et quand et prendre et consommer[36].
Aussi quand sa vigueur commence de s'étendre,
Les marbres les plus froids ne s'en peuvent défendre,
L'eau même, son contraire, augmente son ardeur,
Et l'irrite plus fort avecque[37] sa froideur.
Ainsi l'amour naissant veut une douce amorce[38], [11]
Un favorable accueil lui donne plus de force,

---

33 Alcidon.

34 *Avec* joue ici le rôle d'un coordonnant entre les deux groupes nominaux qui constituent le sujet, d'où l'accord du verbe au pluriel (Fournier, § 22).

35 *Consommer* est souvent employé à la place de *consumer* dans la langue classique. Vaugelas condamne cette confusion et Furetière enregistre la spécialisation des deux mots à la fin du siècle.

36 Voir la note du vers 107.

37 Cette graphie permet de compter une syllabe supplémentaire dans le vers. Il en est de même aux vers 126, 139, 1117, 1277, 1342 et 1418.

38 *Amorce* : mèche ou poudre servant à allumer une arme à feu.

Et lorsque les faveurs l'ont mis au point plus haut[39],
Si l'on n'y remédie aussitôt il défaut[40].
Et si l'on n'en veut voir la ruine évidente,
Il faut jeter de l'eau sur cette braise ardente.
C'est pourquoi quand j'ai vu qu'Alcidon se lassait,
Et que dans mes faveurs sa flamme se passait[41],
Pour rallumer en lui ce qu'il allait éteindre,
Avecque tous les deux j'ai commencé de feindre
L'amour pour Lucidan, et le mépris pour lui.

PHILIS

Vous pourriez à la fin en avoir de l'ennui.
Alcidon offensé d'une feinte semblable,
Ne vous reverra plus la croyant véritable[42].

DAPHNIDE

Je m'étonne de toi qui n'as pas vu le jour
Que tu n'aies aussitôt goûté l'air de la Cour,
De te voir en ceci maintenant si grossière !
Quoi ? Tu ne vois pas clair dedans cette matière ?
Il ne t'en souvient plus, ce sont de tes leçons, [12]
Alcidon en prendra cent sortes de soupçons ;
Et ne pouvant juger si c'est amour ou feinte,
Croyant en son endroit ma flamme presque éteinte,
Il viendra quand et quand avecque plus d'ardeur,
Faire tous ses efforts de vaincre ma froideur.
Ses soins surpasseront en cela mon envie,
Et ma feinte sera d'un bon succès suivie.

PHILIS

Je ne sais quel esprit en mon âme dément
Cette façon de vivre avec un tel amant.
Ce cavalier n'est pas d'une humeur endurante,

39 Au point le plus haut. Le comparatif a ici une valeur de superlatif. Cette construction du superlatif relatif sans article est fréquente dans la langue classique (Spillebout, p. 38).

40 *Défaut* : fait défaut, manque.

41 *Se passer* : être sur sa fin.

42 Le participe présent a ici une valeur causale : parce qu'il la croira véritable.

Il ne vous verra plus que comme indifférente.
Ses esprits offensés s'engageront ailleurs,
Et lors vous jugerez mes sentiments meilleurs.
Une beauté qu'on voit modeste et vertueuse,
Quand on l'espère moins[43] rend une âme amoureuse,
Daphnide, et Clorimène a de certains appas[44]
Que tout le monde admire, et qu'on n'évite pas.
Mais la voici venir.

DAPHNIDE

La fâcheuse rencontre !
Il ne faut pas qu'ici ma passion se montre ; [13]
Lui cachant finement mon amoureux dessein,
Je pourrai découvrir ce qu'elle a dans le sein.

Scène QUATRIÈME

CLORIMÈNE, DAPHNIDE, PHILIS, DORIS

CLORIMÈNE

Daphnide, quel sujet en ce lieu vous amène,
Tandis que vos beautés mettent la Cour en peine,
Et que déjà partout on est dans la rumeur ?

DAPHNIDE

Aujourd'hui Clorimène est en sa belle humeur,
Elle raille, le tour nous reviendra peut-être[45].

Elle dit ce vers tout bas.

Mais ma jalouse humeur est trop prompte à paraître.

[14]

CLORIMÈNE

Appelez-vous railler quand l'épée à la main,

43 Quand on s'y attend le moins.

44 La leçon originale donne : « Quand on l'espère moins rend une âme amoureuse. / Daphnide et Clorimène a de certains appas ». Nous interprétons le point à la fin du vers 150 comme une coquille et nous plaçons « Daphnide » entre virgules afin de clarifier le sens de ces deux vers.

45 Comprendre : notre tour (de railler) viendra peut-être.

Seul à seul on va rendre un combat inhumain,
Où l'un reste blessé, comme mort sur la place,
Et l'autre est fugitif ?

DAPHNIDE

Nommez-les moi de grâce !

CLORIMÈNE

Le blessé, Lucidan, le vainqueur Alcidon,
Qui n'est plus à la Cour attendant son pardon.

DAPHNIDE

Et le sujet au vrai qu'on donne à leur querelle ?

CLORIMÈNE

Est une jalousie, et vous seule la belle,
Qui l'avez suscitée, au moins selon le bruit.

PHILIS *dit ce vers tout bas.*

Voilà comme souvent notre ruse nous nuit.

DAPHNIDE

Je n'ai point de beauté dont la force et les charmes
Puissent à mon sujet faire prendre les armes.
Leur querelle a sans doute un autre fondement.
Qui vous en a si tôt appris l'événement ? [15]

CLORIMÈNE

Lidian qui revient d'emmener chez Aglante
Lucidan demi-mort.

DAPHNIDE

Oh nouvelle sanglante !

CLORIMÈNE

Mais nous vous empêchons de vous entretenir.
Adieu.

DAPHNIDE

Notre entretien allait aussi finir,
Et nous nous retirions ; passons dans l'autre allée.

PHILIS

Vous avez bien gagné d'être dissimulée[46].

DAPHNIDE

N'augmente point mon mal : il est assez puissant,
Pour étouffer bientôt celle qui le ressent.
Elles entrent[47]*, et laissent Doris et Clorimène.*

DORIS

Quoi qu'elle dissimule, elle porte dans l'âme
Un autre déplaisir que la crainte du blâme,
L'amour l'afflige plus que ne fait le duel.

CLORIMÈNE

Vous me l'avez toujours fait autre que cruel[48],
Lorsque vous me disiez que la vie amoureuse, [16]
Était la seule vie entièrement heureuse,
Qu'Amour était le dieu des vrais contentements,
Et que rien n'égalait les plaisirs des amants.
Cependant aujourd'hui Daphnide n'est fâchée
Que pour se voir[49] aux fers de l'Amour attachée.

DORIS

Quand j'ai dit que l'amour était un bien en nous,
Qu'il n'était que plaisir, que ses fers étaient doux,
J'entendais de parler d'un amour dont les flammes,
Dedans un même sein enferment les deux âmes ;
Qui des deux volontés ne fait qu'un seul désir,

46 *Dissimulée* : qui dissimule.

47 Elles entrent dans la coulisse, c'est-à-dire qu'elles sortent de scène.

48 « L' » reprend « l'amour » (v. 187). Comprendre : vous m'avez toujours représenté l'amour autrement que cruel.

49 « Que pour se voir » : que parce qu'elle se voit. Sur l'emploi de « pour » + infinitif avec une valeur causale, voir Fournier, § 214.

Et rend égal aux deux la peine et le plaisir.
Daphnide sent du mal pour aimer à l'extrême[50]
Un homme qui la fuit, et pour fuir qui[51] l'aime,
Elle fuit Lucidan, et ses désirs ardents,
Pour le seul Alcidon paraissent évidents[52].

CLORIMÈNE

Mais j'ai vu qu'Alcidon l'aimait de même sorte,
Et qu'il avait pour elle une passion forte.

[B] [17]

DORIS

Vous l'avez vu de fait, mais il est bien changé,
Depuis que deux beaux yeux l'ont ailleurs engagé.

CLORIMÈNE

Dedans ce changement il est pourtant blâmable.
Il ne peut s'excuser[53], Daphnide est fort aimable,
Et son mérite est grand, et connu dans la Cour,
Pour être assez puissant, et donner de l'amour.

DORIS

Clorimène, depuis qu'il vous eut aperçue,
Il ne se croit heureux que pour vous avoir vue.
Tous les autres objets ne le peuvent toucher.
Pour vous il est sensible, et pour elle un rocher ;
Et dans l'état qu'il est, le Ciel même en colère
Ne le peut divertir du dessein de vous plaire.

CLORIMÈNE

Le combat d'aujourd'hui témoigne bien pourtant
Qu'en sa première ardeur il est encor[54] constant.

---

50 Comprendre : Daphnide souffre parce qu'elle aime à l'extrême… Sur la valeur causale de « pour », voir la note du vers 194.

51 *Qui* : celui qui.

52 « Paraissent évidents » : paraissent de manière évidente. L'adjectif a ici une valeur adverbiale.

53 Comprendre : il ne peut être excusé.

54 L'adverbe *encore* peut prendre les formes « encor », comme ici, ou « encores », en fonction des besoins de la métrique. Nous avons conservé ces orthographes quand cela était

DORIS

Son combat doit avoir autre cause[55] secrète,
Qu'on doit attribuer à son humeur discrète.
Déjà depuis longtemps il ne la voyait pas, [18]
Et brûlait en secret pour vos divins appas.
Dorandre qui connaît tout à fait sa pensée,
M'a juré que vos yeux ont son âme blessée.
Vous savez quel[56] il est, vous savez que son nom
Éclate en tous les lieux d'un glorieux renom,
Puissant de sa naissance, et plus puissant encore,
Par la seule vertu qui tous ses faits honore.

CLORIMÈNE

J'estime sa vertu, j'estime ses parents ;
Mais tous les cavaliers me sont indifférents.
Alcidon comme un autre également me touche,
Je n'ai point pour l'Amour d'oreilles ni de bouche.

DORIS

Vous n'en avez donc point pour les plus grands plaisirs,
Dont Nature ait jamais contenté nos désirs.
Que vous êtes ingrate à ces belles louanges,
Que vous méritez seule[57], et que l'on donne aux Anges.
Celui qui fit le ciel, chef-d'œuvre de ses mains,
Le fit beau seulement pour le bien des humains.
La terre qui produit tant d'œillets et de roses, [Bij] [19]
Pour notre seul plaisir produit les belles choses.
Ces arbres ne sont verts que pour nous contenter,
Ces oiseaux qu'à l'envi nous entendons chanter,
Pour nous plaire en ce lieu poussent leur harmonie,
Ces lieux dont vous voyez la merveille infinie,
Ne nous montrent partout que des portraits d'Amour,

---

nécessaire (voir la section « Modernisation de la ponctuation et de l'orthographe » de l'établissement du texte).

55 L'indéfini *autre*, qui ne fonctionne plus que comme déterminant complémentaire ou adjectif en français moderne, peut être utilisé comme un déterminant essentiel en français classique (Fournier, § 199).

56 L'emploi interrogatif de l'adjectif *quel* est fréquent en français classique (Fournier, § 311).

57 Comprendre : que vous êtes la seule à mériter.

En ses riches habits l'Aurore fait le jour[58].
La Seine en son canal ne resserre son onde
Que pour nous faire part de tous les biens du monde.
Les poissons dans son sein aiment tous à l'envi,
Enfin c'est par l'Amour que moi-même je vis,
Et je ne croirais point de vivre au monde heureuse,
Si de Dorandre enfin je n'étais amoureuse.
Vous-même qui tenez de l'Amour vos appas,
Pourquoi dans votre sein ne le logez-vous pas ?
Puisque tout aime au monde, aimez aussi de même,
Avec pareille ardeur un amant qui vous aime.

CLORIMÈNE

Doris, tous vos discours sont des discours en l'air,
Vous pourriez mille fois encore m'en parler[59],
Ajouter à cela qu'Amour vit dans les arbres, [20]
Que son pouvoir agit sur la froideur des marbres,
Et toutes ces raisons, dont les plus beaux esprits
En semblable sujet remplissent leurs écrits,
Que vous perdez le temps en pareille entreprise,
Je ne veux, ni ne dois être d'amour éprise.
Nature et mon devoir me soumettent aux lois
D'une mère qui seule en doit faire le choix.
Autrement sa prudence[60] y serait offensée,
Et mon honnêteté[61] s'y trouverait blessée.

DORIS

Que dites-vous de moi, qui vous ai librement
Fait ce discours d'amour et nommé mon amant ?

---

58 Ce développement sur la nature, miroir des émotions des personnages, est un lieu commun de la pastorale. On trouve plusieurs exemples d'analogies de ce type dans *L'Aminte du Tasse* de Rayssiguier.

59 Au XVIIe siècle, les consonnes finales placées en fin de vers se prononçaient (G. Forestier, « Lire Racine », p. XLIV-LXVI dans J. Racine, *Œuvres complètes*, t. 1, Paris, Gallimard, « Bibliothèque de la Pléiade », 1999). Les finales en -er comme celle-ci se disaient « èr ». « Parler » rime donc bien avec « air ».

60 *Prudence* : sagesse.

61 *Honnêteté* : pour une femme, pureté de mœurs, c'est-à-dire modestie et chasteté, et l'honorabilité qui y est rattachée.

CLORIMÈNE

Ce qui sied bien aux uns ne sied pas bien aux autres,
Toutes vos volontés sont entièrement vôtres.
La vertu de Dorandre, et sa race, et ses biens,
Pour donner de l'amour sont de puissants moyens ;
Outre qu'il vous témoigne une amitié si forte,
Qu'on ne vous peut blâmer de l'aimer de la sorte.
[Biij] [21]

DORIS

Par les mêmes raisons que j'aime, aimez aussi.

CLORIMÈNE

C'est un autre discours, nous tardons trop ici.
Retirons-nous, Doris.

DORIS

Retirons-nous, j'espère
Que nous vaincrons enfin cette froideur austère.

Scène CINQUIÈME

DORANDRE, LE PROVENÇAL

DORANDRE *seul.*

Que c'est un doux plaisir en ce siècle trompeur,
Où chacun se défie, où l'un de l'autre a peur,
D'avoir un confident à qui notre âme s'ouvre,
Sans craindre que jamais le secret se découvre !
Et de qui[62] l'amitié lorsqu'il en est besoin, [22]
N'épargne point les biens, la peine, ni le soin,
Et principalement à la Cour où le vice,
D'une amitié fardée impunément se glisse[63],
Où nous ne trouvons pas avec qui converser,
Qu'on ne veuille expliquer[64] la voix et le penser.
Ce n'est pas d'aujourd'hui qu'on y vit de la sorte,

62 *De qui* : dont.
63 *Fardée*, ici : séduisante par son apparence trompeuse, affectée, factice.
64 *Expliquer*, ici : interpréter, donner un sens.

À la Cour l'amitié fut toujours froide ou morte,
Dès longtemps l'intérêt a tenu le haut bout[65],
Et passé sur les droits de l'amitié partout.
C'est pourquoi j'ai raison de bénir la fortune,
Qui parmi cette peste à la Cour si commune,
Donne à mon amitié réciproque un ami,
Qui ne me cache rien, ne me voit qu'à demi[66].
Il est vrai que depuis qu'il ressent en son âme,
Les traits victorieux du bel œil qui l'enflamme,
Il est particulier, non pas qu'il m'ait caché
Le nom du bel objet dont son cœur est touché,
Ni que notre amitié souffre la moindre injure.
C'est qu'il est tout honteux de se trouver parjure,
Après avoir promis à Daphnide un amour,
Qui ne se devait pas finir qu'avec le jour[67].
Son inclination l'engage auprès d'une autre, [Biiij] [23]
Mais s'il manque[68] en cela toute la faute est nôtre,
Si c'est faute pourtant de l'obliger d'aimer,
Une beauté qui peut tous les cœurs enflammer,
Où[69] tous les médisants ne trouvent rien à dire,
Et que toute la Cour avec respect admire,
Et c'est avec raison puisqu'elle a des appas,
Qui la font adorer quand on ne voudrait pas.
Je prévois toutefois mille peines diverses,
Et que dans cet amour il aura des traverses.
Mais tout cela n'est rien, son combat d'aujourd'hui
Apporte à mon esprit nouveau sujet d'ennui,

65 *Tenir le haut bout* : occuper la place la plus honorable. L'expression vient de la distinction entre « le haut bout » et « le bas bout », noms donnés aux places les plus ou les moins honorables dans les assemblées et les cérémonies où les rangs des participants étaient distingués.

66 Le sens de ce vers est obscur. *Ne voir qu'à demi* signifie « entrevoir, voir à moitié ». Il faut peut-être comprendre : qui ne me cache rien et qui en retour me comprend d'un seul coup d'œil. À moins que Dorandre veuille dire : moi je sais tout de lui, mais de mon côté je ne me découvre jamais tout à fait.

67 Comprendre : qui ne se devait finir qu'avec le jour (Fournier, § 366).

68 *Manquer* : commettre une faute.

69 *Où* : chez qui. Reprend « une beauté ».

N'ayant de sa retraite[70] aucune connaissance[71].

LE PROVENÇAL

De le pouvoir trouver n'est pas en ma puissance.

DORANDRE

Cela m'étonne fort, et je crains… mais voici
Son laquais tout en eau qui s'en vient droit ici.
Eh bien, ton maître a fait une belle folie.

LE PROVENÇAL

Monsieur, par l'amitié qui vos deux âmes lie,
Je vous viens conjurer de sa part, de vouloir [24]
L'assister au besoin, et de le venir voir.

DORANDRE

Où s'est-il retiré ?

LE PROVENÇAL

Chez Oronte.

DORANDRE

N'importe.
Va t'en ; mon amitié, pour le servir est forte.
Je m'en vais jusqu'au Louvre apprendre promptement
Ce qu'en a dit le Roi, quel est son sentiment,
Et comment on pourra déguiser cette affaire,
Et qu'enfin je ferai tout ce qu'il faudra faire[72].

---

70 « Sa retraite » : le lieu de sa retraite, là où il s'est réfugié.

71 Cette proposition participiale est apposée à la première personne incluse dans « mon esprit » et a une valeur causale : car je n'ai de sa retraite aucune connaissance.

72 Comprendre : et dis-lui [à Alcidon] qu'enfin je ferai tout ce qu'il faudra faire.

[25]

ACTE II

Scène PREMIÈRE

DAPHNIDE, PHILIS

DAPHNIDE *seule.*

Amour, cruel tyran, qui gouverne mon sort,
Me faut-il donc souffrir qu'on me fasse ce tort ?
Alcidon pour brûler[73] d'une nouvelle flamme,
A fait mourir le feu que je lui mis dans l'âme,
Et moi sans me venger d'un affront si honteux,
Je tiendrai le mépris dedans mon sein douteux[74] ?
Non, il faut l'oublier, puisque l'ingrat m'oublie,
Il faut rompre aujourd'hui la chaîne qui me lie.
Mais que tout ce discours éclate follement,
L'amour ne quitte pas un cœur facilement.
Lorsqu'il a mis le pied dessus notre innocence, [26]
La raison veut en vain employer sa puissance.
Je ne puis l'oublier, et ma facilité[75]
Me ferait pardonner son infidélité,
Si l'ingrat revenait par quelque faible excuse,
Assurer mon esprit qu'un faux soupçon l'abuse,
Et quoique la raison m'en veuille détourner[76]
Mon âme ne peut plus s'y laisser gouverner[77].
De quel crime qu'il soit en mon endroit coupable,
De le pouvoir haïr je ne suis pas capable.
Son mérite est trop grand, ses charmes trop puissants,
Sa grâce et sa valeur ont trop gagné mes sens[78],

73 « Pour brûler » : parce qu'il brûle. Sur la valeur causale de « pour », voir la note du vers 194.

74 Comprendre : j'hésiterai à éprouver pour lui du mépris ?

75 « L' » : Alcidon. – *Facilité*, ici : indulgence excessive, faiblesse.

76 « M'en veuille détourner » : veuille me détourner de lui. En français classique, le pronom *en* renvoie fréquemment à un référent humain (Fournier, § 384-387). C'est également le cas au vers 380.

77 « S'y laisser gouverner » : se laisser gouverner par ma raison. Le pronom *y* pouvait représenter un groupe nominal introduit par une autre préposition que *à*.

78 « Sens » rime avec « puissants » : voir la note du vers 260.

Pour souffrir aujourd'hui qu'une autre le possède[79],
Et que sans disputer[80] ce que je tiens je cède.
Que dis-je que je tiens, le volage[81] a forcé
La prison et les fers dont il était pressé,
Et mon amour pourtant devient plus violente[82].
Philis revient de voir Lucidan chez Aglante.
Ah ! Philis, que je sens d'étranges mouvements,
Pour n'avoir pas suivi[83] tes sages sentiments.
La haine, le dépit, l'amour, la jalousie,
Tiennent également ma pauvre âme saisie.
Je ne sais que penser, je ne sais que choisir, [27]
Qui puisse tant soit peu contenter mon désir.
Lucidan, Alcidon, Clorimène et le blâme,
Que l'on m'en peut donner tyrannisent mon âme,
Ma raison est confuse en cette affaire ici,
Je ne sais plus que craindre, ou qu'espérer aussi[84].
Toutefois il me reste encor[85] quelque espérance,
Qui donne à mon amour une faible assurance.
S'il est vrai qu'Alcidon ait[86] fait faire l'appel,
Et que ce soit pour moi qu'il ait fait le duel,
Je crois assurément qu'Alcidon m'aime encore,
Et quelque part qu'il soit[87], qu'en son âme il m'adore,
Ce penser[88] seulement réjouit mes esprits.
Parlant à Lucidan, n'en as-tu rien appris ?

---

79 *Posséder* : obtenir l'amour de quelqu'un.

80 *Sans disputer* : sans me battre, sans me défendre.

81 Le texte original est : « la volage ». Nous interprétons ce féminin comme une coquille, car ce groupe nominal ne nous paraît pas pouvoir désigner la rivale de Daphnide, mais bien plutôt son « volage » Alcidon. Le sujet masculin au vers suivant (« dont il était pressé ») nous semble confirmer cette hypothèse.

82 Voir la note du vers 62.

83 « Pour n'avoir pas suivi » : parce que je n'ai pas suivi. Sur la valeur causale de « pour », voir la note du vers 194.

84 *Aussi* : non plus.

85 *Encor* : voir la note du vers 220.

86 L'usage du subjonctif se justifie par la valeur hypothétique de la proposition.

87 « Quelque part qu'il soit » : où qu'il [Alcidon] soit.

88 Voir la note du vers 292.

PHILIS

Rien du tout, il m'a dit seulement qu'il souhaite
De vous entretenir d'une affaire secrète,
Qu'il ne peut découvrir qu'à vous seule.

DAPHNIDE

Allons voir.
Qu'est-ce que je pourrai de sa bouche savoir ?

[28]

Scène DEUXIÈME
ALCIDON, DORANDRE

ALCIDON *seul.*

La victoire souvent aux hommes est nuisible,
Du plaisir naît souvent un déplaisir sensible,
Du bonheur à tous coups procède le malheur,
Et le contentement fait souvent la douleur.
J'ai fait faire un appel, et mis mon adversaire
En état de jamais ne me pouvoir mal faire[89].
Il est vrai j'ai vaincu, toutefois je voudrais
Ne voir jamais Daphnide, et qu'il eût tous mes droits[90].
Que la condition des hommes est étrange !
L'or qu'ils ont dans leurs mains ne leur paraît que fange.
Ce que nous n'avons point nous est plus précieux [29]
Que l'usage des bras, ou les plaisirs des yeux.
J'eusse[91] autrefois donné ma vie en sacrifice,
Pour une occasion de lui rendre service[92].
Et depuis quelques jours je me crois obligé
À[93] celui qui m'en a tout à fait dégagé.
Non pas que sa vertu, ses beautés et sa grâce
Ne méritent toujours quelque honneur[94] qu'on lui fasse,

---

89 Comprendre : ne me pouvoir faire de mal.

90 Qu'il [Lucidan] eût tous mes droits amoureux [auprès de Daphnide].

91 J'aurais. Le subjonctif plus-que-parfait est très fréquemment employé au XVIIe siècle pour exprimer l'hypothèse (Fournier, § 550).

92 « De lui rendre service » : à Daphnide (au sens de service amoureux).

93 *Obligé à* : redevable à.

94 Quelque honneur que ce soit, toute sorte d'honneur.

Que je n'en sois indigne[95], et ne mérite pas
L'honneur que j'ai reçu d'adorer ses appas.
Mais un puissant démon mes volontés emporte,
Cette nouvelle ardeur dans mon sein est plus forte,
Et tout ce que j'ai fait n'était que témoigner,
Qu'il fallait de Daphnide en un mot m'éloigner.
Je prévois bien pourtant que j'aurai de la peine,
Dans mon nouveau dessein de servir Clorimène.
Sa vertu rigoureuse ennemie[96] d'amour
M'ôte quasi l'espoir qu'elle me souffre un jour,
Qu'elle veuille permettre en l'aimant que j'adore
Tout ce que de plus beau le Ciel ait fait encore.
J'aurai bien à souffrir, mais les grands biens aussi
Ne s'acquièrent jamais sans beaucoup de souci,
Posséder sans travail le bien où[97] l'on aspire, [30]
C'est sans aucun plaisir posséder un empire.
Qu'est-ce que c'est de l'homme, il n'est jamais content,
Il dépend[98] ce qu'il a pour les biens qu'il attend.
Dorandre, je ne sais quel souci te retarde,
Ce n'est plus le pardon du Roi que je regarde.
Laisse là tous les soins qui te troublent pour moi,
Si Clorimène veut j'ai le pardon du Roi.
Mais le voici venir, son visage m'assure,
Et donne à mon esprit un favorable augure.
Ami, je le vois bien, tu me vas reprocher
Que tu ne devrais pas maintenant m'approcher,
Qu'après ce que j'ai fait sans te le faire entendre,
Je ne mérite plus l'amitié de Dorandre.
Mais, cher ami, pardonne à l'amoureux poison,
Qui ne me laisse plus servir[99] de la raison.
Je jure qu'en l'état où mon âme se trouve,

95 « Que je n'en sois indigne » : « n' » est ici explétif et n'a donc pas une valeur de négation. Il s'agit probablement d'une cheville pour gagner une syllabe. Comprendre : non pas que j'en sois indigne.

96 Ici « ennemie » compte pour quatre syllabes (le -e final se prononce).

97 *Où* ici : auquel.

98 *Dépendre* : dépenser.

99 *Servir* ici : me servir.

La nature n'a point de maux que je n'éprouve,
Non pas pour le danger où le combat m'a mis,
Ni pour avoir donné prise à mes ennemis.
Mais pour le désespoir où mon amour me livre,
Je voudrais en naissant avoir cessé de vivre,
Ou n'avoir jamais vu cette rare beauté, [31]
Dont l'humeur me promet beaucoup de cruauté.

DORANDRE

J'ai souffert vos discours sans dire une parole,
Mais voilà le discours d'une personne folle.
Encor[100] que vous ayez failli dans l'amitié,
Je veux participer à vos maux par moitié,
Et pour vous témoigner comme j'y suis sensible,
Vous saurez que j'ai fait ce qui m'était possible.
Parlons donc du danger où vous êtes réduit :
Étant hors de la Cour toute chose vous nuit.
Le Roi pour le pardon était inexorable,
Mais enfin vos amis l'ont rendu favorable.
Lucidan n'est pas mort, et l'on a fait passer
Le duel pour rencontre[101].

ALCIDON

Il fallait donc presser,
Et me tirer bientôt de cette incertitude,
Je ne suis pas à moi dans mon inquiétude.

DORANDRE

Ne vous tourmentez point, on travaille pour vous,
Il suffit que le Roi n'est[102] plus dans le courroux,
Et que vos feux nouveaux jettent des étincelles, [32]
Qui vont chez Clorimène en donner des nouvelles[103].

---

100 *Encor* : voir la note du vers 220.

101 *Rencontre* : combat de deux ennemis qui se rencontrent par hasard.

102 L'emploi de l'indicatif après *il suffit que* est fréquent en français classique. Ce mode indique que le locuteur assume la valeur assertive de la proposition complétive : ici, Dorandre assure que le roi n'est plus en colère (Fournier, § 508).

103 Comprendre : qui vont chez Clorimène allumer de nouvelles étincelles, c'est-à-dire un amour réciproque.

ALCIDON

Dis-m'en donc quelque chose !

DORANDRE

Eh bien je le ferai,
Et d'un secret dessein que j'exécuterai[104].
On vous croit éloigné beaucoup plus que vous n'êtes.
Je veux que nous fassions deux surprises honnêtes,
Où nous serons tous deux également ravis.
Allons y travailler, et suivez mon avis.

ALCIDON

Dans quelle occasion pourrais-je reconnaître
Cette extrême amitié que tu me fais paraître ?

DORANDRE

Je suis trop satisfait de vous pouvoir servir ;
Mais le temps nous pourrait l'occasion ravir.

[C] [33]

Scène TROISIÈME

LUCIDAN, PAGE, DAPHNIDE, PHILIS

LUCIDAN *dans son lit.*

Qu'il entre, que veux-tu ?

PAGE

Savoir si vos blessures
Permettent de vous voir.

LUCIDAN

Je veux que tu l'assures
Que sa présence seule ôtera la douleur,
Et rendra moins sensible aujourd'hui mon malheur.
Allez la recevoir. Avec quelle assurance,
Ou de quel œil pourrais-je en souffrir la présence ?
Moi qui suis le sujet de l'ennui qu'elle sent,

104 Comprendre : et je vous dirai quelque chose au sujet d'un secret dessein…

Deviendrais-je à ses yeux de coupable innocent ?
Pourrais-je pallier si bien ma tromperie, [34]
Qu'elle ne blâme point cette supercherie,
Qu'elle ne la déteste et fuie à mon abord,
Avec les mêmes soins que l'on fuit de[105] la mort ?
C'est un témoin[106] pourtant de mon ardeur extrême,
La ruse dans l'amour s'excuse d'elle-même.
Le sang que j'ai versé, l'absence d'Alcidon
Pourront avec le temps obtenir mon pardon.
Emploie[107] en cet endroit tout ce que l'artifice,
Joint à ta passion peut faire à ton service.
Se peut-elle fâcher de voir que mon amour,
Au lieu de s'affaiblir accroît de jour en jour ?
Que celle[108] d'Alcidon devient faible pour elle,
Et qu'il brûle déjà d'une flamme nouvelle ?
Il faut s'aider de tout, et poursuivre ardemment,
Un amour commencé avec empêchement.
Mais la voici venir, dont[109] le regard me touche,
Sa colère d'abord me va fermer la bouche.
Laissons-lui dire tout, arrêter un torrent,
C'est travailler en vain et le rendre plus grand,
Au lieu que le laissant aller libre en sa course,
Sa force diminue et n'a plus de ressource.

[Cij] [35]

DAPHNIDE

Vous voilà dans un lit blessé de divers coups,
Mais mon honneur blessé se vient plaindre de vous[110],
De qui[111] les vanités sur des songes fondées,
Veulent persuader des faveurs accordées[112].
Tout le monde en discourt suivant sa passion,
Je ne crois pourtant pas d'avoir fait l'action,

105 Cette construction indirecte de *fuir* n'est pas habituelle. Il s'agit d'une cheville.
106 « C' » : ma tromperie. – *Un témoin* : un témoignage, une preuve.
107 Ici et au vers suivant, Lucidan s'adresse à lui-même.
108 L'amour. Voir la note du vers 62.
109 *Dont* : elle dont. Le pronom reprend la troisième personne incluse dans « la ».
110 La métaphore topique de l'amour blessé est ici prise au pied de la lettre.
111 *De qui* : voir la note du vers 287.
112 Comprendre : veulent persuader tout le monde que je vous ai accordé des faveurs.

Qui puisse avoir donné couleur à vos folies.
Dois-je participer à vos mélancolies ?
Me deviez-vous mêler parmi tous vos débats[113],
Et vouloir qu'on me crût l'objet de vos combats ?

LUCIDAN

Si l'amour, ce tyran, qui maîtrise mon âme,
Ne vous fait accorder quelque chose à ma flamme,
Il est vrai j'ai failli[114], je ne m'en défends pas,
Ma faute a mille fois mérité le trépas.
Mais si vous pesez bien cette action rendue[115],
Vous verrez que partout ma cause est défendue.
Vous me permettrez donc de vous entretenir ?

DAPHNIDE

Vous voulez de discours mon esprit prévenir[116].
Si je le reconnais, aussitôt je vous quitte, [36]
Et celle-ci sera ma dernière visite.

LUCIDAN

Vous savez que toujours je me suis arrêté,
Favorable ou contraire à votre volonté[117].
Dans vos mépris ma flamme a rencontré des grâces,
Mes feux se sont accrus au milieu de vos glaces.
Et quoique vos désirs fussent portés ailleurs,
Je n'ai jamais reçu des sentiments meilleurs ;
Encor[118] que le mépris d'un généreux courage,
Porte le plus souvent les hommes à la rage.
J'ai gardé le silence, et souffert doucement
Qu'Alcidon fût reçu plus favorablement.
Il est bien vrai qu'un jour un dieu moins favorable
À l'amour qu'il[119] feignait qu'à mon feu véritable

113 *Débats* : disputes, querelles.
114 Comprendre : alors il est vrai, on peut considérer que j'ai failli.
115 *Rendue*, ici : accomplie. L'« action » en question est le duel.
116 Comprendre : vous voulez prévenir mon esprit par des discours.
117 Comprendre : que je sois favorable ou contraire (c'est-à-dire opposé) à votre volonté.
118 *Encor* : voir la note du vers 220.
119 Alcidon.

Me fit entrer chez vous, et trouver un papier
Qui paraissait un peu dessus votre oreiller.
Votre absence fit naître en moi de l'assurance,
Je le pris et le lus avec quelque espérance.
Toutefois quand je vis que c'était mon rival
Qui ne vous écrivait que pour croître[120] mon mal,
J'en usai contre lui le montrant[121] à Dorandre, [Ciij] [37]
Intime d'Alcidon, à qui je fis entendre,
Quelque autre fausseté qui peut-être d'abord,
Vous pourrait obliger à me donner le tort.
Mais c'est ici qu'il faut que mon amour extrême,
Vous fasse recevoir[122], et ma ruse, et moi-même.

DAPHNIDE

Achevez.

LUCIDAN

Quand j'eus vu que Dorandre fâché,
Ne pouvait pas tenir son déplaisir caché,
Je lui dis : « Alcidon sans doute se mécompte,
Daphnide dont l'amour ne sera qu'à sa honte[123],
Pour me témoigner mieux qu'elle ne l'aime pas,
Qu'elle garde pour moi tout ce qu'elle a d'appas,
M'a donné cette lettre avec une allégresse,
Qui la rend à moi seul, elle seule maîtresse ».
S'il fut lors étonné lui de qui[124] l'amitié,
Prend tous les déplaisirs d'Alcidon à moitié,
Vous le pouvez juger, et de là même ensuite,
D'où vient[125] notre duel, ma blessure et sa fuite,

---

120 *Croître* : accroître.

121 *Le montrant* : en le montrant. Au XVIIe siècle, la distinction n'est pas toujours nette entre le participe présent et le gérondif (Spillebout, p. 230). La présence de *en* est rendue obligatoire par un décret de l'Académie française de 1679.

122 *Recevoir* : accepter.

123 *À sa honte* : voir la note du vers 11.

124 *De qui* : voir la note du vers 287.

125 Sous-entendu : et vous pouvez juger que c'est de là même ensuite d'où vient… Lorsque le sujet est constitué de groupes nominaux coordonnés, l'accord du verbe au singulier est fréquent en français classique.

Et que[126] tout le passé n'est rien qu'une action,
Qui vous parle toujours de mon affection. [38]

DAPHNIDE

Appelez-vous aimer de[127] jeter dans le blâme,
Par vos discours menteurs, l'estime d'une dame ?
Non, non, c'est de vous seul que je me dois fâcher,
Alcidon n'a rien fait qu'on puisse reprocher.
Il a voulu venger dessus vous mon injure.

LUCIDAN

Si je vous faisais voir comme il vous est parjure,
Que ce qu'il en a fait est pour se dégager[128]
Du blâme qu'il reçoit d'avoir été léger ;
Qu'il aime Clorimène, et l'action dernière[129]
N'est que pour s'affranchir de sa flamme première.
Il a pris ce prétexte, afin qu'impunément
Il pût d'un autre objet se déclarer amant.

DAPHNIDE

Il semble à vous ouïr qu'il vous ait fait connaître,
Un amour que l'on croit être encores à naître.
Bien, bien, quand Alcidon pour moi serait constant,
Et que vous le seriez de mille fois autant,
L'un ni l'autre jamais n'aurez rien qui m'oblige,
Et vous ne ferez rien qui me plaise ou m'afflige.

[Ciiij] [39]

LUCIDAN

Elle sort en colère, et montre en s'en allant,
Que l'amour d'Alcidon est encor violent[130].
J'espère toutefois d'emporter l'avantage,
Et de posséder seul quelque jour son courage.

---

126 Sous-entendu : et vous pouvez juger que….

127 *Aimer de* + infinitif est une construction usuelle en français classique (Fournier, § 85).

128 Comprendre : que ce qu'il a fait en cette occasion (le duel) a pour but de se dégager.

129 Ici et au vers 586, l'action dernière : la dernière action, c'est-à-dire le duel.

130 Comprendre : son amour pour Alcidon. – *Encor* : voir la note du vers 220.

On cache le lit[131]*, Daphnide et Philis demeurent.*

DAPHNIDE

Eh bien que dirons-nous après tous ces discours ?
Dois-je plus espérer de bien à mes amours ?
Il n'en faut point douter, Alcidon m'a laissée,
Et Clorimène seule est toute sa pensée.
Tu le sais bien Philis, et tu ne me dis rien,
Voyant même à tes yeux[132] que l'on m'ôte mon bien.

PHILIS

Vous avez une humeur toute particulière,
Tantôt vous espérez dans l'action dernière,
Et vous entrez après dans un fâcheux soupçon,
Votre esprit est de flamme, et puis tout de glaçon.

DAPHNIDE

Il me vient d'avouer la plus lâche imposture
Que jamais homme fit.

[40]

PHILIS

J'en ai su l'aventure ;
Car j'ai tout écouté lorsqu'il parlait à vous,
Alcidon s'est fait voir en son endroit trop doux.
S'il eût passé plus outre[133], il eût été plus sage,
Il le devait tuer ayant eu l'avantage[134].
Il se serait au moins délivré du souci,
Qui trouble son repos, et vos plaisirs aussi.
Mais il ne l'a pas fait, et c'est ce qui me fâche,
Sait-il pas qu'un trompeur a toujours l'âme lâche ?
Tout ce qu'il vous a dit n'est qu'une fiction,
Pour vous ôter du sein toute autre affection.

131 Le lit est caché dans le compartiment figurant la chambre de Lucidan, masqué par une tapisserie, tandis que Daphnide et Philis restent visibles sur un autre espace de la scène.

132 « Même à tes yeux » : sous tes yeux même.

133 S'il était allé plus loin (c'est-à-dire s'il l'avait tué). Voir la note du vers 397.

134 Comprendre : il aurait dû le tuer puisqu'il avait l'avantage.

Croyez-moi seulement, mais qu'Alcidon revienne,
Il se verra confus s'il faut qu'il le soutienne[135].

DAPHNIDE

Voilà me consoler d'une bonne façon.

PHILIS

Je ne puis pas, Madame, empêcher le soupçon,
Et quoi que vous disiez, désormais je proteste[136]
Que je n'en croirai rien s'il n'est plus[137] manifeste.

[41]

DAPHNIDE

C'est vouloir s'obstiner contre la vérité,
On blâme en tous les lieux son infidélité.

PHILIS

En ce cas je ferais avec lui tout de même[138],
On ne doit point aimer si ce n'est qu'on nous aime[139].

DAPHNIDE

À te dire le vrai je m'empêcherais bien,
De l'avoir dans mon cœur n'étant plus dans le sien.
Mais que par-dessus moi Clorimène l'emporte,
Je perdrai tout plutôt qu'il passe[140] de la sorte.

PHILIS

Patientez encor[141], je ne veux plus qu'un jour,
Pour voir la vérité de ce nouvel amour.
Après je vous dirai ce qu'il faudra qu'on fasse.

DAPHNIDE

J'attends de ton esprit, mon bien ou ma disgrâce.

---

135 Comprendre : s'il faut qu'il soutienne tout ce qu'il vous a dit (devant Alcidon).

136 *Protester* : déclarer.

137 « S'il n'est plus » : si cela n'est pas plus.

138 Comprendre : si c'était le cas (qu'il soit infidèle), à votre place, j'en ferais autant (je serais infidèle à mon tour).

139 Comprendre : on ne doit aimer que si on nous aime (en retour).

140 « Qu'il passe » : que cela se passe.

141 *Encor* : voir la note du vers 220.

[42]

ACTE III

Scène PREMIÈRE

ALCIDON, DORANDRE

ALCIDON *seul.*

À combien d'accidents est sujet un amant ?
L'amour et la raison s'accordent rarement.
La raison me défend d'avoir nulle espérance,
Et l'amour veut pourtant me donner assurance.
Sous cet habit ici je crois de me cacher[142],
À ceux qui me voudraient aujourd'hui rechercher.
Mais qui ne connaît point dans la Cour mon visage ?
Qu'il est bien malaisé d'être amoureux et sage !
Quand l'amour me devrait sous cet habit trahir,
N'importe, je lui veux jusqu'au bout obéir.
Dorandre qui conduit toute l'intelligence, [43]
Avec ma sûreté cherche mon allégeance[143],
Et pour s'y[144] bien conduire il est assez rusé…
Mais le voici venir comme moi déguisé.

DORANDRE *arrivant en habit d'étranger.*

Me voilà de retour.

ALCIDON

Eh bien quelle nouvelle ?

DORANDRE

Elle ne fait qu'entrer[145], Doris est avec elle.

ALCIDON

Je ne sais que juger de ce déguisement,

---

142 *Croire de* + infinitif : croire (Spillebout, p. 260).

143 *Ma sûreté* : ma sécurité (permise par le déguisement). – *Mon allégeance* : mon soulagement.

144 « Y » renvoie à « l'intelligence » (comprendre : pour bien se conduire dans ce complot).

145 Comprendre : elle vient seulement d'entrer.

Je n'ose me promettre un bon événement[146].
Elle s'offensera de cette tromperie.

DORANDRE

Elle ne la prendra que pour galanterie[147].

ALCIDON

Et comment ferons-nous ?

DORANDRE

Comme il[148] est arrêté.
Mais sachez qu'aussitôt que je vous eus quitté
Je fus voir ma Doris, qui suivant sa coutume, [44]
Après quelque discours du feu[149] qui nous consume,
Me demande en secret si vous deviez venir,
Et qu'elle désirait de vous entretenir,
Pour vous donner avis[150] que sur le soir sans crainte,
Vous verriez Clorimène avec moins de contrainte.
Je répondis alors qu'en habit étranger,
Vous étiez résolu de tenter le danger,
Et qu'aussi déguisé je vous ferais escorte.
« C'est bien fait, me dit-elle, achevez de la sorte.
Ne manquez pas d'aller à l'écho[151] sur le soir,
Quant à moi je m'en vais tout à l'heure la voir.

146 *Événement* : dénouement, issue.

147 *Galanterie* peut désigner à la fois une action agréable, une petite réjouissance et le service amoureux rendu à une femme.

148 « Il » est ici un pronom neutre. Comprendre : comme cela est arrêté.

149 « Quelque discours du feu » : quelques paroles au sujet du feu.

150 Pour vous informer, vous avertir.

151 « D'aller à l'écho » : d'aller écouter l'écho. Un écho est un poème qui joue sur les répétitions de syllabes. Richelet précise que « l'on répète ingénieusement, à la fin d'un, de deux, ou de plusieurs vers, un mot qui fait partie de celui qui rime ». Pour le dictionnaire de l'Académie, il s'agit plus exactement de vers « dont la dernière syllabe, ou les deux ou trois dernières étant répétées font un mot qui ajouté aux paroles précédentes en achève le sens o[u] leur sert de réponse » et il donne comme exemples : « Pour vous en dire plus il faudrait vous pouvoir… voir. Aura-t-elle pitié de mon mal inouï… oui ». On retrouve souvent cette forme de versification chez les dramaturges qui s'inspirent de la pastorale. Molière reprend cette tradition trente ans plus tard avec *La Princesse d'Élide* en plaçant un écho bouffon à la première scène du deuxième intermède.

Nous n'aurons avec nous qu'un homme qui se vante
D'avoir meilleure voix qu'aucun homme qui chante,
Et de toucher le luth si délicatement,
Qu'on ne saurait l'ouïr qu'avec ravissement.
Elle qui des plaisirs dont notre âge se pique,
Aime tant seulement[152] la danse et la musique,
Depuis deux jours m'en presse, et j'avais différé,
Jusqu'à ce qu'Alcidon en pût être assuré[153].
Et moi sans perdre temps, j'ai tiré d'Aristandre [45]
Des vers où son amour se peut fort bien comprendre,
Et que vous entendrez auprès de nous chanter. »

ALCIDON

Elle a bien pris du soin me voulant[154] contenter.
Mais je crains de trouver parmi tant de délices
Une peine nouvelle et de nouveaux supplices.
Quoi qu'il en soit pourtant, c'est beaucoup fait pour moi.
Mais ce petit démon qui me donne la loi[155]
Tient mon âme en suspens, et m'ôte l'assurance.

DORANDRE

Un amant doit toujours vivre dans l'espérance.
Clorimène n'est pas insensible à l'amour,
Il faut que tôt ou tard elle le soit[156] un jour.

ALCIDON

Ha ! Que dis-tu Dorandre ? Elle est son ennemie,
Elle croit que d'aimer[157] est presque une infamie.

DORANDRE

Elle aime toutefois Doris qui m'aime bien,
Qui lui dit nos secrets, qui ne lui cache rien.

---

152 *Tant seulement* : seulement.

153 Comprendre : jusqu'à ce qu'Alcidon pût être sûr de pouvoir y assister.

154 Voir la note du vers 537.

155 Ce vers désigne Cupidon.

156 Comprendre : que tôt ou tard elle soit sensible à l'amour.

157 L'expression *croire que de* + infinitif n'est pas attestée par les dictionnaires de l'époque. La préposition est une cheville.

[46]

ALCIDON

C'est le plus grand malheur que je trouve en ma flamme,
Qu'elle approuve en autrui, ce qu'en elle elle blâme.

DORANDRE

Ce qui plaît en autrui, ne déplaît point en nous,
L'amour ne trouve point de défense à ses coups.

ALCIDON

Sa vertu la défend de toutes ses atteintes[158].

DORANDRE

La vertu bien souvent se cache sous des feintes.
La vertu de la Cour est de dissimuler,
Et d'avoir le dedans tout contraire au parler[159].
Les filles de tout temps veulent que l'on les flatte,
Ce n'est que par l'amour que leur mérite éclate,
Elles prennent plaisir qu'on vante leur beauté,
Encor[160] que leurs discours soient pleins de cruauté.
Clorimène n'est pas d'autre humeur que les autres,
Et son âme est sensible aussi bien que les nôtres.
Mais elle a ses désirs un peu plus retenus.

ALCIDON

Les désirs de l'amour ne lui sont point connus.
Et je crois pour certain, quoiqu'elle soit aimable, [47]
Qu'elle n'est point d'amour aucunement capable.

DORANDRE

Non, non, quand elle aurait[161] un cœur tout de rocher,
Les soupirs amoureux le changeront en chair[162].

---

158 *Atteintes* : coups, blessures.

159 Voir la note du vers 9.

160 *Encor* : voir la note du vers 220.

161 *Quand elle aurait* : voir la note du vers 316.

162 « Chair » rime avec « rocher » ; voir la note du vers 260. Comprendre : le rendront humain, sensible.

Un amour qui constant dans son ardeur persiste,
Ne trouve point enfin de cœur qui lui résiste.
Voulez-vous qu'elle croie à votre feu naissant,
Après qu'elle l'a vu pour une autre puissant ?
Et qu'elle a vu Daphnide également blessée,
Gouverner votre cœur comme vous sa pensée ?
Il faut un peu de temps pour la désabuser[163],
Et vous ne devez pas encore l'accuser.

ALCIDON

Il est vrai qu'on a vu cette flamme si forte,
Que difficilement on la peut croire morte.
Mais je ferai partout paraître désormais,
Que pour elle l'amour ne me tiendra[164] jamais,
Et que ce feu nouveau dont mon âme est ardente,
Se maintiendra toujours, quoi que le Ciel attente.
Ma constance vaincra ses cruelles rigueurs,
Ou la mort mettra fin bientôt à mes langueurs.

[48]

DORANDRE

La résolution est pleine de courage,
Mais nous ne devons pas perdre temps davantage ;
Voyez-les toutes deux qui viennent lentement,
Nous pouvons demeurer ici secrètement,
Jusqu'à ce que l'on ait contenté leur ouïe.

Scène DEUXIÈME

CLORIMÈNE, DORIS, ALCIDON

CLORIMÈNE

Vous êtes aujourd'hui grandement réjouie,
Dites-moi le sujet de ce contentement,
N'est-ce point d'avoir vu Dorandre votre amant ?

[D] [49]

163 *Désabuser* : détromper.
164 « Pour elle » : pour Daphnide. – *Tenir*, ici : retenir.

DORIS

Vous pourriez dire vrai, c'est un plaisir extrême,
De voir et de parler à l'objet que l'on aime.
Tous les autres plaisirs sont plaisirs imparfaits.

CLORIMÈNE

Mais souvent ces plaisirs ont de fâcheux effets.

DORIS

Les plaisirs innocents d'une amour franche et pure[165]
N'ont jamais des effets démentant leur nature,
Et c'est de ces plaisirs que j'entends de parler.

CLORIMÈNE

Ces plaisirs innocents semblent les feux de l'air[166],
Dont la fausse clarté conduit aux précipices,
Et qui suit ses plaisirs rencontre des supplices.

DORIS

Non, non, tous ces plaisirs sont plus doux mille fois,
Que les plaisirs qu'on a ni des luths, ni des voix[167].
Si vous saviez que c'est une douce merveille,
De voir deux cœurs ardents d'une flamme pareille,
Vivre tous deux en un, avoir mêmes désirs,
Vous feriez plus d'état[168] des amoureux plaisirs.

[50]

CLORIMÈNE

Chacun suivant l'humeur où son âme s'emporte,
Trouve assez de raisons pour la rendre plus forte[169].
Votre inclination, et la mienne sont deux,

---

165 *Une amour* : voir la note du vers 62. – *Franche* : sincère, véritable.

166 *Sembler*, ici : ressembler à. – « Les feux de l'air » : cette expression nous semble désigner les feux follets.

167 *Ni* a ici une valeur affirmative : et… et… Cet emploi, possible en français classique, quoique rare, est ici justifié par le contexte négatif de la phrase (Spillebout, p. 364-365). Comprendre : que les plaisirs que nous donnent et les luths et les voix.

168 *Vous feriez plus d'état* : vous estimeriez davantage.

169 Pour rendre son humeur plus forte, c'est-à-dire pour renforcer sa disposition d'esprit, son inclination.

Vous estimez l'amour, je méprise ses feux.
En cela seulement je vous serai contraire,
Et changeons de discours si vous me voulez plaire.
Je crois que le dessein qui vous amène ici,
Est pour ouïr chanter, et c'est le mien aussi.

DORIS

Tout ce qu'il vous plaira, mais je perdrai la vie,
Si dans fort peu de jours vous ne changez d'envie.
Quand un amour se fonde en la seule vertu[170],
Un esprit quel qu'il soit en est bien combattu[171].

CLORIMÈNE

Lorsque je changerai d'humeur et de courage,
Vous m'entendrez aussi tenir autre langage.
Nous voici sur le lieu, faites-moi recevoir
Le divertissement que j'y devais avoir.

DORIS

Il ne tient plus qu'à vous.

[Dij] [51]

ALCIDON

Elle est déjà placée,
Mais mon âme demeure à son aspect[172] glacée.

DORIS

Un peu de patience.

CELUI QUI CHANTE[173]

Dans le cruel transport où mon âme est réduite,
Chère beauté consens,
Qu'au moins durant ma fuite

170 *Quand un amour se fonde en la seule vertu* : quand un amour se fonde uniquement sur la vertu (de la personne aimée).

171 Comprendre : est bien combattu par cet amour.

172 *À son aspect* : à sa vue, en la voyant.

173 Sur le changement de numérotation des vers, voir l'établissement du texte (section « Numérotation des vers »).

On flatte[174] tes rigueurs de ces tristes accents.
Il est vrai, j'ai failli dans la seule maxime,
Qui témoigne l'amour[175],
Mais prendras-tu pour crime,
D'avoir laissé la nuit, pour adorer le jour ?
Tes beaux yeux sont le jour qui seulement m'éclaire,
C'est trop de cruauté,
Reçois qui te veut plaire,
Et qui n'adore plus que ta seule beauté.
Cet écho[176], qui répond au discours de ma peine, [52]
Te pourrait assurer
Que j'aime Clorimène,
Et qu'elle m'a cent fois entendu soupirer.

DORIS

Eh bien, qu'en dites-vous[177] ?

CLORIMÈNE

Que je n'avais jamais ouï rien de plus doux.

DORIS

Les vers…

CLORIMÈNE

Sont excellents, mais vous m'avez surprise,
Et je vois que je suis l'objet de l'entreprise.
Mais n'importe, écoutons ce luth.

DORIS

Je le veux bien.

174 *Flatte* : adoucisse.

175 « La seule maxime, / Qui témoigne l'amour » : la fidélité. *Témoigner* pouvait s'employer en construction transitive (Fournier, § 72).

176 Voir la note du vers 651. Les vers chantés à Clorimène ne correspondent pas exactement aux définitions de l'écho données par les dictionnaires de l'époque. Ici, l'écho réside essentiellement dans un jeu d'assonances et d'allitérations au sein de chaque strophe, dans la répétition du mot « jour » aux vers 8 et 9 et dans la dérivation « beaux »/« beauté » aux vers 9 et 12.

177 Cet hémistiche fait suite à la réplique précédente de Doris.

On joue du luth.

CLORIMÈNE *après avoir ouï le luth.*

Je n'ai jamais reçu de plus doux entretien.

DORIS

Après tant de douceurs qu'ont senti[178] les oreilles,
Il faudra que les yeux en goûtent de pareilles.
Je vous veux faire voir… [Diij] [53]

CLORIMÈNE

Et quoi ?

DORIS

Des étrangers,
Qui méprisent pour nous la peine et les dangers.

ALCIDON

Avançons-nous, Dorandre, elles se sont levées.

CLORIMÈNE

Vos ruses, ma Doris, ne sont pas achevées.

DORIS

Voilà ces étrangers qui viennent devers[179] nous.

CLORIMÈNE

Je ne les connais point.

DORIS

Ni moi non plus que vous.
J'espère toutefois qu'ils se feront connaître.

ALCIDON

Madame, l'étranger que vous voyez paraître,

---

178 « Senti » ne s'accorde pas avec le complément direct antéposé « tant de douceurs » à cause de la postposition du sujet « les oreilles ». Cette absence d'accord du participe passé en position non finale est très fréquente au XVIIe siècle (Fournier, § 461).

179 *Devers* : vers, en direction de.

Vient pour vous confesser qu'il a trop entrepris,
Et qu'il est justement puni par vos mépris ;
Qu'il aime Clorimène, et que dans sa disgrâce
Il craint moins des édits la sévère menace[180], [54]
Que le moindre accident qui vous puisse fâcher.

DORANDRE *parlant à Doris tout bas.*
Eh bien, espérez-vous d'amollir[181] ce rocher ?

DORIS
Au sortir de ce lieu je saurai sa pensée.

CLORIMÈNE
Mais Doris après tout, vous m'avez offensée,
Et cette tromperie est de fort mauvais goût.

ALCIDON
Je suis coupable seul, j'ai failli seul partout[182].
Écoutez seulement parler ce misérable,
De qui[183] l'affection sera toujours durable ;
Qui chérit vos beautés avec des passions,
Que l'on ne saurait mettre au rang des fictions.

CLORIMÈNE
Et que dira Daphnide après tant de saillies ?

ALCIDON
Que je sais bien enfin connaître mes folies.

CLORIMÈNE
C'est en continuant d'en faire à tous les pas.

[Diiij] [55]

ALCIDON
On ne me peut blâmer d'adorer vos appas.

---

180 Voir la note du vers 24.
181 En français classique, *espérer* peut être transitif direct ou indirect, comme ici.
182 Comprendre : je suis seul coupable, moi seul ai failli partout (*i. e.* en tout).
183 Voir la note du vers 287.

CLORIMÈNE

Mais on peut vous blâmer d'être un peu trop volage ?

ALCIDON

Changer de bien en mieux est vivre en homme sage.

CLORIMÈNE

Daphnide vous aimait, je ne vous aime point.

ALCIDON

Je ne me crois aussi malheureux qu'en ce point.
Quand vous saurez pourtant que le bien où j'aspire,
Est de n'aimer que vous, de vivre en votre empire,
Vous verrez que je suis un esclave amoureux,
Qui loin de vos beaux yeux ne saurait vivre heureux.

CLORIMÈNE

Le Temps, père de tout, me fera reconnaître,
La véritable ardeur d'un feu qui vient de naître.
Adieu, vous vous devez un peu mieux ménager,
Vous parlerez d'amour étant hors de danger[184].

[56]

ALCIDON

Avec quelle froideur ouvre-t-elle sa bouche !
Ce qu'elle a dit pourtant jusques au vif[185] me touche.

DORANDRE

Ne vous étonnez point, je vous promets qu'un jour
Vous serez satisfait en ce nouvel amour.
J'espère qu'aujourd'hui votre affaire est passée,
Et de l'esprit du Roi pour toujours effacée.
Étant libre à la Cour qui vous contredira[186] ?
Sans beaucoup de travail tout vous réussira.

---

184 Comprendre : quand vous serez hors de danger.

185 *Jusques au vif* : jusqu'au fond de mon cœur.

186 Comprendre : une fois que vous serez libre ou comme vous serez libre (c'est-à-dire : à nouveau libre de vos mouvements et non pas arrêté, car pardonné par le Roi), qui à la Cour s'opposera à vous ?

ALCIDON

Doris en cet amour accroît mon espérance,
Et me donne à poursuivre[187] un peu plus d'assurance.

[57]

Scène TROISIÈME
DAPHNIDE, PHILIS

DAPHNIDE

C'est maintenant, Philis, que nous aurons besoin,
Que tu n'épargnes plus ton esprit, ni ton soin.
Découvre les secrets détours de ta souplesse[188],
Tu peux seule alléger la douleur qui me presse[189].
Par ces inventions il faut tout renverser,
Aujourd'hui la vengeance est seule mon penser.
L'amour en est banni[190] pour donner à ma haine
Dans le mal d'Alcidon, le mal de Clorimène[191].
Que Doris et Dorandre en soient participants,
Ils ont ri trop longtemps tous quatre à mes dépens.
Il faut tout employer à leur perte totale,
Et qu'ils sachent que c'est[192] de m'avoir pour rivale.
Quoi qu'il en soit au moins, ayant part à mes pleurs[193], [58]
Leurs maux allègeront quelque peu mes douleurs.
Où manque le pouvoir que la ruse nous venge[194],
Et qu'Alcidon enfin se trouve mal du change[195].

PHILIS

Jusqu'ici j'avais cru qu'Alcidon se feignait[196],

---

187 *À poursuivre* : pour poursuivre.
188 *Souplesse* : adresse, finesse.
189 *Presser* : accabler, angoisser.
190 Comprendre : est banni de mon penser.
191 Comprendre : pour offrir à ma haine, à travers le mal causé à Alcidon, le mal causé à Clorimène (*i. e.* la haine de Daphnide sera apaisée par la souffrance ressentie par Clorimène, grâce au mal causé à Alcidon).
192 *Que c'est* : ce que c'est.
193 Comprendre : puisqu'ils auront part à mes pleurs.
194 Comprendre : là où [nous] manque le pouvoir, que ce soit la ruse qui nous venge.
195 *Change* : changement de maîtresse ou d'amant, inconstance, infidélité amoureuse.
196 *Se feignait* : feignait.

Dans la nouvelle ardeur qu'ailleurs il témoignait.
Mais je vois maintenant que je me suis trompée,
Et que ses faux serments m'ont finement dupée.
À son retour pourtant il se mécomptera[197],
Ou toute ma science au besoin manquera[198].
Ne vous affligez plus, la vengeance est certaine,
Je veux que ses écrits soient auteurs de sa peine.
N'avez-vous pas encore quelques lettres de lui ?

DAPHNIDE

J'en ai.

PHILIS

Donnez m'en une, et puis me laissez faire,
Je viendrai bien à bout du reste de l'affaire.

---

197 *À son retour* : son retour à la Cour après la période de retrait qui a suivi le duel. – « Il se mécomptera » : sous-entendu il se mécomptera (il se trompera) en croyant continuer à me duper.

198 *Au besoin manquera* : ne répondra pas au besoin, ne sera pas suffisante face au besoin.

[59]

ACTE IV

Scène PREMIÈRE
DORANDRE, DAPHNIDE

DORANDRE *seul.*

Enfin après avoir travaillé pour autrui,
Après avoir ôté mon Alcidon d'ennui,
Je dois songer à moi, puisque par mon langage,
Si je n'y pense bien ma liberté s'engage.
Il est vrai, j'aime bien[199], mais d'aller enfermer
Dans les prisons d'Amour sous prétexte d'aimer…
Encore que Doris soit à mes yeux aimable,
Le titre de mari m'est trop désagréable.
Je ne puis, en un mot, y ranger mes esprits[200],
On ne le peut quitter après que l'on l'a pris.
Si ce n'est qu'on le change avec ce nom infâme[201], [60]
Que donne bien souvent la honte d'une femme.
L'exemple d'Alcidon ne saurait m'engager,
Ni l'appréhension qu'on m'appelle léger.
Eh bien il se marie, et je l'en sollicite,
Parce que son humeur suit un amour licite,
Qu'il aime Clorimène, et qu'elle a des appas,
Que les autres beautés les plus grandes n'ont pas.
En un mot j'aime bien à vivre auprès des dames,
Mais de me marier pour éteindre mes flammes,
Ce n'est pas mon humeur.

DAPHNIDE *sortant*[202] *seule.*

Alcidon a changé,
Et cet affront pourtant n'est pas encore vengé.
Je dois tout hasarder, et me perdre moi-même,

199 Sens fort : j'aime vraiment, je suis très amoureux.
200 *Y ranger mes esprits* : m'y résoudre.
201 Comprendre : qu'on le change pour, qu'on l'échange avec ce nom infâme (de cocu).
202 « Sortant » de la coulisse, c'est-à-dire entrant sur scène.

Pour venger aujourd'hui sa perfidie extrême.
Mais voilà son ami qui tout seul s'entretient,
Je connais son humeur, et le mal qui le tient,
Son esprit inconstant est facile à surprendre.
Aussitôt qu'on le somme, il est prêt à se rendre.
Il ne m'aperçoit point, prenons l'occasion[203],
Joignant à des attraits la persuasion.

Elle l'aborde. [61]

Ne me le cachez point, cet humeur solitaire[204]
Me fait connaître assez ce que l'on voudrait taire.

DORANDRE

Je ne fais jamais rien que je veuille cacher,
Ou qu'on puisse en public un jour me reprocher.

DAPHNIDE

On ne reproche point des amours vertueuses,
Mais celles des amants sont bien défectueuses,
Vous[205] croyez d'aimer bien, lorsque vous n'aimez pas.

DORANDRE

Madame, là-dessus je ne m'explique pas.

DAPHNIDE

Pourquoi ?

DORANDRE

Chacun dispose à son gré de soi-même.

DAPHNIDE

Non pas sans le congé[206] de la beauté qu'on aime.

---

203 Le français moderne dirait : saisissons l'occasion. Le verbe « prendre » est en fait une réminiscence de l'image mythologique de l'Occasion, divinité que l'on saisit par les cheveux.

204 *Humeur* pouvait être soit féminin soit masculin.

205 Comprendre : vous les amants, les hommes.

206 *Sans le congé* : sans l'autorisation.

DORANDRE

Nous souffririons beaucoup si nous vivions ainsi,
Je suis, grâces[207] à Dieu, défait de ce souci.

[62]

DAPHNIDE

Quoi ! Si quelque beauté dont vous fissiez estime,
Vous aimait ardemment d'un amour légitime,
La voudriez-vous quitter mêmes à son déçu[208] ?

DORANDRE

J'en ai dit à peu près ce que j'en ai conçu,
Et je crois que chacun doit sans cérémonie,
Suivre tout doucement le cours de son génie.

DAPHNIDE

Tellement qu'Alcidon aura fait prudemment…

DORANDRE

De[209] changer de maîtresse, et vous aussi d'amant.

DAPHNIDE

Dans cette liberté votre discours m'oblige,
Plus que son changement pour l'heure ne m'afflige.
Clorimène est à lui, comme on en fait le bruit,
Et depuis son retour[210] tout le bonheur le suit.
Quoi qu'il en soit pour moi, c'est chose indifférente,
Il ne me souvient plus de sa flamme inconstante.

DORANDRE

Je ne veux point mentir, il est vrai, les parents
Mettent le dernier trait[211] à tous leurs différends.
Et je crois que bientôt l'action solennelle[212], [63]

207 *Grâces* est employé au pluriel afin de compter une syllabe supplémentaire dans le vers.

208 « Voudriez » compte pour deux syllabes. – Le *-s* final de « mêmes » permet de compter une syllabe supplémentaire dans le vers. – *À son déçu* : en cachette, à son insu.

209 Complète « fait ». Comprendre : aura agi prudemment en changeant de maîtresse.

210 Voir la note du vers 831.

211 *Mettre le dernier trait* : mettre la dernière main, c'est-à-dire terminer, mettre fin à.

212 *L'action solennelle* : le mariage.

Assemblera leurs corps d'une chaîne éternelle.

DAPHNIDE

Ce ne sera jamais si tôt que je voudrais,
Et je cède à tous deux de bon cœur tous mes droits.

En parlant bas.

Ma parole dément toutefois ma pensée.

DORANDRE

Je vous en eusse[213] crue beaucoup plus offensée.
J'admire votre humeur, et votre jugement,
Qui voit sans se fâcher la perte d'un amant.
Plût à Dieu que Doris fût d'une humeur pareille.

DAPHNIDE

Quoi, voudriez[214]-vous quitter cette rare merveille ?
Ce qu'Alcidon en[215] fait, il le fait pour le mieux,
Près de moi Clorimène est plus belle à ses yeux.
L'avantage de l'une est plus grand que de l'autre[216],
Mais de laisser Doris…

DORANDRE

Pour n'être plus que vôtre.
L'avantage du tout est de votre côté,
Et sans considérer que la seule beauté[217].
J'aurai plus de raison de vous donner mon âme, [64]
Que de continuer en ma première flamme.

DAPHNIDE

C'est assez pour un coup, Dorandre, vous raillez.

---

213 Voir la note du vers 397.

214 Synérèse : « voudriez » compte pour deux syllabes, comme au vers 882.

215 *En* : à ce sujet.

216 *Que de l'autre* : que celui de l'autre.

217 *Que la seule beauté* : uniquement la beauté. Comprendre : l'avantage est entièrement de votre côté, et pas uniquement pour la beauté.

DORANDRE

Je le vous rends ainsi que vous me le baillez[218].
Il est bien vrai pourtant que je serais bien aise,
Que Doris me voulût être un peu plus mauvaise,
Pour avoir un sujet de sortir de ses mains.

DAPHNIDE

Elle dit ces deux vers tous bas.

Que les hommes vers nous se montrent inhumains !
C'est ainsi que ce traître Alcidon m'a laissée.

DORANDRE

Et d'adorer vos yeux qui m'ont l'âme blessée.

DAPHNIDE

Si je ne connaissais Dorandre pour moqueur,
Et que[219] tous vos discours ne viennent pas du cœur,
Je vous écouterais.

DORANDRE

Je dis ce que je pense,
Doris de mes serments désormais me dispense.
Je ne la saurais voir sans être importuné, [E] [65]
Elle veut en m'aimant me rendre infortuné[220].

DAPHNIDE

Et comment ?

DORANDRE

Me pressant de perdre ma franchise,
Dans les liens[221] honteux que l'hymen autorise.
Je prends plaisir d'aimer, et d'être favori,
Sous le titre d'amant, et non pas de mari.

---

218 « Le » renvoie à « coup ». – *Bailler* : donner.
219 Sous-entendu : et si je ne connaissais que, c'est-à-dire si je ne savais que.
220 *Infortuné* : malheureux.
221 Diérèse : « liens » compte pour deux syllabes.

DAPHNIDE

S'il ne tient qu'à cela nous serions bien ensemble,
Je n'aime point aussi que ce lien m'assemble[222].
Et si vous me voulez dès l'heure[223] faire voir,
Que Doris ne tient plus Dorandre en son pouvoir,
Et que vous désiriez Daphnide pour maîtresse,
Faites-le lui[224] savoir par une lettre expresse,
Qui montre en son endroit du refroidissement,
Et l'assure en un mot qu'elle n'a plus d'amant.

DORANDRE

Quoique ce procédé au possible l'afflige[225],
Je ne sais rien à quoi Daphnide ne m'oblige.
Je lui vais de ce pas écrire.

[66]

DAPHNIDE

Je le tiens.
Je vous ferai tomber tous quatre en mes liens[226].
Voici Philis, eh bien ! Qu'as-tu fait ?

PHILIS

Des merveilles.

DAPHNIDE

Pour en ouïr de moi, prépare tes oreilles.

PHILIS

C'est pour une autre fois, j'ai voulu prévenir
Lucidan qui s'en vient pour vous entretenir.
Faites-lui bon accueil, accordez-lui sa grâce,
Il nous pourra servir au dessein que je brasse[227].
Et pour moi je m'en vais près d'ici cependant,

222 *Aussi* : moi non plus. – *Lien* : voir la note du vers 929.
223 *Dès l'heure* : dès cette heure, tout de suite.
224 Comprendre : à Doris.
225 Comprendre : même si ce procédé l'affligera (Doris) au possible…
226 *Liens* : voir la note du vers 929.
227 *Brasser* : ourdir une machination pour trahir ou perdre quelqu'un.

Mais vous ne serez pas longtemps en m'attendant[228].

[Eij] [67]

Scène DEUXIÈME
LUCIDAN, DAPHNIDE, PHILIS

LUCIDAN

Après ces longs dédains que ma flamme surmonte,
Ne mettez-vous jamais ma patience en compte[229] ?
Aimer depuis le temps que vous me méprisez,
D'autres fers que les miens auraient été brisés.
Ma constance pourtant a souffert la tempête,
Encor que le malheur ait attaqué ma tête.
Et vous avez pu voir durant tout le passé,
Que si j'étais de feu, l'autre[230] était tout glacé.
Cruelle, si le sang qu'on m'a tiré des veines,
Ne suffit pas encor pour vous montrer mes peines,
Arrachez-moi ce cœur qui ne vit que pour vous,
Et que déjà vos yeux ont traversé de coups[231].
Aussi bien quand le Ciel m'en porterait envie, [68]
Il n'en peut arracher l'amour qu'avec la vie.

DAPHNIDE

Avez-vous résolu de me persécuter ?
J'avais cru que le temps vous pourrait arrêter.
Vous me parlez d'amour après m'avoir trahie,
Et m'avoir mise au point d'être de tous haïe.
De ce que je vous dis vous êtes trop savant[232],
Ne me permettez pas d'en parler plus avant.

LUCIDAN

Ah ! Que nos actions ont un divers visage !
J'ai fait ce qu'en amour doit faire un bon courage.

---

228 Comprendre : à m'attendre.
229 *Mettre en compte* : prendre en compte.
230 « L'autre » désigne Alcidon.
231 *Coups* : traits, blessures amoureuses.
232 *Savant* : qui sait.

S'il est vrai que l'amour permette quelquefois
De suivre la raison en vivant sous ses lois,
Vous devez approuver mes actions passées :
Je n'ai point eu pour vous de mauvaises pensées.

DAPHNIDE

Je le crois, brisons-là[233], quand j'aurai reconnu,
Que dans vos actions le cœur paraît à nu,
Vous n'aurez plus sujet de m'appeler cruelle,
Ni moi de plus douter d'une flamme nouvelle.

LUCIDAN

Hélas ! Si vous voulez quelque preuve de moi, [Eiij] [69]
Sans toucher au passé qui montre assez ma foi,
Demandez-moi mon sang, et beaucoup plus encore,
Je ne refuse rien aux beaux yeux que j'adore.
Mais tandis[234] donnez-moi le plus petit espoir,
Souffrez en vous aimant que je vous puisse voir[235].

DAPHNIDE

Cela vous est permis.

LUCIDAN *voyant venir Philis.*

Ah ! Voici l'importune,
Qui toujours a voulu traverser ma fortune.

PHILIS *revenant.*

Mon abord vous émeut, mais vous saurez un jour,
Que je puis obliger, comme nuire en amour.
Et veux que vous sachiez que durant votre absence[236],
J'ai travaillé pour vous.

---

233 *Briser* (avec quelqu'un) : rompre un discours commencé ; *brisons-là* : n'allons pas plus loin là-dessus, ne continuons pas notre discussion.

234 *Tandis* : pendant ce temps.

235 Comprendre : souffrez que je vous puisse voir tout en vous aimant, alors que je vous aime.

236 Comprendre : votre absence de la Cour.

DAPHNIDE

Sur mon âme, je pense
Que tu n'as point d'esprit, qu'entends-tu là-dessous ?

PHILIS

Qu'il faut brûler pour lui comme il brûle pour vous.
Vous l'avez sans secours trop longtemps laissé plaindre[237], [70]
Confessez franchement, il n'est plus temps de feindre.
Vous avez résolu de l'aimer désormais,
D'oublier le passé pour n'en parler jamais.

DAPHNIDE

Vraiment vous avez tort de dire ma pensée.

PHILIS

Sa flamme doit enfin être récompensée.

LUCIDAN

Je me loue aujourd'hui des maux que j'ai soufferts,
Et souffre avec plaisir mes tourments et mes fers.

PHILIS

Ce n'est pas tout encore, une chose se passe,
Qui doit entièrement confirmer votre grâce.

DAPHNIDE

Nous les[238] dirons ailleurs, retirons-nous d'ici.

LUCIDAN

Quand ma vie y pendrait j'en prends tout le souci[239].

---

237 *Plaindre*, ici, peut vouloir dire à la fois « être plaint » et « se plaindre ».

238 « Les » : les choses qui se passent.

239 *Pendre à* : tenir à, dépendre de. Comprendre : même si ma vie en dépendait, je prends sur moi tout le soin de ce qui se passe.

[Eiiij] [71]

Scène TROISIÈME

ALCIDON, DORANDRE

ALCIDON *seul.*

Malgré tous les malheurs il n'est que[240] de poursuivre,
On ne se lasse point d'espérer et de vivre.
Et c'est avec raison, car les plus malheureux
Rencontrent à la fin quelque accident heureux.
Clorimène, de qui[241] la plus petite grâce,
De toutes les beautés les merveilles efface,
Et sur qui la nature en faisant ses efforts,
De tout ce qu'elle avait a versé les trésors,
Permet que je la voie, et qu'à la Cour on sache,
Que sa seule beauté mes volontés attache.
Bonheur, qu'étant mortel je n'osais espérer,
Après cela, que puis-je au monde désirer ?
Tant de difficultés qui m'étaient opposées, [72]
Pour mon bien maintenant se rencontrent aisées[242].
Je n'ai plus rien à craindre, ainsi qu'auparavant,
Je vogue à pleine voile à la faveur du vent.
Et mon bonheur sera d'une longue durée,
La mère m'a donné sa parole assurée.
Et la fille qui suit ces désirs maternels,
Promet de rendre un jour mes plaisirs éternels.
Dorandre, que ta peine a trompé mon attente[243] !
Je n'osais espérer d'avoir l'âme contente,
Aimant cette beauté qui croyait que l'amour,
Était un ennemi de l'honneur et du jour,
Qui n'en pouvait ouïr le discours qu'avec honte,
Et qui de son pouvoir n'en faisait qu'un vieil[244] conte.

---

240 *Il n'est que* : il suffit.

241 Voir la note du vers 287.

242 Voir la note du vers 204.

243 « Ta peine » : la peine que tu t'es donnée (pour m'aider à séduire Clorimène). – *Tromper l'attente de quelqu'un* pouvait aussi bien avoir un sens négatif (décevoir) que positif (surprendre agréablement). C'est le cas ici.

244 Fréquent au XVIe siècle, l'emploi de l'adjectif *vieil* devant un nom commençant par une consonne disparaît progressivement au fil du XVIIe.

Cependant aujourd'hui malgré mes ennemis,
De lui parler d'amour à moi seul est permis.
Je lui dis mon ardeur, elle y prête l'oreille,
Et me fait espérer une flamme pareille.
Encor que la couleur qui lui rougit le front,
Veuille faire passer mon discours pour affront,
Ses yeux dont la douleur émouvrait une souche,
Me répondent souvent aux défauts de[245] sa bouche,
Qu'une petite honte empêche quelquefois, [73]
De donner le passage à sa divine voix.
Mais un petit souris[246] tout aussitôt m'assure,
Qu'elle est aise d'ouïr parler de ma blessure[247].
Ce penser[248] amoureux en ses ravissements,
Met déjà mon esprit dans le Ciel des amants.
Courage, poursuivons, voici venir Dorandre
Qui paraît tout fâché.

DORANDRE *en arrivant.*

Comment ? Puis-je défendre
Cette lâche action, cette légèreté ?
C'est tacher mon amour d'une infidélité.

ALCIDON

Je vous y prends, ami, vous voilà donc du nombre
De ces amants rêveurs qui parlent à leur ombre.

DORANDRE

Si je vous avais dit le crime que j'ai fait,
Vous désavoueriez[249] un si lâche forfait.

ALCIDON

Ah ! Que ton amitié, Dorandre, est refroidie,
Me peux-tu bien cacher quelle est ta maladie ?

245 *Aux défauts de* : voir la note du vers 68.
246 *Souris* : sourire.
247 *Ma blessure* : ma blessure amoureuse, mon amour pour elle.
248 Voir la note du vers 292.
249 « Désavoueriez » compte pour cinq syllabes.

Après t'avoir ouvert tout à fait mes secrets,
T'avoir fait prendre part dedans tous mes regrets, [74]
Tu fais difficulté de m'ouvrir ta pensée ?

DORANDRE

C'est que notre amitié s'y trouve intéressée.

ALCIDON

Comment ?

DORANDRE

J'aime Daphnide, et me suis engagé,
De n'aimer plus Doris, de lui donner congé,
Et je l'ai déjà fait par ma dernière lettre.

ALCIDON

À quel trouble d'esprit viens-tu de te soumettre ?
Daphnide, tu te ris, tu ne la connais pas,
Elle a plus de malice encore que d'appas.
Et je veux bien mourir si Daphnide ne cache,
Dans le dessein d'amour quelque action bien lâche.

DORANDRE

Je ne sais pas que c'est[250], mais à ne point mentir,
J'en ai dans mon esprit déjà le repentir.

ALCIDON

Ce n'est pas tout encor, cherchons-y le remède,
Et faisons qu'au bon sens cette malice cède.

[75]

Scène QUATRIÈME

LUCIDAN, DORIS

LUCIDAN *seul.*

Daphnide, tes rigueurs semblent diminuer,
Mais je crains que ce n'est que pour continuer.

250 Voir la note du vers 822.

Tu sais que mon amour pour toi seule est extrême,
Et tu veux que je montre à Doris que je l'aime,
Si je veux voir mes feux bientôt récompenser[251] ;
De ce commandement je ne sais que penser.
Quoi qu'il en soit, pourtant en cette obéissance,
J'ai fait voir mon amour, et toute sa puissance.
Qu'en peut-il arriver prenant la chose au pis[252] ?
Mais je vois avancer ce me semble Doris.
Le visage fort triste, il[253] sied fort mal aux dames,
Dont les yeux nous font voir de si puissantes flammes,
Et de qui[254] les beautés ont de si grands appas, [76]
Qu'on ne saurait les voir, et ne les aimer pas,
D'[255]avoir le front couvert d'une noire tristesse.

DORIS

Lucidan serait mieux auprès de sa maîtresse,
Contentant son esprit de semblables propos,
Et n'être pas ici pour troubler mon repos.

LUCIDAN

Étant auprès de vous, je suis où je désire,
L'honneur de vous servir m'est plus cher qu'un empire.

DORIS

Je ne suis pas Daphnide, êtes-vous aveuglé ?
Votre esprit n'est-il point de trop d'amour troublé ?

LUCIDAN

Je vois bien clair, Doris, et quoique je ressente,

---

251 En français moderne, on utiliserait le participe passé plutôt que la proposition infinitive : si je veux voir mes feux récompensés. Nous conservons l'infinitif afin de préserver la rime (voir la note du vers 260).

252 Comprendre : qu'en peut-il arriver (si on prend la chose) au pire ? – Sur la rime avec « Doris », voir la note du vers 260.

253 Le fait qu'elle ait le visage fort triste (voir la note du vers 639). « Il » reprend « le visage fort triste », que cette construction emphatique détache en tête de phrase.

254 Voir la note du vers 287.

255 La préposition « d' » a ici une valeur causale. Comprendre : on ne saurait les voir et ne pas les aimer parce qu'elles ont le front couvert d'une noire tristesse.

Pour vos divins appas une flamme puissante,
Je ne suis pas si fort troublé de mon amour,
Que je prenne Doris, pour Daphnide en plein jour.
Heureux si votre aveu[256] mon amour autorise.

DORIS

Je vois bien qu'aujourd'hui vous m'avez entreprise[257].
Adieu, railleur.

[77]

LUCIDAN

Ingrate, elle est déjà bien loin,
Je ne suis pas d'avis d'en prendre plus de soin.
J'aurais bien de la peine à me pouvoir contraindre,
Dans ce commandement je vois beaucoup à craindre.

Scène CINQUIÈME

DAPHNIDE, PHILIS, CLORIMÈNE, DORIS, ALCIDON

DAPHNIDE et PHILIS *seules*[258].

DAPHNIDE

Que ton invention contente mes esprits,
Mais il faut achever comme il[259] est entrepris.

PHILIS

Ne vous en troublez point ; car par où qu'elles viennent
Nous les verrons venir.

[78]

DAPHNIDE

Lorsqu'elles s'entretiennent
De leurs petits secrets elles viennent ici,
Je ne me trompe point, ma Philis les voici.

---

256 « Heureux » : sous-entendu je suis heureux. – *Aveu* : consentement.
257 « Vous m'avez entreprise » : vous vous êtes moqué de moi.
258 Sur cette didascalie, voir la section « Mise en forme » de l'établissement du texte.
259 Comprendre : comme cela a été entrepris. Voir la note du vers 639.

PHILIS

Ne faites pas semblant de les voir[260], je vous prie.

CLORIMÈNE *parlant à Doris en arrivant.*

Je sens un grand regret de votre fâcherie,
Et si vous me croyez vous en ferez autant.

DORIS

Je ne puis le haïr, encore qu'inconstant[261].
Au moins si je savais la raison qui le porte
À vivre[262] avecque moi maintenant de la sorte,
Mon esprit en serait beaucoup moins affligé,
Et je ne l'ai jamais en rien désobligé.

CLORIMÈNE

Ce ne sera donc rien ; mais voilà ce me semble[263],
Daphnide avec Philis qui devisent ensemble.

DORIS

Elles s'en vont bien vite.

CLORIMÈNE

Et laissez-les aller,
Aussi n'avons-nous rien ensemble à démêler. [79]

DORIS *rencontrant la lettre.*

Nous pourrions bien savoir quelle était leur pensée,
Par cette lettre ici qu'elles nous ont laissée.

PHILIS

Allons, n'attendons plus, Clorimène la[264] tient.

CLORIMÈNE

Voyons-en le dessus, et ce qu'elle contient.

---

260 Ne montrez pas que vous les avez vues, faites semblant de ne pas les voir.
261 Bien qu'il soit inconstant.
262 *Vivre* : se comporter.
263 *Ce me semble* : me semble-t-il.
264 « La » : la lettre.

Le dessus de la lettre[265].

« Alcidon, à Daphnide ». Il en faut voir la suite,
Mon bonheur à cette heure en ce lieu m'a conduite.

Elle lit la lettre.

« Daphnide il est temps de finir
Le cours d'une extrême contrainte,
Qui me force d'entretenir
Clorimène d'une amour feinte[266].
Je ne puis aussi bien longtemps dissimuler,
Les véritables feux dont je me sens brûler.
Il est vrai que pour t'obéir,
J'ai tu quelque temps notre flamme,
Et cent fois juré de haïr [80]
Ce[267] que j'adorais en mon âme.
Mais il faut mettre fin à ce fâcheux tourment,
Et redonner Daphnide à son fidèle amant.
ALCIDON. »

CLORIMÈNE *après avoir lu.*

Que dis-tu de cette perfidie ?
Y a-t-il trahison plus finement ourdie ?
Ha ! Que Dorandre et lui sont fort bien assemblés[268] !

DORIS

Je ne sais si mes yeux, ou mes sens sont troublés.
C'est Alcidon lui-même, en voilà l'écriture.
Je n'eusse[269] jamais cru de lui cette imposture.
Les hommes, il est vrai, n'aiment pas trop longtemps,
Ils sont en leur amour de nature[270] inconstants.
Ils changent de sujet suivant leur fantaisie.

265 *Le dessus* d'une lettre : ce qui est écrit sur le dessus, l'adresse, le destinataire.

266 Comprendre : d'entretenir Clorimène au sujet d'une amour feinte. – *Une amour* : voir la note du vers 62.

267 Comprendre : la personne. *Ce qu-* a très souvent un référent humain en français classique (Fournier, § 293).

268 « Sont fort bien assemblés » : vont bien ensemble, s'accordent bien.

269 Voir la note du vers 397.

270 « De nature » : par nature.

Mais qu'une femme ait pu feindre une jalousie,
Avec tant de transport comme Daphnide a fait,
Je ne sais que penser, ni que croire. [F] [81]

CLORIMÈNE

En effet,
C'est la seule raison qui m'a plus emportée[271]
À souffrir d'Alcidon la recherche[272] effrontée.
Et pour ne mentir point je ne puis concevoir,
Pourquoi sa jalousie, et pourquoi son devoir[273].
Si c'est pour m'offenser, ils ont mal pris leur tâche,
L'un ni l'autre en cela ne fait rien qui me fâche.
Car tout le déplaisir que j'en pourrais tirer,
N'ayant point eu d'amour il peut bien endurer[274].
Personne ne voudrait avoir pris sa défense,
Il a mis ses parents, et les miens dans l'offense.
Tous sont intéressés[275], et je ne sais comment
Il osera paraître à leurs yeux seulement.

DORIS

Pour moi je ne puis pas aucunement[276] comprendre,
À quoi toute leur feinte en votre endroit peut tendre.
Si ce n'est qu'il ait cru de la sorte amortir,
Le bruit de leur amour, ou de le divertir[277].
Et quand cela serait, il devait[278] prendre garde, [82]
Que l'honneur des amis, et le sien se hasarde[279].

---

271 « La seule raison » : la jalousie manifestée par Daphnide. – *Plus* : le plus (voir la note du vers 119). Comprendre : c'est cette raison-là qui l'a emporté sur toutes les autres. L'expression est ici un peu maladroite, car redondante avec « la seule raison ».

272 *Recherche* : poursuite amoureuse d'une femme, cour.

273 « Sa jalousie » à elle, « son devoir » à lui.

274 Ce vers est obscur. Il faut peut-être voir dans « endurer » une coquille pour « s'endurer », qui aurait le sens d'« être enduré ». « Il » reprendrait alors « le déplaisir ».

275 *Intéressés*, ici : impliqués.

276 *Aucunement* : en aucune manière.

277 « Ou de le divertir » : ou qu'il ait cru le divertir. « Le » renvoie au « bruit de leur amour ». Sur la construction *croire de* + infinitif, voir la note du vers 623.

278 *Il devait* : il aurait dû. Les verbes « devoir », « pouvoir » et « falloir » conjugués à l'imparfait peuvent avoir en français classique une valeur d'irréel du passé (Spillebout, p. 225-226).

279 « Se hasarde » : est hasardé. Sur l'accord au singulier, voir la note du vers 554.

CLORIMÈNE

Vous voyez toutefois qu'il n'a rien regardé,
Et que pour sa Daphnide il a tout hasardé.
Eh bien, qu'en direz-vous ? Vous êtes bien confuse,
Vous ne sauriez pour lui me trouver plus d'excuse.
Ne me viendrez-vous point parler encor un jour,
Comme vous avez fait, des plaisirs de l'amour ?
Si j'eusse[280] été facile à me laisser surprendre
Aux discours d'Alcidon, comme vous à Dorandre,
Où m'aurait-on réduit[281] ?

DORIS

Vous devez à jamais
Oublier cette faute.

CLORIMÈNE

Eh bien, je le promets.

DORIS

Et moi je vous promets d'éteindre dans mon âme
La mémoire à jamais de Dorandre l'infâme.
Il est cause lui seul de tous nos déplaisirs,
J'ai parlé d'Alcidon pour suivre ses désirs.

[Fij] [83]

CLORIMÈNE

Faites comme je fais, prenez[282] l'indifférence,
Et tout réussira contre leur espérance.
Mais voici le trompeur qui d'un front[283] tout joyeux,
Se vient effrontément présenter à nos yeux.
Alcidon sort[284].
Il ne se doute pas que je sache l'injure,
Qu'il croit tenir secrète en son âme parjure.

---

280 « Si j'eusse » : si j'avais. Voir la note du vers 397.

281 L'accord du participe passé auxilié par *avoir* avec un complément antéposé n'est pas systématique au XVIIe siècle (Fournier, § 457-467).

282 *Prenez*, ici : adoptez.

283 *Front* : visage.

284 Voir la note de la didascalie du vers 858.

N'en faisons pas semblant[285].

DORIS

Oh l'assuré[286] trompeur !

CLORIMÈNE

Tel qui fait le hardi, bien souvent a grand peur.

ALCIDON *les abordant.*

Je suis de la partie.

CLORIMÈNE

Il dit mieux qu'il ne pense[287].

ALCIDON

Pourvu qu'un tiers ici votre entretien n'offense.

DORIS

Au contraire il était près de nous désiré.

ALCIDON

Me voilà plus heureux que je n'eusse[288] espéré.
Et Dorandre ? [84]

DORIS

Bien loin.

ALCIDON

Ne faites point la fine[289],
En vain contre l'amour, qui que ce soit s'obstine.
Déjà vous le voudriez à son devoir rendu[290].

---

285 Comprendre : ne le montrons pas, faisons semblant de rien.

286 *Assuré* : hardi, sans crainte. Placé devant le nom qu'il qualifie, cet adjectif prend une connotation négative (Acad. 1694).

287 Clorimène joue sur le double sens de l'expression « être de la partie » : « participer à un divertissement » (ici, la promenade et la conversation) et « faire partie d'un complot ».

288 Voir la note du vers 397.

289 *Faire le fin, la fine* : ne pas vouloir révéler ses sentiments.

290 « Voudriez » : voir la note du vers 882. – « Son devoir » : son devoir amoureux envers Doris.

CLORIMÈNE

Croyez-vous qu'en sa perte elle ait beaucoup perdu ?
Au contraire elle doit être plus obligée
À sa légèreté, que d'en être affligée.
Au moins quand son humeur le porte au changement,
Il ne le cache point, et le dit franchement,
Sans faire comme vous qui tirez de la gloire,
De m'avoir su cacher une action plus noire.
Mais lisez cette lettre.

ALCIDON

Ah ! Que vous m'affligez !
Il lit le dessus[291].
« Alcidon, à Daphnide. » Et de là vous jugez,
Sans doute que ce soit depuis que je vous aime[292]. [Fiij] [85]

CLORIMÈNE

Depuis, ou non, adieu[293].

ALCIDON

Cette colère extrême,
Et cette jalousie obligent mon amour,
Je l'en éclaircirai devant la fin du jour.
Mais voyons de quel temps cette lettre est écrite[294],
Et si ce qu'elle a vu sa colère mérite.
Je l'apaiserai bien quand il en sera temps.
Après avoir lu la lettre.
Que pour Daphnide encor tous mes feux sont constants…
Que d'aimer Clorimène est une pure feinte,
Et que ce que j'en[295] fais je le fais par contrainte…
C'est de moi cet écrit, c'est moi qui l'ai signé.
Ô Ciel ! À quel malheur m'avez-vous destiné ?
Quel démon ennemi, plein de rage et d'envie,

291 *Le dessus* [de la lettre] : voir la note de la didascalie du vers 1128.
292 Comprendre : que ce soit une lettre écrite depuis que je vous aime.
293 Clorimène ainsi que Doris quittent la scène.
294 « De quel temps cette lettre est écrite » : de quand date cette lettre.
295 *En* : à ce sujet.

Vient d'emprunter ma main pour me priver de vie ?
Traître, pour contenter ton malheureux dessein,
Tu me devais[296] encore ôter le cœur du sein.
Mais il eût[297] démenti ta damnable imposture, [86]
Contrefaire mon seing[298], et ma propre écriture,
Et si parfaitement qu'il me faut consentir,
Au crime que mes yeux ne sauraient démentir,
Et qui ne fut jamais conçu dans ma pensée.
Ma flamme sera donc ainsi récompensée.
Au moins si je savais de qui me vient le mal,
Si c'est l'invention d'un traître, ou d'un rival,
La vengeance pourrait alléger mon martyre,
Il me faut découvrir qui l'aura fait écrire.
Daphnide transportée en son affection[299]
Se pourrait bien servir de cette invention.

---

296 *Devais* : aurais dû. Voir la note du vers 1170.
297 *Eût* : aurait. Voir la note du vers 397.
298 *Seing* : signature.
299 Comprendre : violemment troublée par son amour pour Alcidon.

[Fiiij] [87]

ACTE V

Scène PREMIÈRE

DORIS *seule attendant Clorimène.*

Que l'infidélité règne au siècle où nous sommes !
Qu'on est mal assuré dessus la foi des hommes !
Que les filles ont tort de croire leurs tourments[300].
Leurs discours sont menteurs, et faux tous leurs serments.
Leur feinte passion surprend notre faiblesse,
En nous persuadant que notre amour les blesse.
Je l'ai bien reconnu dans cet esprit mouvant,
Qu'on ne peut arrêter, et qui change à tout vent.
Je parle de Dorandre, en qui l'amour extrême,
Et la fidélité passent pour un blasphème,
Qui dit pour les raisons qu'il a de me changer, [88]
Que je suis trop constante, et qu'il est trop léger ;
Qu'il ne saurait souffrir ces nœuds insupportables,
Qui font, à ce qu'il dit, les hommes misérables.
Il entend de ces nœuds, qui des deux ne font qu'un,
Qui mettent tous les biens, et les maux en commun.
Ce n'est pas le sujet, autre[301] raison le presse,
De prendre en me quittant Daphnide pour maîtresse.
Je ne puis pas juger comment cela se fait,
Daphnide aime Alcidon, et Dorandre le sait.
La feinte d'Alcidon tout à fait découverte
Doit montrer à Dorandre une évidente perte.
Je ne sais que penser de tout ce que je vois,
Dorandre pourrait bien manquer d'amour pour moi.
Mais qu'Alcidon voulût après beaucoup de peine,
Retourner à Daphnide, et laisser Clorimène,
C'est ce que je ne puis croire facilement.
Mon esprit est poussé d'un divers mouvement. [89]

---

300 *Leurs tourments* : les tourments amoureux des hommes.

301 « Autre » peut être utilisé en français classique comme un déterminant essentiel.

Je crains que là-dessous se cache une malice,
Daphnide et sa Philis sont pleines d'artifice.
L'une et l'autre sans doute y pourrait[302] bien tremper,
Elles n'ignorent rien qui soit propre à tromper.
Avec elle[303] Alcidon n'a point d'intelligence,
C'est quelque invention qui sert à sa vengeance[304].
Clorimène pourtant est longtemps à venir,
Je voudrais là-dessus un peu l'entretenir.
Mais la voici qui vient, quoique sage et discrète,
Qui montre en son visage une douleur secrète.

[90]

Scène DEUXIÈME
DORIS, CLORIMÈNE

DORIS
J'attends [auprès de] vous avec un grand souci.

CLORIMÈNE
Eh bien ! Vous me voyez avecque vous ici,
Après beaucoup de mal à me pouvoir défaire
D'Alcidon qui voulait m'assurer le contraire
De ce qu'il ne saurait lui-même démentir.

DORIS
Peut-être est-il touché de quelque repentir.

CLORIMÈNE
Ne m'en parlez jamais qu'avec indifférence,
Je ne saurais plus voir un homme qui m'offense.

DORIS
Eh quoi, si vous saviez que véritablement,
Alcidon eût[305] toujours aimé fidèlement… [91]

302 Sur l'accord au singulier de « pourrait », voir la note du vers 554.
303 « Elle » : Daphnide.
304 « Sa vengeance » : celle de Daphnide.
305 *Eût* : avait. Voir la note du vers 397.

CLORIMÈNE

Qui, Daphnide ?

DORIS

Vous-même, et que cette imposture
Vient d'elle, et que l'on eût contrefait l'écriture.

CLORIMÈNE

Lorsque cela serait, c'est à ma volonté[306].
Mais je crains qu'il me suive, allons de ce côté.
Je vois quelqu'un.

DORIS

Daphnide et Philis qui s'en viennent,
Nous pouvons bien ouïr les discours qu'elles tiennent.
Un peu de patience, elles s'en vont asseoir,
Nous entendrons d'ici sans qu'on nous puisse voir.

[92]

Scène TROISIÈME

DAPHNIDE, PHILIS, DORIS, CLORIMÈNE

DAPHNIDE

Ils sont tous en désordre, et ne peuvent comprendre,
Ni d'où leur vient le mal, ni contre qui[307] s'en prendre.

DORIS

Voilà bien commencé, continuez toujours.

PHILIS

Ne me connais-je pas à[308] troubler des amours ?
Vous-même vous seriez comme elles abusée.

---

306 Comprendre : Et même si cela était, c'est à ma volonté, selon mon désir, que je me défais d'Alcidon.

307 *Contre qui* : à qui.

308 Comprendre : ne connais-je pas l'art de.

DAPHNIDE

Je l'avoue.

PHILIS

Il est vrai que je suis bien rusée,
Et que de la façon que j'ai conduit le tout, [93]
Je veux perdre les yeux s'ils en viennent à bout.
L'écriture à la sienne est tellement semblable,
Qu'il ne peut dénier[309] qu'il n'en soit le coupable.
Et celui qui l'a faite encore que rusé,
Par mon invention comme eux est abusé.
Tellement qu'Alcidon ne peut faire connaître,
Qu'autre que lui jamais ait écrit cette lettre.

CLORIMÈNE

Je n'eusse[310] jamais cru cette méchanceté.

DAPHNIDE

Et n'ai-je pas bien fait aussi de mon côté ?
Dorandre a tout laissé, Doris se désespère,
Qu'il l'ait désobligée, et qu'il tâche à me plaire.

DORIS

Qu'est-ce que nous voulons davantage savoir ?
Il est temps désormais que nous nous fassions voir.

PHILIS

Les voilà toutes deux, faisons-leur bonne mine,
Encor que nous soyons cause de leur ruine[311].
On vient à bout de tout sachant[312] dissimuler. [94]

DAPHNIDE

Nous sommes trop avant pour vouloir reculer.

---

309 *Dénier* : nier.

310 *Je n'eusse* : je n'aurais. Voir la note du vers 397.

311 *Ruine* : malheur.

312 *Sachant* : en sachant. Voir la note du vers 537.

DORIS *les abordant.*

La saison et le lieu propre[313] à la promenade,
Vous font sans y penser trouver une embuscade.

DAPHNIDE

Qui nous est favorable, et qu'avec un grand soin
Nous irions rechercher encor beaucoup plus loin.

CLORIMÈNE

Vous espériez pourtant d'avoir autre rencontre[314].

DAPHNIDE

Ce que nous souhaitions en vous voyant se montre,
Trouvant l'occasion de vous féliciter[315]
De l'hymen que l'on doit bientôt faciliter.

CLORIMÈNE

Avec qui ?

DAPHNIDE

Voulez-vous me le cacher encore ?
Toute la Cour le sait.

[95]

CLORIMÈNE

Et seule je l'ignore.

DAPHNIDE

Alcidon n'aime pas Clorimène, et vous lui ?

CLORIMÈNE

Vous vous trompez, Daphnide, aux affaires[316] d'autrui,
Ou bien vous vous raillez, certaine du contraire.

---

313 En français classique, il est fréquent qu'un adjectif épithète de deux noms prenne le genre et le nombre du nom le plus proche, d'où cet accord au singulier (Fournier, § 55).

314 La construction *espérer de* + infinitif est fréquente en français classique. – « Autre rencontre » : voir la note du vers 1254.

315 Ce vers est une proposition participiale à valeur causale, apposée à « nous ». Comprendre : puisque nous trouvons l'occasion de vous féliciter.

316 « Aux affaires » : dans les affaires, au sujet des affaires.

DORIS

Le voici qui s'en vient pour résoudre l'affaire.

PHILIS *les*[317] *voyant venir.*

Allons-nous en, Madame.

DORIS

Et qu'avez-vous, Philis ?
Quel accident nouveau change en roses vos lis[318] ?

PHILIS

C'est la honte, de voir approcher de Madame
Un homme qui se rit de sa première flamme.

DORIS

Sa présence au contraire ôtera nos esprits
D'un soupçon, que peut-être on a faussement pris. [96]

PHILIS *à Daphnide tout bas.*

Allons-nous-en, vous dis-je, Alcidon et Dorandre
Amènent avec eux le malheureux Tersandre,
Qui seul a fait la lettre, et leur aura tout dit.

DAPHNIDE

Adieu, Mesdames.

DORIS

Bon, nous aurons le crédit
De faire avecque vous deux tours de Tuileries.

PHILIS

À la première fois toutes vos railleries[319].

---

317 Alcidon, Dorandre et Tersandre.

318 La métaphore topique des roses et des lis désigne le teint de la jeune fille : la pâle Philis rougit.

319 Ce vers et le suivant sont probablement dits à part. Celui-ci est adressé à Doris et Clorimène. L'expression « à la première fois » signifie habituellement « la première fois ». Il faut sans

DAPHNIDE

Nous ne saurions pourtant en éviter l'abord[320].

[G] [97]

Scène QUATRIÈME

ALCIDON, CLORIMÈNE, DAPHNIDE,
DORANDRE, TERSANDRE, DORIS, PHILIS, LUCIDAN

ALCIDON *arrivant avec Dorandre et Tersandre.*

Voici ce chef[321] coupable, ordonnez de sa mort.
Toutefois, s'il vous plaît d'ouïr la perfidie,
Qu'on a contre ma flamme injustement ourdie,
Voici les criminels, vous les pouvez juger,
À la charge pourtant de ne m'en point venger[322].

CLORIMÈNE

Je ne juge personne, et vous êtes capable
D'absoudre l'innocent, punissant[323] le coupable.
Et vous ne punirez en tout cela que vous.

[98]

ALCIDON

Suspendez, je vous prie, un peu votre courroux,
Jusqu'à ce qu'ayant vu la vérité naïve[324],
Vous jugiez que je meure, ou que pour vous je vive.
Cet homme éclaircira tout à fait vos soupçons.

DAPHNIDE

Mes désirs plus[325] ardents deviennent des glaçons.
Adieu, Madame, adieu, vous êtes en affaires[326],
Où nous ne sommes point autrement nécessaires.

---

doute comprendre : gardez vos railleries pour la première fois où l'on se reverra, *i. e.* pour la prochaine fois.

320 « L'abord » : celui d'Alcidon, Dorandre et Tersandre.

321 « Ce chef » : cette tête.

322 « De ne m'en point venger » : de ne point m'en venger, c'est-à-dire de me laisser m'en venger moi-même.

323 *Punissant* : en punissant. Voir la note du vers 537.

324 « La vérité naïve » : la vérité sans fard.

325 *Plus* : les plus. Voir la note du vers 119.

326 « Vous êtes en affaires » : vous êtes dans des affaires, concernée par des affaires.

DORANDRE

Au contraire il faudrait qu'on vous allât chercher[327],
Votre présence ici ne nous peut empêcher.
Et puisque le bonheur en ce lieu nous assemble,
Nous pouvons bien parler de cette affaire ensemble.
Dis tout ce que tu sais.

TERSANDRE

Madame, à deux genoux,
Pour avoir mon pardon je me présente à vous.

PHILIS

Ô Ciel ! À quel affront me dois-je voir réduite !
Venez, si vous voulez, je vais prendre la fuite[328].

[Gij] [99]

ALCIDON

Philis, vous y trempez pour une bonne part,
Vous aviez cru secret ce qu'a dit le hasard[329].
Toutefois en faveur de tant de bons services,
Je promets d'oublier tous vos mauvais offices.
Dis-leur naïvement comme[330] tout s'est passé,
Me l'ayant découvert ton crime est effacé[331].

TERSANDRE

Vous saurez que Philis, l'autre jour éplorée,
S'en vint à mon logis quasi désespérée,
Les yeux noyés de pleurs me prier instamment,
De vouloir m'employer pour son contentement,
Qu'elle venait de perdre une lettre importante[332],
Que j'étais son espoir et toute son attente,

327 Sous-entendu : si vous n'étiez plus là.

328 Philis s'adresse à Daphnide.

329 Comprendre : ce que le hasard a révélé.

330 *Naïvement* : simplement et sincèrement. – *Comme* : comment.

331 « Me l'ayant découvert » est une proposition participiale à valeur causale, apposée à la deuxième personne incluse dans « ton ». Comprendre : ton crime est effacé puisque tu me l'as révélé.

332 Comprendre : me dire qu'elle venait… Cette notion de discours sous-entendue est tirée de « me prier ».

Qu'elle me donnerait tout ce que je voudrais,
Si tout pareil au vôtre un écrit je rendais ;
Me jurant qu'aucun mal ne s'en pouvait ensuivre,
Que c'était le moyen de la faire revivre.
L'espérance du gain joint avec le désir,
En faisant mon profit de lui faire plaisir,
Sans beaucoup de discours m'obligea de permettre,
Que je contreferais tout à fait votre lettre ;
Que je mettrais dedans ce qu'elle demandait, [100]
Pourvu qu'elle donnât ce qu'elle m'accordait.
Je l'ai fait, et voilà la véritable histoire
De ce qui s'est passé.

PHILIS

Si l'on t'en voulait croire…

DORIS

Philis, il n'est plus temps de le dissimuler,
Et nous ne devons pas davantage en parler.

DAPHNIDE

Il est vrai, je l'ai fait pour venger une injure,
Qu'avait à mon amour fait cette âme parjure.
Mais le ressentiment de mon cœur effacé[333],
Je vous prie oublions tout ce qui s'est passé.

CLORIMÈNE

Il ne m'en souvient plus.

DORIS

Ni moi non plus de même.

DORANDRE

J'aurai donc le pardon de la beauté que j'aime ?

333 « Le ressentiment de mon cœur effacé » : ce groupe nominal fonctionne comme un ablatif absolu latin à valeur circonstancielle. Comprendre : le ressentiment étant de mon cœur effacé.

DORIS

Votre légèreté mériterait pourtant
Quelque punition. [Giij] [101]

DORANDRE

Eh bien j'en suis content.

ALCIDON

Et moi j'attends ma vie, ou ma mort de la belle,
Chez qui[334] j'ai tout ce jour passé pour infidèle.

CLORIMÈNE

Vous êtes assuré de vivre longuement,
Pourvu qu'autre que moi n'y mette empêchement.

DORANDRE *parlant à Clorimène.*

Madame, allons chez vous, où la sage Arétie[335],
Par son consentement, conclura la partie[336].
Et là, si Doris veut, tous quatre en même temps,
Dans un hymen heureux nous trouverons constants[337].

DORIS

C'est le plus grand bonheur que j'eusse[338] osé prétendre.

DAPHNIDE

Clorimène, Alcidon[339], Doris aura Dorandre,
Et moi je chercherai si je veux un parti,
Mais je sais bien à qui sera le démenti[340].
Lucidan dont l'amour toujours continuée[341], [102]

---

334 *Chez qui* : auprès de qui.

335 La mère de Clorimène.

336 *Partie*, ici : affaire, projet.

337 Il faut sans doute comprendre : nous nous trouverons constants [les uns les autres]. La décision de marier les deux couples établit la constance amoureuse, mettant fin aux péripéties antérieures et aux atermoiements du cœur.

338 « Que » : auquel. – *J'eusse* : j'aurais. Voir la note du vers 397.

339 Sous-entendu : Clorimène a Alcidon.

340 *À qui* : pour qui. – *Le démenti* : par rapport au refus que Daphnide avait d'abord exprimé à Lucidan.

341 « L'amour continuée » : voir la note du vers 62.

Pour mes froideurs jamais ne s'est diminuée,
Recevra le loyer[342] que sa fidélité,
Après tant de travaux n'a que trop mérité.
Avecque vous ainsi j'aurai part à la joie,
Mais le Ciel à propos en ce lieu nous l'envoie[343].

DORANDRE

Il nous manque ce point pour nous contenter tous.

ALCIDON

Est-il vrai, Lucidan, que nous en direz-vous[344] ?

LUCIDAN

Que je ne vis jamais si belle compagnie,
Et que j'y suis conduit par quelque bon génie.

CLORIMÈNE

Oui lorsque vous saurez qu'on est prêt d'accorder
Le bien que votre amour désire posséder.

LUCIDAN

Clorimène, laissez à part la raillerie.

DAPHNIDE

Non, non, ce qu'elle dit est sans cajolerie[345],
Et si vous l'acceptez je vous donne ma foi.

[103]

LUCIDAN

Fut-il homme jamais plus fortuné que moi ?
Ô bienheureux soupirs ! Et bienheureuses larmes !
Qui font qu'à la pitié Daphnide rend les armes.

DAPHNIDE

Tous ces discours à part, il faut penser ailleurs[346],

342 *Loyer* : récompense.
343 « Nous l'envoie » : nous envoie Lucidan.
344 « Vous » rime avec « tous » : le -s final se prononce à la rime. Voir la note du vers 260.
345 *Cajolerie* : flatterie trompeuse.
346 *Ailleurs* : à autre chose.

Nous avons maintenant des mouvements meilleurs.
Le Ciel qui veut finir nos peines amoureuses,
En vous faisant heureux nous fait de même heureuses.
Allons chez Clorimène, et là de tous côtés
On reconfirmera l'accord des volontés.

GLOSSAIRE

Abréviations

C *La Célidée*
T *Les Tuileries*

Abord (de quelqu'un) : approche, arrivée (*T*, 479, 990, 1344) ; abord (d') : dès le premier instant, tout de suite (*C*, 824 ; *T*, 494) ; abord (d') que : dès que (*C*, Argument)

Abuser : tromper (*C*, 703, 877, 1626 ; *T*, 350, 1298, 1305) ; abusé : trompé (*T*, 1298, 1305)

Accident : événement (*C*, Argument p. 14, 1655 ; *T*, 1011, 1333) ; malheur, événement fâcheux (*C*, stances v. 17, Argument [2 occ., p. 12 et 13], 1005 ; *T*, 619, 775) ; symptôme, événement survenant lors d'une maladie (*C*, 368)

Acteur : personnage (*C*, « Les acteurs » ; *T*, « Les acteurs »)

Affaire (n. masc. ou fém.) : « Toutes les choses qu'on a à discuter, à demesler avec quelqu'un dans le commerce de la vie », *Ac.*, 1694 (*C*, 586, 796, 863)

Aimable : digne d'être aimé (*C*, 352, 441, 475, 736, 819, 852, 867, 925, 1093, 1132 ; *T*, 73, 210, 693, 844)

Amé : aimé (*T*, Privilège [2 occ.])

Alléger : soulager (*C*, 69, 150, 892, 1303)

Amant(e) : celui/celle qui aime et/ou qui est aimé(e) (*C*, épître, Argument, stances v. 49-79-107, 24, 94, 129, 166, 498, 511, 920, 978, 1100, 1128, 1146, 1345, 1393, 1405, 1526, 1558, 1611, 1632 ; *T*, 144, 193, 258, 272, 568, 619, 670, 720, 873, 887, 903, 931, 939, 1047, 1053, 1141)

Amitié : amour (*C*, Argument p. 7, 156, 559, 732, 834, 1155 ; *T*, 277) ; vive affection (*C*, stances v. 5, Argument p. 8, 74, 77, 291, 295, 364, 373, 604, 777, 981, 1458)

Amortir : rendre moins violent, affaiblir (*C*, 810 ; *T*, 1168)

Animer : douer de vie (*C*, 178, 828, 1039) ; (dés)animé : en vie ou privé de vie (*C*, 754, 1102)

Appas (plur.) : attraits, charmes (*C*, 66, 180, 673, 801, 942, 1042, 1452, 1456, 1564, 1613, 1648 ; *T*, 151, 224, 255, 315, 404, 548, 788, 854, 1067, 1086, 1097)

Appel : provocation à se battre en duel (*T*, 375, 389)

Ardeur : passion, vive affection, chaleur amoureuse (*C*, stances v. 21, 36, 92, 174, 380, 433, 463, 619, 666, 685, 816, 834, 870, 927, 1060, 1135, 1148, 1203, 1221, 1257, 1311, 1357, 1364, 1384, 1433, 1447, 1644, 1653 ; *T*, 139, 220, 258, 406, 481, 828, 104)

Arrêter : s'arrêter dans un lieu pour y séjourner (*C*, 1669) ; conclure une affaire, convenir des conditions, décider (*C*, 1294 ; *T*, 639) ; s'arrêter à :

prendre en considération, adapter sa conduite en fonction de (*T*, 519)

Artifice : ruse, habileté (*C*, stances v. 23 ; *T*, 485, 1266)

Assurance : certitude (*C*, 1455) ; hardiesse (*T*, 622) ; en assurance : en sûreté (*T*, 52)

Assuré : certain, sûr (*C*, 149, 1021, 1117, 1364 ; *T*, 660, 1025, 1404) ; hardi, sans crainte (*C*, 701 ; *T*, 1192)

Assurer : affirmer (*C*, épître) ; rassurer, mettre en confiance (*C*, 156, 465 ; *T*, 425) ; convaincre qqn, le rendre sûr (*C*, 813, 1182) ; s'assurer : être sûr (*C*, 1151)

Attente : espérance (*C*, 580, 1232, 1575, 1663 ; *T*, 1379)

Attrait (au plur.) : charmes, agréments, traits de la beauté (*C*, 1484, 1555, 1636)

Aucunement : en aucune manière (*C*, Argument ; *T*, 694)

Aucuns : quelques-uns (*T*, privilège, ã4r°)

Auparavant que (de) : avant que (*C*, Argument, « Au Lecteur », 53, 643)

Auteur : cause, origine (*C*, 297, 960, 970, 1034, 1567 ; *T*, 834)

Aventure : ce qui arrive, événement (*C*, 720 ; *T*, 590)

Barbare : cruel, inhumain (*C*, Argument, 504, 1514) ; sauvage, sans civilité (*C*, épître, 1043)

Bien : bonheur (*C*, 70, 164, 384, 922, 1217, 1219 ; *T*, 195, 618, 793) ; au pluriel, possessions, richesses (*C*, stances v. 29, 593, 603, 1441)

Bonheur : hasard favorable, chance (*C*, 296, 923 ; *T*, 1362)

Brave : vaillant, courageux (*C*, 323, 1578)

Bruit : rumeur (*T*, 171, 890, 1169)

Caresser : donner des témoignages d'affection, de bienveillance (*C*, Argument, 1287)

Cavalier : gentilhomme (*T*, 146, 233)

Cependant : pendant ce temps (*C*, épître, Argument p. 8 et 12, 1298, 1505 ; *T*, 950) ; cependant que : pendant que (*C*, 792, 1670)

Chaînes (plur.) : au figuré, liens amoureux (*C*, 496, 668)

Changement : inconstance, notamment amoureuse, infidélité (*C*, épître, stances v. 77, 1069, 1089, 1292 ; *T*, 209, 889, 1204)

Changer : changer pour un(e) autre, être inconstant, faire une infidélité à qqn, tromper (*C*, 502, 1094, 1105, 1267, 1353, 1511 ; *T*, 790, 858, 1245, 1248)

Charme (généralement au plur.) : attrait irrésistible (*C*, stances v. 36, 20, 507, 849, 926, 1049, 1111, 1239, 1359, 1476 ; *T*, 173, 355)

Charmer : employer un charme, un sortilège (*C*, stances v. 64) ; ravir, plaire extrêmement (*C*, 1573)

Confusion : trouble, désordre (*C*, 277, 563)

Connaître : reconnaître (*C*, Argument, 1066, 1222, 1578, 1594 ; *T*, 786, 1306) ; apprendre, savoir une nouvelle (*C*, 59, 1193, 1367)

Consommer : consumer, détruire (*C*, 870 ; *T*, 107, 112)

Constance : fidélité amoureuse (*C*, stances v. 49, 1251 ; *T*, 711, 956)

Constant : fidèle, durable (*C*, 244, 1307 ; *T*, 220, 571, 697, 1217, 1249)

Content : pleinement satisfait (*C*, Argument, 109, 151, 243, 579, 601, 616, 703, 1123, 1190, 1210, 1320, 1574, 1662 ; *T*, 419, 1029, 1401)

Contentement : plaisir, joie (*C*, stances v. 109, 93, 154, 606, 665, 742, 842, 862, 905, 997, 1010, 1485, 1585, 1589 ; *T*, 191, 388, 719) ; satisfaction (*C*, 690 ; *T*, 1377)

Contenter : satisfaire pleinement, rendre heureux (*C*, Argument p. 11, p. 12 [2 occ.], stances v. 57, 837, 992, 1029, 1503 ; *T*, 236, 243, 368, 664, 717, 1090, 1106, 1224, 1420)

Contraire : opposé, hostile (*C*, 767, 1118, 1337 ; *T*, 520, 741)

Couche : lit (*C*, 328, 356)

Couleur : teint du visage (*C*, 1254) ; prétexte (*T*, 505)

Courage : cœur (*C*, 1511 ; *T*, épître, 69, 525, 578, 749, 973)

Courroux : « Colere. Son plus grand usage est dans le genre sublime & dans la poësie », *Ac.*, 1694 (*C*, 881, 1597 ; *T*, 23, 456, 1353)

Cours : « un lieu agréable où est le rendez-vous du beau monde pour se promener à certaines heures », Furetière (*T*, 16, 76)

Courtois : « Civil, gracieux tant en ses discours qu'en son accueil & en toutes ses actions », *Ac.*, 1694 (*C*, 309, 533, 775)

Crédit : pouvoir dû à la réputation, au prestige (*C*, stances v. 29) ; faveur (*T*, 1341)

Cruel : insensible à l'amour, indifférent (*C*, 428, 520, 1091, 1115, 1355 ; *T*, 711, 960, 980)

Cruauté : indifférence amoureuse, mépris, insensibilité (*C*, 485, 498, 524 ; *T*, 440, 688, chanson 10) ; action cruelle liée au sang versé (*C*, 1526, 1539)

Damnable : condamnable (*C*, stances v. 22 ; *T*, 1226)

Découvrir : révéler (*C*, Argument p. 7, p. 11, 866, didasc. du v. 1185 ; *T*, 383, 813) ; se découvrir : être révélé (*T*, 286) ; découvert : révélé (*T*, 1258, 1373)

Dédains (plur.) : marques de mépris (*C*, 1350 ; *T*, 952)

Dedans (prép.) : dans (*C*, 157, 320, 381, 568, 687, 730, 952, 1204, 1293, 1461 ; *T*, 93, 134, 198, 209, 340, 1059)

Dédire : désavouer, contredire (*C*, 1023, 1549)

Démentir : désavouer (*C*, 102, 1038 ; *T*, 143, 1226)

Démon : génie bon ou mauvais (*C*, 1620 ; *T*, 1222) ; fureur (*T*, 5) ; le dieu Amour (*C*, 199, 957, 969, 1428 ; *T*, 405, 667)

Déplaisir : chagrin, affliction, malheur (*C*, Argument, 128, 186, 320, 321, 340, 412, 538, 638, 718, 724, 1472 ; *T*, 186, 386, 544, 552, 1160, 1184)

Dès : depuis (*C*, Argument ; *T*, 295)

Désobliger : faire du tort ou de la peine à qqn, lui rendre un mauvais office (*C*, 857, 886, 1035, 1523 ; *T*, 1119, 1311)

Dessus (prép.) : sur (*C*, 390, 401, 764, 1237, 1363, 1390 ; *T*, 345, 532, 561, 1239)

Devant : avant (*C*, 789, 1366 ; *T*, 1213) ; devant que : avant que (*C*, 198, 199 ; *T*, 12)

Discours : paroles (*C*, Argument p. 8, p. 10, p. 11, 102, 155, 159, 210, 309, 332, 432, 492, 513, 589, 648, 652, 684, 731, 858, 863, 865, 918, 1378, 1396, 1422 ; *T*, 15, 259, 343, 441, 442, 516, 558, 579, 642, 688, 888, 923, 1039, 1179, 1241, 1291, 1386, 1432) ; expression des pensées ou des émotions (*T*, 272, 642, chanson 13, 1032) ; sujet de conversation (*C*, 620 ; *T*, 280, 742)

Divers : opposé (*C*, 275 ; *T*, 1265)

Divertir : détourner (*C*, 475 ; *T*, 218, 1169)

Dommage : perte, préjudice, malheur (*C*, stances v. 45, 551)

Doute (sans) : sans aucun doute, assurément (*C*, Argument, 766, 835, 1511 ; *T*, dédicace ã2v°, 175, 545, 1210, 1268)

Douteux : incertain (*C*, 1170 ; *T*, 340)

Effet (au plur.) : exécution, mise en pratique, acte (*T*, 13, 14) ; marques (*C*, 283, 482, 604) ; conséquences (*C*, 573, 1150 ; *T*, 724)

Effort (faire) : s'efforcer de, tenter de (*C*, Argument, 713 ; *T*, 140)

Empêchement : opposition, obstacle (*T*, Privilège, 492, 1405)

Empire : pouvoir, autorité, domination (*C*, 165, 235, 390 ; *T*, 58, 794)

Encore : jusqu'à présent (*C*, 502 ; *T*, 414) ; encore que : bien que (*C*, 466, 567, 702, 785, 1279 ; *T*, 844, 1304)

Endroit (en/à son) : envers lui (*C*, épître, 680, 711, 878, 984 ; *T*, 138, 592, 938)

Engager (qqn) : fiancer, promettre la main de (*C*, 1137, 1459, 1468) ; être engagé : avoir promis sa main, être engagé sentimentalement avec qqn (*C*, 453, 629, 835)

Ennui : douleur, peine (*C*, stances v. 44 et v. 74, 4, 26, 58, 122, 130, 293, 337, 374, 470, 633, 861, 946, 996, 1034, 1161, 1213, 1660 ; *T*, 4, 128, 320, 475, 839)

Entendre : comprendre (*C*, 472, 1200, 1330, 1422 ; *T*, 83, 429, 538) ; vouloir dire (*T*, 994) ; entendre de (parler) : vouloir parler de (*T*, 197, 727, 1252)

Entreprendre : séduire, tenter de conquérir quelqu'un (*T*, 771) ; se moquer de qqn (*T*, 1101) ; entreprendre sur qqn ou qq chose : attenter à (*C*, 1172)

Entreprise : projet de conquête amoureuse (*C*, 193, 492 ; *T*, 758)

Entretenir (s') : converser avec (*C*, 476, 917, 1098 ; *T*, 33, 100, 179, 382, 515, 644, 862, 947, 1109, 1132, 1273)

Entretien : conversation (*C*, 69, 134, 149, 157, 310, 359, 506, 516, 525, 723, 921, 1065, 1157 ; *T*, 180, 760, 1195)

Envie : jalousie (*C*, 4, 899 ; *T*, 29, 964, 1222) ; désir, volonté (*C*, 71, 604, 916, 1319, 1498)

Esprits : « au pluriel, sont de petits corps legers, chauds & invisibles, qui portent la vie & le sentiment dans les parties de l'animal », *Ac.*, 1694 (*C*, 98, 146, 211, 333, 465, 502, 766, 1240, 1349, 1401, 1657)

Estime : mérite de qqn, état que l'on fait de ses qualités (C, 314 ; *T*, 558)

Étonnement : forte surprise (*C*, Argument, 761, 1552, 1654)

Étonner : surprendre fortement, donner de l'émotion (*C*, Argument, 766, 1477) ; s'étonner : être surpris, ému (*C*, 907, 1017 ; *T*, 803) ; étonné : frappé par une forte surprise (*C*, Argument p. 11 et p. 12, 315, 923, 1295, 1550 ; *T*, 551)

Étrange : inhabituel, étonnant, extraordinaire (*C*, Argument, stances v. 62, 1526)

Extravagant (adj. et subst.) : fou, bizarre (*C*, 757, 1275)

Fâché : qui éprouve du chagrin, du déplaisir (*C*, Argument, 913 ; *T*, 193)

Faillir : commettre une faute, manquer à (son devoir) (*C*, épître, stances v. 41, 233, 1320 ; *T*, 443, 511, écho 5, 780)

Fantaisie : idée, projet (*T*, 85) ; envie (*T*, 1150) ; se mettre en fantaisie : s'imaginer, se mettre dans l'idée (*C*, 1363)

Fatal : qui entraîne une destinée inévitable (*C*, 222) ; funeste, malheureux (*C*, 969, 1529)

Fer : arme tranchante, épée ou poignard (*C*, 658, 901, 1186, 1233, 1328) ; au pluriel, chaînes (*C*, 830) ; au figuré et au pluriel, liens qui attachent à l'être aimé (*C*, 170, 1457 ; *T*, 194, 196, 360, 955, 1003)

Feu (sg ou plur.) : amour, passion, en référence au *topos* de la flamme amoureuse (*C*, stances v. 20, 172, 186, 213, 509, 542, 548, 566, 576, 683, 807, 812,

870, 918, 1068, 1118, 1304, 1365, 1381, 1399, 1469 ; *T*, 338, 457, 522, 530, 642, 699, 709, 740, 798, 1078, 1135, 1217)

Fiction : mensonge, invention (*C*, 301 ; *T*, 599, 784)

Finement : par ruse (*T*, 155) ; avec adresse (*T*, 830, 1143)

Flamme : passion, ardeur amoureuse (*C*, stances v. 80, v. 90 et v. 110, 48, 54, 102, 200, 240, 287, 464, 499, 564, 691, 712, 811, 875, 896, 972, 976, 983, 1032, 1059, 1136, 1147, 1171, 1275, 1278, 1335, 1351, 1391, 1414, 1475, 1527, 1562, 1611 ; *T*, 124, 138, 337, 490, 510, 521, 566, 677, 705, 734, 857, 893, 913, 952, 981, 1001, 1037, 1085, 1097, 1137, 1231, 1335, 1347)

Foi : parole donnée, fidélité (*C*, 980, 1615 ; *T*, 983, 1239) ; promesse de mariage (*T*, 1428)

Force : acmé, apogée (*C*, Argument p. 7) ; pouvoir (*C*, Argument p. 9)

Forcer : contraindre, faire violence (*C*, 146, 323, 445, 447)

Forfait : crime (*C*, 206, 1266, 1517, 1532 ; *T*, 1055)

Fortune : déesse qui préside aux destinées (*C*, épître, stances v. 99) ; chance, sort heureux, bonheur (*C*, 619 ; *T*, 297, 989) ; malheur, condition malheureuse (*C*, 379, 871)

Fortuné : heureux (*C*, 1075 ; *T*, 1429)

Franchise : sincérité, candeur (*C*, 731, 1378) ; liberté (*T*, 928)

Gâter : endommager, abîmer, corrompre (*C*, épître, Argument, 434, didasc. du v. 1499, didasc. du v. 1510, 1515)

Généreux : noble, grand, magnanime (*C*, épître p. 5 et p. 6, Argument, 1432 ; *T*, 525)

Génie : « l'esprit ou le demon, soit bon, soit mauvais, qui selon la doctrine des Anciens accompagnoit les hommes depuis leur naissance jusques à leur mort », *Ac.*, 1694 (*C*, 324, 448) ; « Se dit dans le Christianisme des bons Anges qui accompagnent les hommes » (Furetière) (*T*, 1423) ; inclination naturelle (*T*, 885)

Grâce : agrément, charme, attrait (*C*, 35, 527, 725, 801, 867, 1055, 1346) ; avoir bonne grâce : avoir du charme (*C*, 669) ; grâce de qqn : faveur, pardon (*C*, 935) ; dans le registre amoureux, la faveur, l'amour qu'on accorde à une personne (*T*, 522, 948, 1005) ; (re)mettre en grâce auprès de qqn : obtenir le pardon, les faveurs (*C*, Argument)

Hasarder : risquer, mettre en danger (*T*, 860, 1171, 1173)

Honnête : civil, poli, vertueux (*C*, épître ; *T*, 462) ; les « honnêtes gens » : les personnes qui se conduisent conformément aux principes de la civilité et de l'honneur (*C*, « Au lecteur »)

Honte : confusion (*C*, 700, 1165, 1299) ; déshonneur (*C*, 264, 880, 898, 1271, 1419 ; *T*, 849) ; gêne, pudeur (*T*, 1032, 1042)

Honteux : ignominieux (*T*, 339, 929)

Humeur : tempérament, disposition d'esprit habituelle (*C*, épître, 238, 449 ; *T*, 145, 222, 440, 689, 737, 749, 858, 863, 902, 904, 1204) ; l'une des quatre substances (sang, flegme, bile jaune, mélancolie) qui peuvent dominer dans le corps humain (*C*, 245, 326, 327)

Hymen/hyménée (n. m.) : termes poétiques signifiant mariage, liens conjugaux (*C*, 643, 1294, 1672 ; *T*, 929, 1325, 1409)

Inconstant : infidèle (*C*, 1557 ; *T*, 864, 893, 1115, 1149)

Infortune : malheur (*C*, 347, 804)

Injure : dommage, tort causé, outrage (*C*, 228, 708, 1188, 1547, 1603 ; *T*, 2, 6, 305, 561, 1190, 1394)

Indiscret : imprudent (*C*, 176, 464 ; *T*, 1)

Inquiétude : trouble, tourment, agitation d'esprit (*C*, 459, 791 ; *T*, 454)

Intelligence : connivence, complicité (*T*, 1270) ; ruse, complot (*T*, 629)

Jour : vie, temps de vie (*C*, 10, 310, 1449, 1673 ; *T*, 131, 308, 1031) ; clarté, lumière (*C*, 174, 246 ; *T*, écho 9) ; faire jour : donner une ouverture, un espoir dans une passion (*C*, 485)

Jugement : discernement (*C*, épître, 314, 490 ; *T*, 902)

Justement : avec justice, raison (*C*, 83, 741, 861 ; *T*, 772)

Langage : discours (*T*, 10, 750, 840)

Languir : souffrir d'une maladie qui affaiblit progressivement (*C*, 328) ; souffrir continuellement du fait de la passion amoureuse (*C*, 668)

Languissant (gérondif, adj. ou subst.) : qui souffre durablement, qui est affaibli (*C*, 262, 322, 414, 478, 670, 749)

Léger : inconstant (*C*, 1105, 1469 ; *T*, 564, 851, 1249)

Légèreté : inconstance, infidélité (*T*, 1050, 1203, 1400)

Lors (que) : alors (que) (*C*, 282, 1064, 1355 ; *T*, 148, 551)

Lumière : éclat, rayonnement de la beauté ou de l'esprit (*C*, épître, 667) ; par métonymie, la vie (*C*, 1124)

Maîtresse : femme aimée dans la mesure où elle exerce un pouvoir sur son amant (*C*, Argument p. 9, p. 11 et p. 13, 671, 675, 920, 1345 ; *T*, liste des acteurs, 550, 887, 936, 1089, 1255)

Maîtriser : gouverner, être maître(sse) de (*C*, 235, 1349 ; *T*, 509)

Malice : fourberie, méchanceté (*C*, stances v. 22 ; *T*, 1067, 1073, 1266)

Mander : commander (*T*, privilège, ã4r°) ; mander (qqn) : convoquer, demander à qqn de venir (*C*, 695)

Manie : folie, fureur (*C*, 323, 447, 1486)

Mécompter (se) : se tromper (*T*, 545, 831)

Mélancolie : folie causée par un excès de bile noire, accès de folie (*C*, 60, 131, 312, 409, 755, 784, 1322 ; *T*, 506)

Mérite (sg ou plur.) : ensemble de qualités physiques et/ou morales attirant l'estime d'autrui (*C*, 252, 532, 683, 712, 823, 1056, 1331, 1346, 1462, 1651 ; *T*, 211, 355, 686)

Merveille : prodige, chose rare, extraordinaire, qui donne de l'admiration (*C*, épître, 331, 1430, 1583 ; *T*, 733)

Misérable (adj. et subst.) : malheureux, pitoyable (*C*, 24, 219, 340, 839, 1150, 1224 ; *T*, 781, 1251)

Monument : tombeau (*C*, stances v. 90, 334, 998, 1293)

Mouvement : émotion, sentiment (*C*, 588, 630, 640, 1019, 1548 ; *T*, 363, 1265, 1433) ; agitation, trouble (*C*, Argument, 324, 464)

Nœuds (plur.) : lien amoureux (*C*, 1413) ; liens du mariage (*T*, 1250, 1252)

Nourrir (se) : (s')entretenir (*C*, stances v. 86, 26, 550, 967, 1084)

Objet : être aimé (*C*, Argument, 50, 101, 168, 213, 214, 297, 753, 790, 1040, 1094, 1099, 1335, 1353, 1414, 1446, 1483, 1624 ; *T*, 60, 215, 304, 568, 722) ; être ou chose, concrète ou abstraite que l'on perçoit (*C*, épître, 10, 462, 955)

Obliger (qqn) : lier par un devoir, un sentiment de reconnaissance (*T*, 399, 573, 1202) ; être agréable à (*C*, Argument p. 9 et p. 11, 493, 1078, 1085 ; *T*, 888, 1212) ; faire une faveur, être utile à quelqu'un (*C*, 602, 733, 1012, 1369, 1404 ; *T*, 991) ; s'obliger à : s'efforcer de (*C*, Argument p. 8) ; être obligé de/à : avoir pour devoir (*C*, 249)

Office : devoir rendu, bon ou mauvais service (*C*, 88, 280, 1092 ; *T*, 1371)

Ouvrage : création divine (*C*, 11, 20)

Panser : soigner (*T*, 48, 52)

Parent (sg ou plur.) : personne de la même famille, du même sang (*C*, stances v. 26, 84, 405, 938, 1137, 1501)

Peine (à) : sous peine (*T*, privilège, ã4r°)

Penser (n. m.) : pensée (*C*, 238, 455 ; *T*, 292, 379, 816, 1046)

Perdre (qqn) : faire mourir (*C*, 1326) ; se perdre : se donner la mort (*C*, 250)

Piquer : fâcher, mettre en colère (*C*, Argument) ; se piquer de : se flatter de (*T*, 657)

Pitoyable : qui ressent de la pitié (C, stances v. 105, 201)

Posséder : obtenir l'amour de (*C*, 281, 1410 ; *T*, 357) ; « On dit, Posseder une femme, pour dire, En avoir la joüissance », *Ac.*, 1694 (*C*, 64, 218, 263)

Pourvu que : à condition que (*C*, 62, 511, 821 ; *T*, 1195, 1389, 1405)

Près de : auprès de (*T*, 70, 87, 1196)

Presser : accabler, tourmenter, angoisser (*C*, 320, 948, 1630 ; *T*, 814) ; pressé : tourmenté sans relâche (*C*, Argument, 22, 79, 1506 ; *T*, 360)

Pressant : insistant (*C*, 813) ; qui cause de la douleur (*C*, 210)

Prétendre : aspirer à quelque chose (*C*, 1080 ; *T*, 1410) ; avoir l'intention de (*C*, 110)

Prévenir : devancer (*C*, 188, 815, 1396 ; *T*, 946)

Prévenu : préoccupé, obsédé (*C*, 625, 811)

Procéder (de) : venir, dériver (*C*, 591 ; *T*, 387)

Propice : favorable, bienveillant (*C*, 392, 932)

Protester : déclarer (*T*, 605) ; promettre avec force et véhémence (*C*, Argument)

Providence : « La supréme intelligence par laquelle Dieu conduit toutes choses », *Ac.*, 1694 (*C*, 29, 383, 401)

Prudence : sagesse, discernement (*C*, 887 ; *T*, 269)

Prudent : sage, mesuré (*C*, 309, 332)

Puissance : pouvoir, capacité (*C*, stances v. 28, 376, 611 ; *T*, 322, 346) ; force, intensité (*C*, 544 ; *T*, 110, 1081)

Quand : quand bien même, même si (*C*, 541 ; *T*, 316, 571, 1007)

Quand et quand : en même temps (*T*, 112) ; aussi (*T*, 139)

Race : lignée, extraction, famille (*C*, stances v. 66, 627 ; *T*, 275)

Rage : fureur, violente colère (*C*, 988, 1230 ; *T*, 526, 1222)

Ravir : enlever par la force (*C*, 248, 1499, 1589) ; emporter l'esprit ou les sens sous l'effet d'une grande émotion (*C*, 445)

Recevoir : accepter (*C*, épître p. 4 et p. 5 [2 occ.], 214, 296, 684, 905, 1208, 1627 ; *T*, 542)

Reconnaître : témoigner sa reconnaissance pour quelqu'un ou quelque chose (*C*, 363 ; *T*, 460) ; accepter, récompenser (*C*, Argument, 683, 875) ; s'apercevoir de quelque chose (*C*, 1386 ; *T*, 517)

Regarder : rechercher (*T*, 422) ; examiner, faire attention à quelque chose (*T*, 1172)

Rencontrer : trouver (*T*, didascalie du v. 1124) ; se rencontrer : se trouver (*T*, 1021)

Repos : calme, tranquillité (*C*, 545) ; quiétude, absence de trouble du corps et de l'âme (*C*, 434, 631, 727, 928, 1337) ; sommeil éternel de la mort (*C*, 578)

Reposer (se) : dormir, rester tranquille (pour un malade) (*C*, Argument, 274) ; s'en remettre à quelqu'un, s'assurer sur les soins qu'il prendra de quelque chose (*C*, 362, 1021)

Ressentiment : souvenir de bienfaits reçus ou donnés (*C*, 1217) ; souvenir de dommages faits ou subis (*C*, 457, 744 ; *T*, 1396)

Ressouvenir (se) : se souvenir (*C*, Argument, 267)

Retenue : modération, réserve, modestie (*C*, 67, 692, 1279, 1643)

Rêverie : pensée vagabonde (*C*, 475) ; « delire causé par une maladie », *Ac.*, 1694 (*C*, 96, 283, 351, 568)

Rigueur : sévérité, froideur, intransigeance, en particulier dans le domaine amoureux (*C*, 654, 671, 677, 680, 992, 1402, 1658 ; *T*, 711, chanson 4, 1074)

Saillies (plur.) : emportement, traits de folie (*C*, épître, 399 ; *T*, 785)

Science : savoir (*C*, 56) ; connaissance certaine qu'on a de quelque chose (*C*, 1028) ; savoir-faire (*C*, 487 ; *T*, 832)

Semblant de (ne pas faire) : ne pas montrer une pensée ou une émotion, faire semblant de ne pas éprouver quelque chose (*T*, 1112, 1192)

Sentiment : opinion, avis (*C*, 1138, 1498 ; *T*, 148, 332, 364)

Sein : cœur (*C*, 381, 477, 686, 730, 869, 952, 972, 1033, 1117, 1229, 1343, 1433, 1447 ; *T*, 103, 156, 198, 256, 340, 406, 600) ; poitrine (*C*, 658, 901, 1003 ; *T*, 1225)

Service : assistance, soin, bon office rendus à qqn (*C*, 15) ; soin rendu à la personne qu'on aime (*C*, 279, 1091 ; *T*, 1370)

Servir : rendre de bons offices à un proche, ami ou parent (*C*, 819, 825, 860, 885, 1176, 1212, 1285, 1286) ; faire la cour à, rendre des soins, des services à la personne aimée (*C*, 168, 515, 824, 831, 1101 ; *T*, 410, 1093)

Soin : charge, souci (*C*, Argument, 80, 87, 268, 555, 616 ; *T*, 288, 423, 1103) ; le plus souvent au pluriel, attentions ou services rendus à la personne aimée ou chère (*C*, 97, 280, 426, 461, 569, 605, 608, 822 ; *T*, 141) ; traitements médicaux (*C*, 39) ; application portée à (*C*, 220)

Solitude : « Lieu esloigné du commerce, de la veuë, de la frequentation des hommes », *Ac.*, 1694 (*C*, Argument p. 10 et p. 11, 792, rubr. acte IV, sc. 5)

Solliciter : inciter à faire quelque chose (*C*, 1508 ; *T*, 851) ; plaider en faveur de qqn (*C*, 1392)

Souci : soin, sollicitude (*C*, 271, 1281) ; « chagrin, inquiétude d'esprit », Furetière (*C*, 336, 377, 694, 854, 1198, 1505 ; *T*, 35, 416, 421, 595, 696, 879, 1007, 1276)

Souffrir : supporter, endurer (*C*, Argument p. 10, 108, 230, 248, 541, 554, 558, 978, 1065, 1260, 1309, 1402, 1599 ; *T*, 6, 87, 336, 357, 441, 527, 956, 1002, 1003, 1250) ; supporter la présence de (*C*, Argument p. 11, 722, 1268, 1398 ; *T*, 412, 474) ; accepter (*C*, 264, 393, 684 ; *T*, 987, 1155)

Soupir : manifestation de tristesse ou de douleur, plainte le plus souvent amoureuse (*C*, stances v. 87, 45, 1244, 1358, 1605 ; *T*, 1430)

Soupirer : manifester sa passion amoureuse

ou sa tristesse liée à l'amour (*C*, 116, 200, 236, 1099, 1257 ; *T*, écho 16)
Succès : issue, résultat heureux ou malheureux (*C*, 1324 ; *T*, 142)
Sujet : cause, raison (*C*, Argument, 58, 459, 1322, 1551 ; *T*, 157, 169, 719, 918, 980, 1254) ; avoir sujet de : avoir raison (*C*, 31, 601, 1662) ; *inventio*, intrigue d'une pièce (*C*, « Au lecteur »)
Support : secours, aide, appui, protection (*C*, 82, 890, 1516)
Surprendre : frapper d'étonnement (*C*, 647, 1095, 1379) ; prendre par ruse, tromper (*C*, 491, 732, 1380, 1656 ; *T*, 864, 1178, 1242) ; surpris : saisi d'étonnement ou d'admiration (*C*, 465, 761, 765, 1654)

Témoignage : marque, signe, preuve de quelque chose (*C*, Argument ; *T*, dédicace)
Témoigner : déclarer, montrer, faire connaître une pensée ou un sentiment (*C*, Argument, 33, 241, 291, 372, 777, 873, 924, 945, 954, 1077, 1255, 1275, 1340, 1378, 1650)
Témoin : témoignage, preuve (*C*, 104 ; *T*, 481)
Toucher (qqch/à qqch) : parler incidemment de quelque chose, aborder un sujet en passant (*C*, épître [2 occ.], 589 ; *T*, 983)
Tout (du) : totalement (*C*, 520 ; *T*, 910)
Trait : au pluriel, traits du visage (*C*, 1110, 1462, 1515) ; blessure causée par les flèches de l'Amour (*C*, stances v. 10 et v. 83, 514, 1623 ; *T*, 302) ; marque, accès de folie (*C*, 756) ; mettre le dernier trait à quelque chose : mettre la dernière main, c'est-à-dire terminer, mettre fin à (*T*, 895).
Transport : trouble ou agitation de l'âme causée par la violence des passions (*C*, 45, 367, 436, 488, 994, 1189, 1588 ; *T*, chanson 1, 1152)
Transporté : agité, violemment troublé par une émotion (*C*, 1544 ; *T*, 1236)
Travail : peine, effort (*C*, 1030 ; *T*, 417, 808, 1417)
Travailler : accomplir une tâche difficile ou pénible, se fatiguer à (*C*, 114, 550) ; se travailler : se tourmenter, se mettre en peine (*C*, 27, 690 ; *T*, 81)
Traverser : empêcher, faire obstacle à (*C*, stances v. 21 et v. 67, 85, 1006, 1417 ; *T*, 989)
Traverses : épreuves (*C*, épître, 167 ; *T*, 318)

Vain : orgueilleux (*C*, 451) ; illusoire, chimérique (*C*, 458, 495, 967, 1030, 1232)
Vers : envers (*C*, 1607 ; *T*, 919)
Vertu : force, vigueur (*C*, 989, 1226, 1428) ; qualités propres d'une personne (*T*, dédicace, 231, 275, 401, 747) ; disposition à faire le bien (*T*, 230) ; chez la femme, pudeur, chasteté et constance morale (*C*, épître, 1463, 1582 ; *T*, 411, 681, 682, 683)
Vœu (au plur.) : désirs amoureux (*C*, 510) ; hommages rendus à la personne aimée ou estimée (*C*, épître, 214, 1269)
Volonté (sg ou plur.) : désir, souhait (*C*, 376, 611, 678, 1162 ; *T*, 1017, 1288)
Vrai (au) : selon le vrai, conformément à la vérité, sincèrement (*C*, 871 ; *T*, 53, 169)

BIBLIOGRAPHIE

CORPUS PRIMAIRE

ÉDITIONS ANCIENNES DES PIÈCES DE RAYSSIGUIER PUBLIÉES DANS CE VOLUME

RAYSSIGUIER, *La Celidee sous le nom de Calirie ou de la generosité d'amour*, Paris, Toussaint Quinet, 1635.

RAYSSIGUIER, *Les Thuilleries*, Paris, Antoine de Sommaville, 1636.

AUTRES PIÈCES DE RAYSSIGUIER CITÉES

BARBILLON, Chrystelle, présentation et annotation de l'avis « Au lecteur » de *La Célidée*, site Idées du Théâtre, URL : http://idt.huma-num.fr/notice.php?id=375.

RAYSSIGUIER, *L'Aminte du Tasse*, Paris, Augustin Courbé, 1632.

RAYSSIGUIER, *Théâtre complet*, t. I, éd. dirigée par Sandrine Berrégard, Paris, Classiques Garnier, « Bibliothèque du théâtre français », 2021.

AUTRES ŒUVRES CITÉES

ARISTOTE, *La Poétique*, éd. et trad. Michel Magnien, Paris, Le Livre de Poche, 1990.

AUBIGNAC, abbé François Hédelin d', *La Pratique du théâtre* [1657], éd. Hélène Baby, Paris, Champion, « Champion classiques », 2011 [2001].

BARO, Balthazar, *La Conclusion et dernière partie d'Astrée* [1628], Paris, Antoine de Sommaville, 1632.

BARO, Balthazar, *La Clorise*, Paris, François Pomeray, 1629.

CINQ AUTEURS (Les), *La Comédie des Tuileries* et *L'Aveugle de Smyrne*, éd. François Lasserre, Paris, Champion, « Sources classiques », 2008.

CORNEILLE, Pierre, *Œuvres complètes*, t. I, éd. Georges Couton, Paris, Gallimard, « Bibliothèque de la Pléiade », 1980.

CORNEILLE, Pierre, *Trois discours sur le poème dramatique* [1660], éd. Bénédicte Louvat et Marc Escola, Paris, Flammarion, « GF », 1999.

DU LAURENS, André, *Discours de la conservation de la vue, des maladies mélancoliques, des catarrhes et de la vieillesse* [1594], Paris, Jamet Mettayer, 1597.

DU RYER, Pierre, *Lisandre et Caliste* [1632], dans *Théâtre complet*, t. II, dir. Hélène Baby, Paris, Classiques Garnier, « Bibliothèque du théâtre français », 2020.

FERRAND, Jacques, *De la maladie d'amour ou mélancolie érotique* [1623], éd. Donald Beecher et Massimo Ciavolella, Paris, Classiques Garnier, « Textes de la Renaissance », 2010.

FICIN, Marsile, *Discours de l'honnête amour sur le Banquet de Platon*, trad. Guy Le Fèvre de la Boderie, Paris, Jean Macé, 1578.

GRENAILLE, François de, *La Mode, ou Charactere de la religion, de la vie, de la conversation, de la solitude, des compliments, des habits, et du style du temps*, Paris, Nicolas Gassé, 1642.

GUIBELET, Jourdain, « De l'Humeur mélancolique », dans *Trois Discours philosophiques*, Évreux, Antoine Le Marié, 1603.

LABÉ, Louise, *Œuvres*, éd. Michèle Clément et Michel Jourde, Paris, Flammarion, « GF », 2022.

LA CHESNAYE-DES BOIS, François-Alexandre Aubert de, *Dictionnaire de la noblesse*, Paris, Antoine Boudet, 1778, t. XII.

MAHELOT, Laurent, *Le Mémoire de Mahelot. Mémoire pour la décoration des pièces qui se représentent par les Comédiens du Roi*, éd. Pierre Pasquier, Paris, Champion, « Sources classiques », 2005.

MAIRET, Jean, *La Silvanire*, éd. Jean-Pierre van Elslande dans *Théâtre complet*, t. II, éd. dirigée par Georges Forestier, Paris, Champion, « Sources classiques », 2008.

PARFAICT, Claude et François, *Histoire du théâtre françois*, t. IV, Paris, P.-G. Le Mercier et Saillant, 1745.

RONSARD, Pierre de, *Les Amours* [1552], éd. Françoise Joukovsky, Paris, NRF, « Poésie/Gallimard », 1974.

ROTROU, Jean de, *Le Filandre* [1637], éd. Véronique Lochert, dans *Théâtre complet*, t. X, Paris, STFM, 2010.

SCUDÉRY, Georges de, *Ligdamon et Lidias, ou la ressemblance*, Paris, François Targa, 1631.

URFÉ, Honoré d', *L'Astrée. Première partie*, éd. dirigée par Delphine Denis, Paris, Champion, « Champion classiques », 2011.

URFÉ, Honoré d', *L'Astrée. Deuxième partie*, éd. dirigée par Delphine Denis, Paris, Champion, « Champion classiques », 2016.

URFÉ, Honoré d', *L'Astrée. Troisième partie*, éd. dirigée par Delphine Denis, Paris, Champion, « Champion classiques », 2023.

CORPUS SECONDAIRE

ÉTUDES GÉNÉRALES SUR LA LITTÉRATURE FRANÇAISE DE LA RENAISSANCE ET DE L'ÂGE CLASSIQUE

BARTHES, Roland, *Sur Racine*, Paris, Éd. du Seuil, « Points Essais », 1963.

BEUGNOT, Bernard, *Le Discours de la retraite au XVIIe siècle*, Paris, PUF, « Perspectives littéraires », 1996.

BLUMENFELD, Renate, « Remarques sur Songe/Mensonge », *Romania*, t. 101, n° 403, 1980, p. 385-390.

BOUSQUET, Philippe, « L'héroïsme féminin au XVIIe siècle entre admiration païenne et représentations chrétiennes », p. 93-108 dans *Les Femmes au Grand Siècle*, t. II, dir. David Wetsel et Frédéric Canovas, Tübingen, Narr, « Biblio 17 », 2003.

BRIOIST, Pascal, DRÉVILLON, Hervé, SERNA, Pierre, *Croiser le fer. Violence et culture de l'épée dans la France moderne (XVIe-XVIIIe siècle)*, Seyssel, Champ Vallon, « Les Classiques », 2002.

BRUNEL, Jean, « La "faute" d'Amadour et la signification de la Xe nouvelle de l'*Heptaméron* », *La Licorne*, 1991/20, p. 5-30.

CALLE, Delphine et VAN ASSCHE, Astrid, dir., *L'Amour et l'Amitié au Grand Siècle*, Paris, Classiques Garnier, « Rencontres », 2022.

CIAVOLELLA, Massimo, *La « Malattia d'amore » dall'Antichità al Medioevo*, Rome, Bulzoni, 1976.

COTTEGNIES, Line, SUKIC, Christine et GIAVARINI, Laurence, dir., *Pastorale et mélancolie en France et en Angleterre (XVIe-XVIIIe siècle)*, *Études Epistémè*, n° 3, 2003, URL : https://journals.openedition.org/episteme/7046.

DANDREY, Patrick, éd., *Anthologie de l'humeur noire : écrits sur la mélancolie d'Hippocrate à l'*Encyclopédie, Paris, Gallimard, 2005.

DENIS, Delphine, BARBAFIERI, Carine et POULET, Françoise, dir., *(In)civilités : langue, discours, société*, à paraître aux éditions Brepols.

DENIS, Delphine, « Pastorale et mélancolie dans *L'Astrée* d'Honoré d'Urfé », p. 301-308 dans *« Jusqu'au sombre plaisir d'un cœur mélancolique ». Études de littérature française du XVIIe siècle offertes à Patrick Dandrey*, dir. Delphine Amstutz, Boris Donné, Guillaume Peureux et Bernard Teyssandier, Paris, Hermann, 2018.

DUMINIL, Marie-Paule, « La mélancolie amoureuse dans l'Antiquité », p. 91-109 dans *La Folie et le corps*, dir. Jean Céard, Paris, Presses de l'ENSSJF, 1985.

DUMORA, Florence, *L'Œuvre nocturne : songe et représentation au XVIIe siècle*, Paris, Champion, « Lumière classique », 2005.

DUVAL, Suzanne, *La Prose poétique du roman baroque (1571-1670)*, Paris, Classiques Garnier, « Lire le XVIIe siècle », 2017.

FESTUGIÈRE, André-Jean, *La Philosophie de l'amour de Marsile Ficin et son influence sur la littérature française du XVIe siècle*, Paris, Vrin, 1949.

GAUTIER, Amiel, LIONETTO, Adeline et MÉZIÈRE, Dimitri, dir., *Les Remèdes à l'amour de l'Antiquité au XVIIIe siècle*, Paris, Classiques Garnier, « Rencontres », 2023.

GENETTE, Gérard, « Le serpent dans la bergerie », *Figures I*, Paris, Éd. du Seuil, « Points », 1966, p. 109-122.

GORICHON-HERREN, Alexandra, *Les Amours d'Antiochus et Stratonice : un motif légendaire à la croisée des savoirs, des images et des formes, de l'Antiquité à l'Âge classique. Présentation générale et anthologie de textes annotés et commentés*, thèse de doctorat réalisée sous la direction de Patrick Dandrey, Université Paris IV – Sorbonne, 2016.

GREINER, Frank, *Les Amours romanesques de la fin des guerres de Religion au temps de L'Astrée (1585-1628)*, Paris, Classiques Garnier, « Bibliothèque littéraire de la Renaissance », 2008.

GREINER, Frank, « *L'Astrée*, de l'Éros philosophique vers l'érotisme romanesque » dans *L'Astrée d'Honoré d'Urfé (Première partie, éd. 1612) : un roman troublé*, actes de la journée d'agrégation du 25 novembre 2023 (Sorbonne Université), dir. Delphine Denis, *Fabula / Les colloques*, 2024, URL : http://www.fabula.org/colloques/document11544.php.

HENEIN, Eglal, *Protée romancier : les déguisements dans* L'Astrée *d'Honoré d'Urfé*, Fasano-Paris, Schena-Nizet, 1996.

LEBÈGUE, Raymond, « La femme qui mutile son visage (*Heptaméron* X) », *Comptes rendus des séances de l'Académie des Inscriptions et Belles-Lettres*, 103e année, n° 2, 1959, p. 176-184, URL : https://www.persee.fr/doc/crai_0065-0536_1959_num_103_2_11030.

MAZOUER, Charles, *Le Théâtre français de l'âge classique. I, Le premier XVIIe siècle*, Paris, Champion, 2006.

MÉCHOULAN, Éric, « Amitié et générosité dans *L'Astrée* d'Honoré d'Urfé et *Francion* de Charles Sorel », *Tangence*, n° 66, 2001, p. 22-35, URL : https://www.erudit.org/fr/revues/tce/2001-n66-tce605/008238ar/.

ROSELLINI, Michèle et RONZEAUD, Pierre, dir., *L'Aventure au XVIIe siècle : itinéraires d'une notion*, *Littératures classiques*, n° 100, 2019/3.

TIMMERMANS, Laura, *L'Accès des femmes à la culture sous l'Ancien Régime*, Paris, Champion, « Champion classiques », 2005.

VAN ELSLANDE, Jean-Pierre, *L'Âge des enfants (XVIe-XVIIe siècles)*, Genève, Droz, « Les seuils de la modernité », 2019.

ÉTUDES SUR LE THÉÂTRE

AZEYEH, Albert, *Distances et convergence : les conditions, les moyens et le mode d'existence du théâtre de Rayssiguier (1630-1636)*, thèse de doctorat réalisée sous la direction de Jacques Morel, Université Sorbonne nouvelle – Paris III, 1977.

BABY, Hélène, *La Tragi-comédie de Corneille à Quinault*, Paris, Klincksieck, 2001.

BARBILLON, Chrystelle, *Mode narratif, mode dramatique : l'adaptation théâtrale de fiction narrative au XVIIe siècle en France*, thèse soutenue sous la direction de Georges Forestier, Université Paris IV Sorbonne, 2012.

BARBILLON, Chrystelle, « Des lecteurs particuliers : les dramaturges adaptateurs de *L'Astrée* », p. 311-322 dans *Lire L'Astrée*, dir. Delphine Denis, Paris, Presses de l'Université Paris Sorbonne, 2008.

BERRÉGARD, Sandrine, *Pratiques de l'argument dans le théâtre français des XVIe et XVIIe siècles*, Paris, Classiques Garnier, « Lire le XVIIe siècle », 2020.

BLONDET, Sandrine, *Les Pièces rivales des répertoires de l'Hôtel de Bourgogne, du Théâtre du Marais et de l'Illustre théâtre. Deux décennies de concurrence théâtrale parisienne, 1629-1647*, Paris, Champion, « Lumière classique », 2017.

CONESA, Gabriel, « Corneille et l'élaboration du langage comique au XVIIe siècle », *CAIEF*, t. XXXVII, mai 1985, p. 103-116.

DANDREY, Patrick, *La Médecine et la maladie dans le théâtre de Molière*, Paris, Klincksieck, « Bibliothèque française et romane. Série C », 1998, 2 vol.

DOTOLI, Giovanni, éd., *Temps de préfaces : le débat théâtral en France de Hardy à la Querelle du* Cid, Paris, Klincksieck, 1996.

DOUGUET, Marc, *Composition dramatique et liaison des scènes dans le théâtre français du XVIIe siècle*, Genève, Droz, « Travaux du Grand siècle », 2022.

FORESTIER, Georges, *Esthétique de l'identité dans le théâtre français (1550-1680) : le déguisement et ses avatars*, Genève, Droz, 1988.

FORESTIER, Georges, « Lire Racine », dans Jean Racine, *Œuvres complètes*, t. I, Paris, Gallimard, « Bibliothèque de la Pléiade », 1999.

HILGAR, Marie-Françoise, *La Mode des stances dans le théâtre tragique français : 1610-1687*, Paris, Nizet, 1973.

LANCASTER, Henry Carrington, *A History of French Dramatic Literature in the Seventeenth Century*, Baltimore, The Johns Hopkins University Press, part II, vol. 1, 1929.

LOCHERT, Véronique, « L'anonymat de l'auteur au théâtre : création collective et stratégies éditoriales », p. 105-122 dans *L'Anonymat de l'œuvre (XVIe-XVIIIe siècles)*, dir. Bérengère Parmentier, *Littératures classiques*, n° 80, 2013.

LOUVAT, Bénédicte, *L'« Enfance de la tragédie » (1610-1642). Pratiques tragiques françaises de Hardy à Corneille*, Paris, PUPS, « *Theatrum mundi* », 2014.

POULET, Françoise, « "Au lecteur" : théorie et pratique de la lecture dramatique dans la première moitié du XVIIe siècle », p. 215-231 dans *Lire le théâtre français. Pratiques et théories de la lecture du théâtre français des XVIe et XVIIe siècles*, dir. Sandrine Berrégard, Strasbourg, Presses Universitaires de Strasbourg, « Configurations littéraires », 2024.

RIFFAUD, Alain, *Répertoire du théâtre français imprimé entre 1630 et 1660*,

Genève, Droz, « Travaux du Grand siècle », 2009, https://repertoiretheatreimprime.yale.edu/.

SCHERER, Colette, *Comédie et société sous Louis XIII. Corneille, Rotrou et les autres*, Paris, Nizet, 1983.

SCHERER, Jacques, *La Dramaturgie classique en France* [1950], Paris, Armand Colin, 2014.

VIALLETON, Jean-Yves, *Poésie dramatique et prose du monde. Le comportement des personnages dans la tragédie en France au XVIIe siècle*, Paris, Champion, « Lumière classique », 2004.

OUTILS ET ÉTUDES LINGUISTIQUES

Dictionnaire de l'Académie française (1re éd. 1694 – 9e éd.) : http://www.academie-francaise.fr/ ; dans le *Grand Corpus des dictionnaires [du IXe au XXe siècle]*, édition Classiques Garnier Numérique, https://www-classiques-garnier-com.

Dictionnaire du Moyen Français, URL : http://zeus.atilf.fr/dmf/.

FOURNIER, Nathalie, *Grammaire du français classique*, Paris, Belin, 2002.

FURETIÈRE, Antoine, *Dictionnaire universel*, La Haye et Rotterdam, Arnoult et Reinier Leers, 1690.

HAASE, Alfons, *Syntaxe française du XVIIe siècle*, Paris, Delagrave, 1975.

LA NOUE, Pierre, *Grand dictionnaire des rimes françoises* [1623], Genève, Slatkine Reprints, 1972.

LOTE, Georges, *Histoire du vers français*, Aix-en-Provence, Université de Provence, 1991, accessible en ligne, URL : https://books.openedition.org/pup/1362?lang=fr

MORIN, Yves-Charles, « La rime d'après le *Dictionnaire des rimes* de Lanoue (1596) », *Langue française*, n° 99, 1993, p. 107-123.

PEUREUX, Guillaume, *La Fabrique du vers*, Paris, Seuil, « Poétique », 2009.

RICHELET, Pierre, *La Versification françoise, ou l'Art de bien faire et de bien tourner les vers*, Paris, Étienne Loyson, 1671.

RICHELET, Pierre, *Dictionnaire françois contenant les mots et les choses* [1680], Genève, Slatkine Reprints, 1970 ; dans le *Grand Corpus des dictionnaires [du IXe au XXe siècle]*, édition Classiques Garnier Numérique, https://www-classiques-garnier-com.

SPILLEBOUT, Gabriel, *Grammaire de la langue française du XVIIe siècle*, Paris, Eurédit, 2007.

TOURRETTE, Éric, « *Ouvrier, bouclier* : diérèse ou synérèse ? », *Littératures classiques*, n° 88, 2015, p. 187-199.

VAUGELAS, Claude Favre de, *Remarques sur la langue française*, Paris, Vve Jean Camusat, 1647.

INDEX DES AUTEURS D'OUVRAGES LITTÉRAIRES, HISTORIQUES ET PHILOSOPHIQUES

INDEX DES CRITIQUES

INDEX DES LIBRAIRES, IMPRIMEURS, PEINTRES ET GRAVEURS

INDEX DES FIGURES HISTORIQUES

INDEX DES PERSONNAGES CÉLÈBRES D'ŒUVRES LITTÉRAIRES ET NOTAMMENT DE *L'ASTRÉE*

INDEX DES PERSONNAGES MYTHOLOGIQUES ET BIBLIQUES

INDEX DES PIÈCES DE THÉÂTRE

INDEX DES AUTRES ŒUVRES CITÉES

TABLE DES MATIÈRES

COLLECTION
« BIBLIOTHÈQUE DU THÉÂTRE FRANÇAIS »

Soucieuse de la haute érudition voulue par les Éditions Classiques Garnier dans le travail spécifique de l'édition critique des textes, cette collection se veut patrimoniale : elle doit rendre accessible la plus large variété possible d'œuvres de théâtre de notre littérature, du Moyen Âge à la modernité. C'est dire qu'elle donnera à lire, outre les textes classiques et célèbres, nombre de textes injustement négligés par l'édition ou peu connus, présentés et annotés pour des lecteurs modernes. Autant que possible, elle sera soucieuse de publier les œuvres théâtrales complètes de nos dramaturges, ou au moins des ensembles cohérents.

Retrouvez tous les titres de la collection en scannant ce code QR :

Et pour recevoir nos dernières actualités, abonnez-vous ici :

IMPRIM'VERT®

Achevé d'imprimer par Corlet,
Condé-en-Normandie (Calvados),
en Mars 2025
N° d'impression : 187336 - dépôt légal : Mars 2025
Imprimé en France